徘徊于他的字里行间，诗意追随智性拓展更远更深。（王渝）

作者系七十后，先为国内学霸，后入藤校康奈尔，学成后投身纽约高科技职场。业余热衷于母语写作，著述甚丰，成绩有目共睹。作为北美中生代新移民作家的代表，应帆的作品呈现与上一代不同的风神，中西文化、华洋心理之间的藩篱被较彻底地拆除，实现自由穿越，高度融合。其不动声色的幽默，恣肆的自嘲自讼，烟火人间的绵长诗意，教我读时屡发惊叹。（刘荒田）

读应帆的散文能够感受到"剪烛西窗"的具象化：细腻、真挚的文字如同友人的耳语娓娓道来，伴随流云琼枝间月光的暗香，落在不愿追赶时间的手指上，书页翻动被细节唤醒的情绪，不知不觉中已夜色阑珊。童年的花絮、亲情的反刍、求知的心路、梦想的追逐……应帆对生活点滴的提炼驾轻就熟，无论是前尘影事还是当下心事，都会让读者在含欣与沉思中触动并为此臣服。（胡刚刚）

应帆善于捕抓身边的生活细节，运用细腻和幽默的笔法表现真挚而丰富的情感，体现一个凤凰男对故土的眷念，和半个纽约客在他乡的投入，将平凡的烟火气息升华为深层的精神体验。（蔡维忠）

那些细节，如同清晨草尖上的露珠；那些故事，让你闻到炊烟下的泥土芳香；那些史页，一霎间耀如闪电又秒变成花絮柔丝；那些感悟，有土地的平实质感，又有天际飞散的霞光虹彩……这些，都是读应帆散文在我心中即时升起的感受。

无论是母亲手中那颗带着鸡屁股体温的鸡蛋，还是纽约公共图书馆门前那两只叫过各种名字的石狮子，或是关于入侵植物、关于纽约的中国园林的感触……等等，应帆写来都笔笔自然悼实，又处处溢出才智馨香，散发着阅读的奇趣和欣悦。（苏炜）

散文的意义在于作者以艺术的方式分享其独特的个人经验。所谓独特性，即在经验本身，即作者的感受方式，更在作者从切身的经验中体会和领悟到的一切。太阳底下无新事，但经验是常新的。这种新和独特性是由作者的个性所决定的。应帆的散文，无论是对故乡淮安的往事回忆，还是写他在纽约的生活，都给读者以新意的快感，更难得的是他文中不时流露的自信中的自嘲和对他人他事的善意的嘲谑。（张宗子）

随笔对应帆之必要——作为藏身于故事的小说家与联想纷飞的诗人之间，他找到一种能与读者直接对话的自然声口。在每一篇平易近人的小文中，他把小说和诗歌没有用尽的材料和情志叙述出来，看似随性，其实形散神聚，并常在文末闪现盎然的诗意。举凡原乡往事、生活触发、文学因缘，一篇篇犹如小块拼图拼合成形后一般展露出作者的个性、洞见、幽默与深情。套用Northrop Frye对个人随笔的阐述，这部文集不仅是一种个人抒怀，更表现了文化的思潮和人性的底色。（石文珊）

这是一本以心为墨、以情为笺、以思为魂的散文力作。作者以质朴深情的笔触，从故乡应庄出发，从懵懂少年出发，沿着记忆长河拾取的岁月遗珠。书中既有对亲情友情的温柔回望，又有对自然万物与社会百态的凝视思考，更有与自我灵魂的真诚对话。以笔为舟载乡愁远航，以思为炬照旅途微光。可以说，这部散文集是游子写给故乡的深情长信，是智者与自我的心灵重逢，更是海外异乡行路人的精神心灯。（王志彬）

长路为旅，寸心为家。旅居异国二十余载的理工游子，亦是浸润于寻常烟火的文化之人。散漫而自由，坦率又真诚，多愁并善思，聪慧且忧伤，应帆先生的文如其人，有内容、有思想、有情感，更有直抵人心的启迪。（马羚）

读应帆的散文集，就像坐在对面听他讲自己，讲他的故乡，还有他的家人。一个青年从故乡走向社会，从中国来到美国，读书、工作、结婚生子。他的感触、他的追求、他的收获，都从敏锐捕捉到的细节里明晰再现，汇集成一个厚重真实的印象，萦绕在我脑海。

熟悉他的人，会有意外的欣喜。若与他素昧平生，你会不觉回到那个非凡的时代，随他从苏北一个普通的村落逐步走向世界第一大都市。城乡的对撞，文明的交汇，观念的重塑，在这部书中构成我们人生共同体验的一部分。（李文心）

应帆的散文细腻的笔触和真挚的情感，展现了他作为一位"凤凰男"和"纽约客"的双重身份，以及在异国他乡的生活体验与思考。这些作品不仅记录了他个人的成长与变迁，也折射出许多海外华人的生活状态与心路历程。

我认识应帆的时候他是诗人，也是一家著名网站的编辑，作为同样出身理工科背景的文学青年，我们有很多共同语言，但又鲜少见面。于是文学就成为我们交流的纽带。

比如我喜欢他的《我是凤凰男》，这是一篇充满自嘲与深刻思考的散文，作者通过幽默又感性的笔触，描绘了"凤凰男"这一社会标签背后的种种心酸与无奈。从农村到城市的奋斗历程，揭示了凤凰男在文化差异、情感困惑以及身份认同上的挑战。文章语言诙谐、情感真切，既有对自身成长的反思，也充满对社会偏见的深刻批判，更也折射出许多海外华人的生活状态与心路历程。

应帆的散文，谈家庭与亲情的居多。无论是《父亲的肉圆子》中对父亲厨艺的怀念，还是《母亲在美国》中对母亲在异国他乡生活的细致描写，都充满了对亲情的深情回望。尤其是母亲在美国的生活片段，既展现了母亲在陌生环境中的适应与挣扎，也反映了应帆作为儿子对母亲的复杂情感——既有责任与关爱，也有无奈与愧疚。这种情感的真实流露，使得读者能够深切感受到海外华人与家人之间的情感纽带，以及他们在异国他乡的生活压力。

作为"半个纽约客"，应帆对美国的观察充满了好奇与思考。他在《可爱的美国人》和《条条小路通罗马》等篇章中，通过对美国社会、文化、人际关系的描写，展现了他对美国生活的独特理解。他既欣赏美国社会的多元与包容，也对其中存在的种族、阶级等问题有着深刻的反思。例如，他在《母亲在美国》中提到母亲对美国黑人、白人的观察，既有趣又发人深省，反映了不同文化背景下的认知差异。

应帆的散文风格轻松幽默，常常通过自嘲的方式化解生活中的尴尬与困境。例如，在《多愁多病身》中，他调侃自己的"恐高症"和"清理电子邮件的强迫症"，既让人忍俊不禁，又让人感受到他面对生活压力时的豁达与乐观。这种幽默感不仅让他的散文更具可读性，也让读者在笑声中感受到生活的真实与复杂。

　　当然，乡愁是应帆散文的一个重要主题。无论是《父亲的肉圆子》中对家乡美食的怀念，还是《一道淮菜里的乡愁》中对童年生活的追忆，都充满了对故乡的深情眷恋。这种乡愁不仅是对地理意义上的故乡的思念，更是对文化、情感、记忆的追寻。正如他在《一道淮菜里的乡愁》中所写："当时只道是寻常，却全没想到这一道叫'软兜长鱼'的家常淮菜，会在人到中年之际、身处异国他乡之时，常常不设防地来勾起我的乡愁了。"这种对故乡的深情回望，正是许多海外华人共同的情感体验。

　　应帆通过细腻的笔触、动态的情感和跳跃的思考，展现了一位理工男在异国他乡的生活体验与心路历程。不仅记录了个人的成长与变迁，也通过对身份认同、家庭亲情、异国生活、幽默自嘲、乡愁怀旧等多方面的描写，让他的笔下充满了生活的真实感与哲理性，值得读者细细品味。（少君）

海外华文写作丛书

一个凤凰男 和 半个纽约客

一本散文集，一部个人成长史

应 帆 著

Ying Aiguo

壹嘉出版

壹嘉出版
1 Plus Books
https://1plusbooks.com

书名：一个凤凰男和半个纽约客/A Phoenix Man and Half a New Yorker
作者：应帆/Aiguo Ying
© 2025 应帆/Aiguo Ying
All rights reserved.

Published by 1 Plus Books® (壹嘉出版)
San Francisco, California, USA
First paperback edition, 2026

ISBN: 978-1-966814-19-1

出版人：刘雁
封面设计：王烨
定价：$24.99

https://1plusbooks.com
email: 1plus@1plusbooks.com

谨以此书致敬

我的父亲应洪斌和母亲陈玉芳

并献给

太太陈子

儿子应可相、应可汗和女儿奥丽维亚

感谢

人生旅途中的每一位亲朋师友和每一次邂逅

应帆与家人

应帆，江苏淮安人，1998年中国科大自动化系研究生毕业，同年赴美，2000年获康奈尔大学机械和航天工程专业硕士学位。现为金融行业IT人士，寄居纽约长岛。应帆2003年出版长篇小说《有女知秋》；在美国出版有诗集《我终于失去了迷路的自由》《春天已及梦境》和中短篇小说集《漂亮的人都来纽约了》。他的散文见于北美《世界日报》《侨报》《人民日报海外版》《中华日报》，《香港文学》《美文》，北美《汉新》月刊、《纽约一行》《新语丝》等处。

其他应帆作品：

中短篇小说集《漂亮的人都来纽约了》

长篇小说《有女知秋》

中篇小说《今年没有情人节》

微信读书电子版《不识字的母亲来到纽约》

诗集《我终于失去了迷路的自由》

诗集《春天已及梦境》

目录

第三辑‖小三来了

第六辑‖半个纽约客

第一辑　我是凤凰男

我是凤凰男

最早在网上看到"凤凰男"这个词汇，我几乎想当然地以为这是指凤凰城来的男子，比如生于中国湖南凤凰县的沈从文先生，或者其他生于美国凤凰城的男性生物。乍听之下，我还觉得这名称十分新鲜有趣，似乎别有一种诗意在里头。

后来才知道凤凰男原来算一个贬义词。更令人尴尬的是，我发现我只能对号入座，把凤凰男的标签贴在自己头上脸上。其中滋味复杂，叫人羞也叫人笑，有时觉得欲说还休，有时又觉得非得一吐才快呢。

网上"雇狗"一查，就晓得"凤凰男"是专指那些出生寒门（一般是农村）的男生。他们一般靠自己的努力上了大学，摆脱了"面朝黄土背朝天"、日出而作日落而息、种地谋生的命运，但是却摆脱不了骨子里天生的一些性格特征：比如土气、小气、敏感、自卑等等……

看中文维基百科"凤凰男"词条洋洋洒洒、一条一条地罗列"凤凰男"的种种性格和行为特征，我不由倒抽一口凉气：原来我就是一名地地道道的凤凰男啊！

首先，我的出生不容抵赖啊。我农村出生长大，虽然父亲在供销社上班，家境似乎比周围邻居好一些，但我小时候也割过麦子，也插过秧，有一双名副其实的泥腿子，更是一个名副其实的"农民的儿子"。

然后，我考上了大学。在大学期间，我的土气就不必说了，而且也一度因此敏感而自卑，因为周围的同学朋友要不就是北京上海大城市出生的，要不就是南昌厦门之类省会或者历史文化名城长大的，言词之间总会不自觉地流露出一些优越感。他们当时说者无心，我却常常听者有意，也还时不时闹点小别扭呢。

比如有一次和一个北京来的朋友聊天。我因说起自己虽然是淮安人，但是上大学前却从没去参观过淮安城里的周恩来总理的故居。我的朋友想当然地以为周恩来故居是在北京，脱口就道："我也没去过啊！"他全无讽刺挖苦之意，但在我凤凰男的双耳听来，他却似乎话外有话：他皇城根下长大的人没去过的地方，我一个农村人着什么急啊？我本想耐心告诉他我和周总理是老乡，但一想他是北京人，不知可以和多少名人政要攀老乡，于是还是忍忍算了。

维基百科还说：凤凰男的另一个显著特征就是，他们一般在农村有很庞大的亲友团，经常七大姑、八大姨地抱团儿进城拜访凤凰男，每每严重扰乱正常生活。我的母亲有七个姊妹兄弟，我的父亲有六个兄弟姊妹，如果再加上姑表亲戚，那就几乎数不过来了。对照这条，我是标准的农村大家庭出来的"凤凰男"。

凤凰男的婚恋现象和问题，也进入维基百科的词条，确实也是网上经久不衰的话题。记得读书期间看了好些小说、电视剧之类，都是讲凤凰男在城里的"悲催"生活，比如九十年代中期根据刘震云小说改编，陈道明、徐帆等人主演的《一地鸡毛》，十多年后郭晓东、刘若英等人主演的《新结婚时代》，都淋漓尽致地描绘了凤凰男们在大城市里辛苦谋生的状态，其中不乏日常生活被农村亲戚打乱节奏的情节。现在想想自己当年为什么选择出国，表面上似乎是想出来读个博士，潜意识里似乎也因害怕陷入凤凰男在国内大城市的生活困境不无关系呢。

不由又想起当年曾经和一女孩约会，看过电影后闲聊彼此家境，我得意说起在乡下度过的童年以及自己的诸多亲戚，对方似乎也听得津津有味。趁着好兴致，我们又约了第二天去植物园看巴西热带雨林运来的霸王莲。结果事到临头佳人爽约，且从此再无消息。我那时一直不明白怎么回事，现在想想，人家大概十之八九是被我的凤凰男背景给吓着了吧。

我满以为出国之后，我这样的男人也许可以逃离"凤凰男"的标签，却不想维基百科词条的作者们穷追猛打不放松，说很多凤凰男们在出国以后表现出来的"凤凰男症候群"更为明显，比如他们特别迷恋城市生活，喜欢纽约、三藩这样的大城市，甚至在结婚生子后也不能顺应潮流搬到城市边上的郊区去生活，原因就在于他们从小在农村苦日子过惯了，从此不肯再远离城市的便利，甚至因此拒绝田园风光和"乐趣"。

我心头一凛：这几年老说为了孩子要搬到学区更好的长岛去，可是总一拖再拖，因为自己总觉得经济上准备不足，另外实在贪恋城里公寓生活以及短途通勤的便利，却没想到更深层次上也是"凤凰男"的心理在作祟啊。

如今想去，当年我以淮安市理科第一名的成绩考上大学，在老家也算新闻一桩。曾经教我初中、讲话啰嗦却爱说笑的胡先生，每次寒暑假见到，就喜欢说："哎呀，你是我们学校的骄傲，也是建淮乡的骄傲啊！你考上了名牌大学，真是应了'小虾窟里爬出了大螃蟹，老鸹窝里飞出了金凤凰'这句话啊！"我那时总是略微尴尬地笑笑，觉得无言以对。现在想想，当时他的潜台词应该就是"你是凤凰男，你是凤凰男"啊！

多愁多病身

　　星期一上班时候，一边清理邮件，一边和同事说工作。我和往常一样，把工作信箱里的邮件一封一封点过去，要么阅读，要么删除，直到信箱里再没有新的或者没阅读的邮件。在我身后的同事忽然吃惊地"哇"了一声，又笑起来："看来你有'清理电子邮件的强迫症'。"

　　我第一次听到这个说法，问他何意。同事解释说："你看我的邮箱里可能有几千封没阅读的邮件，多数是不看也知道的群发、广告或者垃圾邮件。我就让它们自生自灭。可是你有强迫症，你必须清理，就好像有洁癖的人。不是什么大毛病！"

　　同事一席话，说得我哭笑不得，尤其是最后一句总结"不是什么大毛病"，惹得我几乎要争辩，又觉得无聊，到底罢了。每个人都希望自己身心健康，即使有微疾小恙，大约也不愿意让旁人看出知道，毕竟算是隐私范畴。可是现代社会，各种现代"疾病"戴着崭新的名字，无孔不入地侵犯生活，常叫人无可奈何。

　　比如我还有恐高症。小时候，并不知道这个事儿。有一次和两个堂姐去淮安城里公园玩，爬那勺湖公园里七层高的文通宝塔。爬到第四层的时候，我就两股颤颤，额头流汗，心跳加快，只好坐在台阶上，等她们爬到塔顶再下来。儿时的我倒是体弱多病，那时也想当然地以为不敢或者不能爬塔必是体弱的缘故。

大了，到城里读高中。教学楼有三层，每每与同学戏耍，到了走廊边缘，自己就会不自觉地心慌腿颤，然后恍然明白自己原来有恐高症。却也不能轻易跟人说，因为怕戴上"胆小"的标签。有一回在佛罗里达州，受女同学邀请去玩云霄飞车，是那种较慢较低的。可是那几分钟，竟像是我生命中最漫长的几分钟。下得车来，我早已面无人色，几乎想检查自己有没有尿裤子。同学还问我要不要玩更刺激的，我只好摇摇头说"No"。

两小儿渐渐大了，每每去游乐场，最喜欢玩各种过山车。稍微惊喜刺激、要大人作陪的，我们家也只能请太座出马代劳了。为这个，太太也常常开玩笑，问我愿不愿意和她一起去蹦极、跳伞等等，我只好开玩笑地请她另择贤人。每每走过天桥，太太也会有意无意地把我往边上挤，又笑问我："哥，你怕吗？"唉，可怜我一个大男人，就这么被一个小女人欺负来、欺负去的，还得在要哭的脸里挤出笑来，问她："你说呢？"

老婆胆大，却也有"病"。花粉过敏不说了，人家到美国四五年才有，她第二年就开始严重反应了。她还有"密集恐惧症"，看见成群的蚂蚁、蜜蜂聚集在一起，就马上起鸡皮疙瘩。我有一次看到一个养蜂人身上布满蜜蜂的图片，觉得好玩，拿给她看，她却倏然变色，义正词严地道："你不知道我有密集恐惧症吗？！"她还害怕小虫子，比如蟑螂、毛毛虫之类。有时想想，真叫人难以理解，一个觉得蛇类美丽的人居然会害怕小虫子。

"不是一家人，不进一家门。"丈母娘从小在农村长大，却有洁癖。每每出门玩，她不能用旅馆的枕头被褥，只好自己带；后来怕麻烦，就尽量不出门。家里来客人，等人走了，丈母娘必定要把门口那块换鞋处的地板擦了又擦。用童车推着小孩出去玩，回来后，她也要把每个车轱辘都仔细擦干净。这么一个有洁癖的人，常给孙子孙女把屎把尿，却又不介意了，真叫人匪夷所思。

困扰现代父母最多的，大约就是小孩子的疑似自闭症和多动症等等了。我们家两个儿子尚好，不曾因此让我们忧心发愁，却也有其它"症"状。

老大有美国人所谓的"舞台冻结症"：在幼儿园里跟一帮孩子给父母汇报演出，他居然全程就像木偶泥塑一般，偶尔小嘴巴动一动。事后，老师不停地跟我们解释："他平常也跳也唱的，很活泼的。"其实我心里有数，因为自己小时候也是一个完全上不了台面、见不了大仗势的孩子啊。

老二倒是活泼有余，不怕生，但是一旦生气，就十分难搞，我常开玩笑说他有美国人所谓的"愤怒管理问题"。有时他动手打哥哥，能把大两岁多的哥哥打哭。有时他自己哭个不休，直到尿了裤子才罢休，真叫人头疼。完了事，他自己又往往不好意思地笑起来，许诺以后再也不如此。

"金无足赤，人无完人。"大约人人都是有些"病症"，才因此成为特立独行的个体。倒不由想起《红楼梦》里贾宝玉对林黛玉就着《西厢记》而说的情话："我就是个'多愁多病身'，你就是那'倾国倾城貌'。"宝玉这么说，显然一时嘴快，忘记了黛玉其实更是个"多愁多病身"：不仅体弱多病，更是小心眼、小性子，按照现代标准来说，她显然患有轻度的忧郁症。回到我们的现实生活里，"倾国倾城貌"似不多见，"多愁多病身"却是常常听说呢。

泪点和笑点

我是个泪点很低的人。跟太太一起看悲情电视剧，她还没怎么样，我已经眼中蓄满泪水；看相亲节目，男嘉宾说他和狗之间的相依深情，我也忍不住红了眼圈；看歌唱比赛节目，看到父母为子女被导师选中而流泪，我也跟着掉眼泪……

儿子偶或看到，问"爸爸怎么了"，我自己也觉得蛮不好意思，忙着"破涕为笑"。妻子在一旁把这情景尽收眼底，却只有摇头叹息的份。

说起我爱哭，这大概还是打小落下的毛病。上小学时，有一次我和两个同班的堂姐因为"望呆"（在办丧事的人家看人哭唱之类）而上学迟到，耽误了午后的大字课（练习写毛笔字）。结果那位班主任女老师把我们拦在门口狠狠数落了一通，两个堂姐脸上微红，我却最先挂不住，兀自"呜呜"地哭了起来。女老师不由大乐："我还没怎么说你呢，你怎么就哭了？人家两个女孩子还没哭呢。这算怎么回事啊？"

因为这个容易掉眼泪的毛病，小时候总被人嘲笑，自己也怪不好意思。渐渐大了，却也慢慢好了很多，人前人后也很少为小委屈、微伤痛而掉眼泪了。印象最深的一次却是外公去世，家里女眷们在堂屋围着灵床流泪痛哭，我和表弟两个人也在边上房间里抽噎不止。父亲进来找东西，看到我们两个男生哭天抹泪，很生气地把我们训斥了一通，又骂我没出息，"二十多岁的人怎么哭成这样，不安慰表弟，还带头哭！太不坚强！"，然后又说什么"人死不能复生"之类的大道理。我和表弟面面相觑，却也慢慢止了哭。

大约因为那是第一次经历至亲离去的伤痛，经过父亲这一"痛斥"疗法，当时才上研究生的我也渐渐感觉长大成人，慢慢体会到"男儿有泪不轻弹"的意义。然而十年之后父亲病重，我从美国赶回去见他最后一面。看到病到奄奄一息、羸弱不堪地蜷在地铺上的父亲，当着面我强忍眼泪，转身出了屋，却终是忍不住嚎啕大哭。那一日，我在春寒料峭的乡下田野里走了很久，心情才慢慢回转过来。

最近在微信里看到一个段子，说中国的四大名著大可概括成四个爱哭的主人公的故事。具体说来，贾宝玉爱哭，喜欢喊"妹妹救我"；刘备爱哭，喜欢叫"军师救我"；唐僧爱哭，有事没事都是"悟空救我"；宋江爱哭，喜欢请"哥哥救我"。如此说来，我这个泪点很低的人，某种程度上也可和这四大名人一样算作是性情中人呢。

话说回来，我确实也是个笑点颇低的人，一半大约源于容易害羞、见不得大场面的天性，另一半大约是因为从小就记得大人们所谓"扬手不打笑脸人"的古训。不过这爱笑的性格，小时候别人也许觉得可爱，长大了却偶尔也会在生活和工作中带来些许尴尬。

在美国读研究所时，我担任了一年的助教，负责带学生实验、课后答疑和批改作业之类。年终时，照例要学生写反馈。想不到的是，一个学生在额外评语栏里写道："为什么我们的助教总是面带笑容呢？叫人有点不知所措。"那是我第一次意识到原来一张笑脸也可能引来误会呢。工作时，有一次跟一位新老板谈项目，我全程笑脸，不断点头称是，不想她突然问我："你一直在笑，有什么很可笑的事情吗？"吓得我立马收起笑脸，连连摇头表示否认。

因为常常笑脸，家里的小朋友们怕妈妈，怕姥姥，可就是不怕我。有一次，我故意板起脸问他们，"怎么样，你们害怕爸爸吗？"两个儿子大笑起来，"爸爸，我们不怕你。你看上去好funny呀！"

三千烦恼丝

好像把头发称作"三千烦恼丝"是女性的专利，好在如今讲究女男平等，我也不妨和女同胞们平等一把，讲讲这顶上的三千根黑丝（青丝不青丝倒也罢了，只要别不合时宜地过早变成"白丝"就行了）以及因它们而生发的烦恼。

十岁之前，对于头发一直隐约地怕一件事情：就是怕家里人给自己留条小辫子。因为我们家乡的人以前是颇爱这样风俗的，大抵是娇惯男孩的意思。我却经常看见这种有几个姊妹的男孩子跟人打架时被揪住小辫子而全身受制，人在江湖安全第一，我因此特别地害怕这种厄运临"头"。不过好在我有个弟弟，且没有姊妹来衬托我们的"娇惯"，父母也让我们免"俗"了一回。

上中学之前，剃头是由村子里固定的师傅来作的：那剃头的三四个兄弟之一每个月担着他们一头热的剃头挑子来家门口走一回，碰着就剃了，碰不着就自己抽时间跑到他们家里去，每年交一块两块的剃头钱。那一大家子姓陈，为大哥的人称"黑大皮"，早年据说以烙头拔发虐待老婆，后来就一直鳏夫下来。大人们有时候喜欢用"黑大皮"来吓唬人：再乱动，下回让黑大皮来给你剃！小孩子就规矩起来。常跑我们应庄的是"黑大皮"的兄弟——黑大四，那时候经常跟我父母夸我：再没看过你们家这么乖的儿子，从来不乱扭乱望的。我想我确实是怕他那刀子不老实什么的，"胆怯"嘛，也就是乖了。黑大四的小儿子还跟我同桌了一阵子，最后厌了他是因为当众叫我的小名。

十几岁的时候也怕剃头，怕剃头师傅说自己头上白亮的虮子——那时候乡下的女生头上生虮子似乎很正常，因为她们的头发不仅脏而且长，男生的头发虽脏却不长，机会少些。我上下学却常跟着两个堂姐，同桌也多是女生，头上因此也时不时地孵出虱子来，痛痒难禁。母亲就拿篦子抹了香油给我和弟弟处理。到了学校，一班的男生看我头发油光闪亮——那是"此地无银三百两"的翻版，立马知道我头上生虱子了，自己百口莫辩，那种羞耻简直至今仍可感受。回家大闹，母亲道：教你不要跟女孩子头靠头写字，你改不了；下回叫黑大四给你剃个光头算了！这个威胁够利害，好在十三四岁的男生开始对女生疏远起来，农村的卫生状况也逐渐进步，我的虮虱之忧也就渐渐成为历史了。

上中学的时候，黑大皮一门兄弟垄断我们剃头业的情况已经彻底打破，村头乡角不时有从我们初中学校毕业出来学了半年十月剃头手艺的小青年开门营业。那时候不知道怎么忽然都兴起了女生烫发男生留长发，报纸里的漫画常有小孩子对进了男厕所的长发青年说"阿姨，你进错厕所了！"我们早上集体背诵《中学生守则》时就有"女生不烫发不化妆，男生不留长发"之类的声音。我属于那种老实的学生，头发只是适中的长，大人催了几个回合之后也总会去剃，却也有利害的学生。印象最深的是初三的同学戴军，坚留不剃，最后我们亲爱的班主任胡大胖子拿了剪刀，到班上和戴军撕扭一番后成功地给了他"喀嚓"一声——那桀傲不驯的戴军到底是孩子，抓了自己的书包大哭着出去了；第二天就顶了个亮光光的脑袋到学校来，跟人嘲笑胡大胖子的其奈我何。

到城里上了高中，倒没有什么了。平时忙得一塌糊涂，很少有时间去剃头的，而且剃头后要洗澡，而我的皮肤对公共澡堂极其敏感，因此常是周末回家剃头洗澡，而且多是父母催促着，然后常是跟着父亲一起去。一般是去他们供销社的理发室，有个哑巴，一边精细地给父亲理发剃须掏耳屎剪鼻毛，一边哇啦哇啦地不知道跟闭着眼睛的爸爸说笑些什么。轮到我的时候，照例是哇啦哇啦地一通哑语，我却只是小心地陪笑着，眼睛不眨地盯着他在我头上的动作，等他摆弄出个老实的大众头出来，就赶忙跟着父亲去洗澡。后来不愿意随着父亲出出入入了，自己常一人跑到跟爱明同过学的高文龙的店里去，理个到底年轻时兴点的发型，说些老师同学的情况，倒有些建立自己生活圈子的味道——正如父亲习惯了那个哑巴理发师傅。

上了大学，自由也多起来。那时候剃头的地点颇有几个选择：校内不时变换主人的理发室，黄山路上的阿四发屋，当然还有离得远的温州发廊之类。大多数时候是在周末去洗澡的路上，顺便跑到校内理发室把头发给剪短了；不满意校内的三五分钟一个头的高效率又有点心情的时候，就骑车去校门斜对过的阿四发屋去，通常要等一等的，却也喜欢那样悠闲的下午：翻着阿四准备的杂志，听着合肥调频台晓露之类主持人的甜美声音，跟阿四说些无关紧要的话，杀掉一两个钟点的时光。对自己的发型也总是不在乎，实际上也没有条件在乎，唯一能够努力的就是每日梳个一遍两遍，两三年下来也有个三七开或是四六开的分线出来——饶是如此，我那些不怎么梳头的室友还是会时不时地拿我梳头的举动来笑话的。

当然大学里也还是有些"各领风骚二三年"的流行发型的。比如有一阵子一般的人都喜欢推个小平头来酷一下什么的。军训时自己也被迫剃了一回小平头，那惨不忍睹的样子，让我从此再不敢剃在别人脑袋上看着酷酷的小平头。另外两种有点特立独行的就是披肩长发和光头了。披肩长发的青年在大学里已经成了摇滚青年甚至搞文艺的商标，但是却鲜见留得漂亮的，那几个摇滚乐队的成员也给我不健康的感觉。倒是另外一种不太长的——过耳及肩却不至于披肩的发型让我寻思了一阵子（也许跟那时候看了《同一屋檐下》里江口洋介的造型有关），然而也只是寻思了一阵子而已。大约是大三的时候，喜欢班上的一个女生，"爱美之心"那一程子大概也蹦跳得更加铿锵有力些。有一回去东区做实验，顺便在那温州发廊还是叫另外名字的显得有些高级的地方理了发，而且平生第一回吹了风打了摩丝，倒也油头光脸很神气的样子。回到宿舍，就有人夸张地叫"认不出来了""这么摩登再不敢跟你一起走了"之类若夸若妒的话，自己心头也得意。然而睡觉时却麻烦了，小心翼翼唯恐损坏了自己的高价发型。这样胆战心惊地熬到周末洗了澡，终于回到无型一身轻的状态，以后再也不敢要这样花钱不讨好的累赘了。大学时代男生的光头似乎总是跟失恋相关的。大四的时候，我们宿舍好像有人失恋或者暗恋不成功，于是讨论过集体光头以壮他声威的可能性，准备一宿舍五个人顶着五只电灯泡出去，以达到"一光头，惊西区"的舞台灯光效果，后来到底因为某人的不配合而未能实施。

渐渐大了，一般情况下也不在乎发型了——原样就好是大多数情况下的选择。街上的理发室渐渐进化成"美发厅""美容院"，弄得我不敢轻易入内。倒是校内的理发室多了一个，虽然都号称"美发室"之类了，而且时常有两个着白衣的女子站在霓虹里嗑瓜子什么的，我知道他们还是有三五分钟一个头的效率以便让我赶在浴室关门之前跑过去洗澡的。97年夏天在大庆，头发长了，满街却都是"美发美容"，又听张说有什么按摩之类的服务，倒犹畏着一直不敢进。后来有一天看到一个平实的名字，连忙一头钻了进去。又一年在南京，看到一个理发室门口写着"虽说毛发手艺，却为顶上功夫"的对联，倒差点冲动跑进去领略他们的功夫和手艺了。

　　不在乎发型的时候，也还有别的烦恼。一个是头皮屑的问题，大学里每学期只有二十张澡票，意味着每个星期才能洗一次头。我这个也属于用脑阶层的就难免每日梳头时看见白哗哗的头皮屑飘落，然后别有忧愁暗恨生了。于是开始遗弃廉价的洗发精，专用宝洁公司又飘又柔的潘婷或者"有内涵"的奥妮皂角之类，然而结果往往还是"头屑依旧"，甚至"秀发去无踪，头屑更出众"地让人恐惧。还有一个就是"秀发去无踪"的严峻现实了，虽说知道头发也是分分秒秒新陈代谢的生命，然而早上醒来看见一枕黑发，或者在水房洗头看见盆里水面黑压压的一层，总是心有余悸的；然后不放心地对着镜子梳来梳去，考察自己是不是已经有了建足球场的倾向。葛优说什么"聪明的脑袋不长毛"，只是我自觉已经够聪明了，实在不必再用秃顶来证明什么的。那时候头皮屑大约是"人无我有，人有我多"的烦恼，白头发却是"我无人有"的喜悦了，每每得意地跟人说：打赌？你从我头上找出一根白头发来，我如何如何……常常看到花白的少年白，心里不由珍惜自己的一头黑发；也常常被同学请求给他们拔黑发里一根两根的白发，一边寻拔一边说"拔一根长十根"的话吓唬他们，得意非凡。然而有时候自己想：总有一天有那力争第一的一根白发会闪电般在自己黑色头发的夜空里耀眼地亮场，再想及那句"我仿佛听见了 / 白发裂肤而出的声音"的诗，就更加要闷闷不乐起来。

来美国之前，就有人警告说到了美国要准备自己理发，大有这三千丝到了美国后会"不烦也烦烦了更烦"的意思。我是个爱幻想的人，当时满心幻想：暑假里没事可以去参加个厨师培训班，到了美国落魄了至少还可以做大厨维持生计的；堂嫂堂妹都是理发师美容师了，实在要学点理发手艺再出去也还是可行的……最后的暑假在烈日下匆匆度过，临走的前一天才有空跑到爱芳爱玲的"芳玲美发美容店"里去剃头。爱芳问："大哥，剃个什么头？""越短越好！"爱芳到底是专业人士，三下两下给我洗剪剃理吹地整出一个又短又入目的发型来。

这发型到美国一戴就是四个月，好在每天洗澡洗发，至少能顶着不痒不乱的头发去学校，而且也告别了头皮屑之类的烦恼。寒假里几个大学同学聚会，看着对方的长毛兔模样不由哈哈大笑，然后脱得只剩了三角裤，坐在浴室里，看刘兵拿着刀子剪子推子实验起来。结果当然是差强人意，不过想想洪东当我在他头上戳出一个又一个的洞的时候却依然连连说"不错不错"的宽宏胸襟，自己也就对着刘兵的镜子跟小何小广西两个笑着自嘲道：是还不错吧，啊？

其实看人家美国学生的发型，大多还是很入目的，中国学生的不进美国理发店很大一部分原因也是为了省几个美刀了。开了春，我们的理发工具还了人，正好有个住在我们附近的中国留学生的老婆打了廉价理发的广告，我和赵峰也去剃了一回，确实不错。只是后来他们搬到别的地方去了，就不大方便再去找他们。

如此时光如电，自己头发长得虽慢，日积月累又成了长毛兔。于是就打算去美国店里理发，周围的中国人就说：美国店一个头至少要十几刀，而且要打电话预约，要准备小费，要用英语缠夹不清地跟他们说你要什么样的发型，……你要是不嫌弃，什么时候到我家来我给你剪剪算了……一席言吓得我几顾美店而不入，又不好意思真地去麻烦人家，这三千烦恼丝经春入夏，已经盖耳了。

实验室里有几个亚洲人，自觉跟他们应该有些共同语言的。先问韩国的博士后在哪里剃头，他说一个头剃了二十美元，又说跟他们韩国理发价格不相上下；搞得我有点后悔报出以前在学校里两块人民币相当于二十五美分的头价来，于是就亡羊补牢地说我们中国当然也有很贵很贵的发廊……一天吃饭时注意到日裔学生松本龙生新剃了头，还有些另类的样子。问他哪里理的，他倒说自己对着镜子理的，听得我只有惊叹的份了。

这样一个头又一直熬到七月份，自己甚至作了拿皮筋扎小辫子的准备。今年这儿的夏天却热得反常，三千烦恼丝也就乘机作乱犯上，让人满颈脖子的难受。那天下午听得肥头小耳的韩国学生孔勋告诉我一个不要预约不要小费价仅十刀的美国剃头店，连忙抓了书包赶班车去了。

美国女人仔细地给我围了脖巾系了围披，问我留长留短，忙说短些好；她又问是否保留原来发型，当然当然……一切进行得有条不紊恍如国内，最后开始剪额发，女人一手拢发一手挥剪，我正寻思怎么用英语跟她说之际，她已说时迟那时快地给我剪出一线齐的女式刘海来……

心下惴惴。星期五去看独角剧"最后上的是汤"，邦妮看着我笑道：You look so different, like a totally different person. You look like a Chinese toy……那玩具人想去该是无锡泥人，憨态可掬的吧。看过戏，几个人在公园里吃西瓜，说什么台海危机取缔法轮功，自己没怎么说话。邦妮安慰道：Don't be depressed for your haircut anymore. Remember: no hairstyle lasts more than three days! 听她这么说，自己倒不好意思再沉默下去了。昨天跟楼下的小李子同车回来，他看着我的头又说笑了一阵。

回家来，对镜烦恼，不知道何日才能长出这傻乎乎的境界，又想活了这二十几年，小时怕扎辫子怕剃头，稍大些愁虮子厌虱子，再大些琢磨发型烦恼皮屑，如今到了美国又让我犯起愁来，竟从来就没间断过的样子。遂叹曰：这三千烦恼丝真正烦恼死人也！转念一想：虽说是三千烦恼丝，如果哪天五百根集体下岗不再要我烦恼什么的，或者它们约好了"朝如青丝暮如雪"，那才是更可怕的。那么，还是继续为这三千丝烦恼下去吧！

1999年7月30日

胡子纪事

今早戴人家的警帽。小徐忽然发现什么似地叫起来："你戴了这个大檐帽，特别像一个女兵。"淡淡的感觉，然而并没有什么好说的。后来他们又端详了一番，说："只可惜那胡子坏事。"于是，忽然又关注起胡子来。记得以前也写过这种文章，一回是高中的文学社，另一回是为大学的班刊撰稿。心情变了，不知道文字的味道是否也会变。

很早很早的时候，自己是没有胡子的。二洋那时候闲来开口就叫："喂，小白脸！"高中的同桌是个厉害的女生，仗着我老实朴素好欺负，对我进行性格分析道：你有着江南男孩的秀气、灵气和羞气……气得我三气不打一处来，逼出一句："你太放肆！"拂袖而去，让她独守空桌。后来就长胡子了。现在想来确实很有些意思，自己从那么小起就对自己的"一草一木"特别介意，照镜子的次数直线上升。少年的胡子，并不特别稀疏，集中在上唇上和下唇下，颜色黑得喜人，茸茸的感觉也特别好。照镜子的时候，为自己成为真正的"须眉男儿"而窃喜。回家的时候，先是三妹芳儿发现新大陆般叫了起来"大哥长胡子了！"母亲、弟弟都围上来要看个仔细，然后四妹小玲问："我什么时候才能长胡子啊？"弟弟说："等你长到大哥那么大就长了！"小玲犹自半信半疑，早有人拉了她去，羞道："女孩长胡子，那公鸡还不下蛋？！"大家哄笑起来。清寒之室，竟为这一抹胡子而溢笑盈欢，让人久久不忘那份温馨。

胡子是有生命的东西，有生命的东西在适合的环境下喜欢生长。我的胡子长长了，惹得那时健在的爷爷没见到我就说："赶快剃胡子吧，总不能像我。"（我们家的胡子是显性遗传的。）自己犹豫良久，终于抄起一把小巧的剪刀，向自己面上的胡须喀喀而去，好像还特地珍藏了那剪下的第一抹胡子，夹在小男生的日记本里，也许还珍重写道：这是我剪下的第一抹胡子，今天我16岁零3个月零18天大……给朋友写信，就有多了一个话题。有一回一边剪胡子，一边读李成的来信，心中有这样的话：胡子还是不要剪的好，不然它们一生气，会长得更加茂盛的……我虽然喜欢胡子，但对于自己变成一个虬髯大汉还缺乏心理准备。当时手下一颤，差点在那张虽白却不小的脸上留下一道永久的划痕。从那时候起，又息剪了好长一段时间。高中临毕业的时候，已经有人公开叫我"应大胡子"了。

上了大学，视力由两个一点五沦落到两个加起来一点五，上大课看不清黑板了。于是配了眼镜。回去时，那死不要face的二洋仔细研究了一番我的face之后，冷笑道："看着你的脸，我真是……"我先还窃喜，问："是不是特酷？眼镜胡子加一起？""嗯，文弱的眼镜和凶恶的胡子加一起，活脱脱一个四不像！"我骂一句"狗嘴吐不出象牙"，戴着眼镜继续看电视。后来自己顾影自怜，觉得那厮说得也有些道理，然身外之物不可贪，遂弃镜于不必要戴时，依然不剪胡子。

　　胡子疯长的假期又回家。一日，母亲大人陪我去买衣服，好不容易挑了一件入眼的，觉得有些小。母亲就说："请给换件大些的。他说不定还能长些呢。"那描眉涂唇的售货小姐看我一眼，冷笑道："都二十五六了，还长呢！"骇得刚刚二十的我魂飞魄散，慌忙回家，顾镜良久，悲从中来，冷落已久的小剪刀又在我脸上手舞足蹈起来。胡子从此就一月一枯荣起来。

　　大二的夏天，给自己的生日买了一只双箭的电动剃须刀，记得当时在店里试了又试，生怕那刀刮了皮肉。卖货的成年男子直盯着我和杨峰两个笑，最后还是特别热情地帮助我们启蒙了男人剃须的第一课。

　　刚开始剃须的感觉总是特别好，光滑的下巴上有隐隐发青的须影，那一张脸平添了几分幼稚的成熟，又流露出一些成熟的幼稚，正是男人和男孩悄悄分家的当口，青春在胡子里也显得无限美好。

　　最初的剃刀，如同许多人生的第一，质量似乎是最好的。然后毕竟敌不过岁月沧桑，最后竟然不认识我似地屡屡在咬住胡须的当口没了声息，扯得我脸皮生疼。自己依然抱着糟糠之刀不下堂的思想让它伴随左右了一段日子。去年的冬天，它终于有疾而终，害得我措手不及，把它怀念了好一阵子。

　　春天的时候，和朱民一起上街去买新的剃刀。在乐普生看了半天，愣是舍不得花八十几块钱买吉列，怏怏而出。再到百货大楼，似乎便宜了几毛钱，顿时如捡了宝般，将一张百元大钞送给了收银员……回头路上犹与朱民喋喋道：这吉列要是把广告词改成"吉列，女人的选择”，是不是我们都不用花这钱了……朱民大笑道：对象还没有，倒想着人家送你吉列了！

初用吉列，脸上负伤挂彩，看人家不用镜子在脸上挥洒自如，羡慕至极。渐渐自己也熟练起来，眼看着一张因草木丛生而沧桑的脸在吉列感应剃刀的抚摸下年轻而光鲜起来，不再如初的心间偶尔也会生发出一些喜悦的感慨。

这些日子烦心的事情一件接着一件，再加上年岁渐长，一日与人小聚，居然有人说我"不修边幅"了，自己不禁吓了一跳。因为戴帽子又说起胡子，并诌出了这一篇文字，不觉又要说那句"有胡子，真好"了。

半月谈

　　好像是有这么一个谜题的：谜面是"说胖"，打一杂志名，卷帘格。谜底是"半月谈"——半月者，胖也；说者，谈也。本篇名叫"半月谈"，却跟政治毫无关系；用的乃是这谜题的反面：半月谈者，说胖也。说到这里，又想起这"胖"字的构成：一边是月，一边是半，一月过半，正是三五之夕，月亮胖起来的日子。老祖宗端的是聪明，一个汉字里包含多少玄机和诗意。

　　我自诩也是喜欢观察的人，然而对人变胖或是变瘦却眼拙得很，若非明显的横里发展或者肚子腴起，我很少能说出人是丰满还是苗条了。然而周围却也总有这样的人，一两个月不见，就能说出你的胖瘦，甚至推断出你生活滋润与否来。像咱外婆，以往每次回去，总是说"瘦了瘦了，学习苦，吃不饱"，我怎么跟她说我在学校的伙食比她的有油水养人，都不能让心疼外孙的老太太改变成见。听我说要减肥，外婆加上父母全部叫起来：胖些好！

　　长辈的"闻胖而喜，闻瘦则忧"，大约跟他们曾经的苦穷日子有关系，就连我这样的七十年代生的人，对童年时期农村的困苦生活还是很有一些记忆的。虽然已经不晓得自己小时候的样子，然而说是面黄肌瘦大概总是不离其宗。曾经有人问妈妈，说"你家不给儿子吃饭吗？"妈妈当然就红脸，接着否认。我想我现在是可以找出当时的原因的：虽然能吃饱，但是肚子里蛔虫不少，尽给它们当枪手了；而且我那时候见到白菜犹如见到毒药，又没有水果吃，到最后"面黄肌瘦"也就顺理成章了。可怜这种面黄肌瘦还是我顶漂亮的时候：上高二那年，爸妈无意中说道：这孩子越长越丑了。我虽不是个要"为悦己者容"的女孩子，然听到自己父母的评价，仍是闷闷不乐了许久。

上高中时，吃了三年的包伙，食谱上是每周一到二顿大菜。所谓大菜，不过是雪里蕻烧肉之类。可惜肉少菜多，而且又多是我不吃的肥肉，同桌的七个人，有三四个更是如狼似虎的莽少年，往往小测验时候不顾题没做全就交卷去食堂抢食大菜的。如此这般，搞得我那时吃着"比家里好"的饭菜，反而更不如在家中"肥"了。记得有一年暑假没补课，自己在家里扎扎实实呆了近五十天，回校的时候，就有人惊讶地叫出来"哎呀，我都认不出你来了！"

那位同学显然是夸张了。但一年后，当我走进大学宿舍，站在三个身高不下 170 厘米体重不上 100 斤的舍友面前，我深深感到自己原来已经进化为一个胖子了。但是舍友们却很友好，说"到科大来的都是瘦子"，把我拉进了同一战线。

我们在同一战线奋斗了四年，这期间四人的身高虽然原地踏步，体重却都勉强过了 105 的界线，像我已经达到 110 之上了，颇有些"先胖起来"的豪情，并积极推荐自己的致"胖"技术：早晚只吃稀饭馒头啦，中午六毛钱的菜已经不错了，千万别吃零嘴，晚上饿就饿些，还买方便面干啥呀……舍友很不忿：第一，你那胖不算胖；第二，我们这瘦真叫瘦；第三，有人基础好，喝凉水也长肉；咱们底子薄，喝凉水只可能塞牙，不开开小灶吃吃大肉，更没希望长胖了。

大家发现我真地"胖"了起来是在大四的夏天：那天和辉在路上碰到我一个广义的女老乡，她突然以女孩特有的神秘表情说道："你现在是不是日子过得很滋润？"我当时一没得恋二没失恋（据说这两样东西都是既可以叫人瘦也可以叫人胖的），只好一如往昔地邻家大男孩般红着脸问她"为什么这么说？""因为你发福了啊！"我还来不及生发出感觉，只是不断否认辉说的老乡对我有意的玩笑，就又碰上辉的师姐，她定定地望了我半天，又以女性的夸张说道："你就是某某某吗？"辉说怎么了，师姐说："他胖得我都快认不出来了！"我们共同地惊讶，然后自己不知该是欢喜还是悲伤。中午上床午觉时，后上床的辉看我两眼，不怀好意地笑道："我发现你确实胖了；胸大肌好像有二三两重了嘛！"

仔细看看，大四的我确实已经本着"一部分人先胖起来"的原则，成了我们宿舍率先"脱瘦致胖"的好青年：当时干着一份有点亲戚关系的家教，工资很低，每月只有六百大毛，然而诱人的是那每周两次的家庭小宴，每每让我腆肚打嗝地骑车回校后百事无心，又没了让人害怕的一百米非要十几秒跑完之类的体育达标的压力：有更好的填充，没有更多的释放，稍微胖胖大约也是应该的。我的同学刘进就说"老应这个胖啊，胖得恰到好处，既不……也不……不是……而是……"我跟《围城》里范小姐一样，明知道他说假话，还是笑得满面开花。

等到读研究生，有了一点自己的工资，几个好朋友更是有来由没来由地时不时出去凤爪猪蹄地吃一顿。第二个寒假后回校，曾经被我笑的大胖子刘禾已经笑我是"五十步笑一百步"了。自己也厚着脸皮幽默道：教授教授，越教越瘦；硕士硕士，不硕怎士？心安理得地又"硕"到了夏天。

且说夏天一到，脱了衣裳，坐在床边，低头一看，自己的肚子上居然层峦叠嶂了，那白色的物事却有让我两眼一黑晕倒在床的本事……从此再不敢看自己的肚子，更不敢随便坐下来了。我的同学们更喜欢开我的玩笑了：某些人就是太过分了，不仅每天诗啊小说啊的精神小资，如今肉体也开始小资起来了……

于是开始像人戒烟一般，时不时地就要实行减肥计划了。每每睡觉前心血来潮，一通仰卧起坐，搞得床动铺摇，下铺的就叫苦连天。只是这样的减肥跟别人的戒烟一样，不过是西西弗斯推石头，上去再下来而已，甚而至于有些围城的感觉——胖的时候想瘦，忽然瘦下来，又要怀念胖的日子了。那年在大庆出长差，某日在自由市场花五角钱称了一下体重，忽然比平常轻了十来斤，先是一喜，接着吃惊，后来却越想越怕：最近没有减肥运动啊，东北大菜吃得也对胃口……看无聊的报纸杂志，就有健康顾问提醒道：体重突然减轻的原因之一可能是得了癌症……只吓得我惶惶不可终日，等到回了学校，忙着又去称了一回体重，却又回到原来的"肥胖"水准了，骂了几声那不知准也不准的东北称才算安心。

到了美国，自己做菜了，只晓得"油多不坏菜"，又听说鸡肉便宜，不免多油多肉地过起日子来。一年下来，又添了十磅的样子。每回给家里电话，父母还犹自关心道：瘦了没有啊？在美国吃不吃得惯吃不吃得饱？真叫我哭笑不得。

二十五岁生日过了两三春，也可以不时来句"人到中年"的调侃了，对自己中等偏胖的体重忽然也很心安理得起来，不仅时时有"小时候胖不算胖"的感慨，更隐隐觉得：如今这副体重才是一个男人的样子，不必干瘦得给人以奸诈之感。（我认识的苗条男士和读到此处的苗条男性读者之合集，不属于此干瘦奸诈相交的男性合集。）

前阵子一个广义的女朋友要给我介绍狭义的女朋友，欣然应允。如今网络时代，忙着在网上互传了照片。人家看了我五年前和现在的两张照片，不免有些疑心地问我现在胖了多少，这一问吓得我忙着跟广义的女朋友说：我现在的身材嘛，虽不是"增一分则胖，减一分则瘦"，却也是"增十斤才肥，减廿磅则瘦"的好胚子！话虽这么说，到底心里害怕，那减肥的计划就又捡起来了：多吃素，少吃肉，每天二十个俯卧撑，三十个仰卧起坐……就是不晓得会是月减月瘦呢，还是要越减越肥了！

2000年3月17日

有关恋爱

对于恋爱，语言上绝不是巨人，行动上更是个矮子。寂寞无聊时，也顶多如红色部队所唱幻想"梦里有个姑娘和我相依偎"，或者大着胆子到街上"看看姑娘的腿"。这当然只是寂寞无聊时的举措，更多正经时候，还依然视爱情为崇高纯洁的尤物，只能在低处饥渴地仰视着。看到许多现代的同窗们，视恋爱几如游戏，保守的我总不禁胆战心惊。

到了二十来岁，旁人心里已不把你当小孩待，便是自己听到有些这个年龄的人还自称"男孩"，也不免要起一身鸡皮疙瘩。不是孩子，就必然会谈及"男大（学生）当恋，女大（学生）当爱"啊之类的话题；不声不响的，倒让人会觉得多少是有些"毛"的。

从稍解男女之情始，心中就渐渐构出自己爱情的理想模式，梦中情人的形象也渐渐清晰起来：一个聪明美丽温柔的姑娘和我一见倾心，有些小挫折但最终顺利地同坠爱河，自然要爱得如火如荼，哭过，笑过，然后……该步上红地毯了；也许偶尔会有些人在围城的感想，但主旋律绝对不变调……好美！

记得刚进大学不久后的假期里，父母便问我有没有谈对象，从没与父母在这个问题上正面交锋的我，一时不禁脸红，忙着否认。父亲说：找对象要找个家世好，教养好的，这样你将来就可以"好风凭借力，送我上青云"；母亲说：喏，你找的对象千万不要不如你堂嫂子，包括学历、长相等；还有妈不喜欢那些衣领胸口开得很低，裙子又特别短的……，接着又是一通如何在女人的狂热追求面前保持清醒头脑之谈，让我觉得自身魅力值立刻增长了十来倍。相信那时我如何争辩"爱情是纯洁的""新时代女性要性感才吸引人"都是空话一堆，老爸老妈以二比一的优势将我的理想爱情粉碎得一塌糊涂。末了，我便沉着脸道："找不到合适的，就一辈子独身算了。"父母就被将了军般不言语。事后，母亲说父亲为我的话生了半天的气，一晌午觉叹息不止，说儿大不由父了，母亲又说，不孝有三，无后为大啊，你怎么能想独身呢？啧，瞧他们还动了"真感情"了，委实把我吓了一跳。这二年倒好，父母也不常提起，只说"学习最要紧"，不给我机会伤他们的心。

恋爱，对于一个处于皮肤饥饿期的青年，当然是一个不无诱惑的字眼，记得某位诗人就曾振臂高呼："年轻的季节，恋爱去！"是否应者云集，不得而知。我却总觉得这话里有点宣扬性自由的味道。每每悠悠地塞上耳机，就难免听到大陆的"哥哥妹妹"，港台的"我是你的女人"，欧美则更火爆，全在吼些"I wanna sex you up"之类让人心惊肉跳的唱词。听着歌，想象着歌手们不知是真是假的缠绵激情的演绎，心中自然又不免一番躁动。

父母和歌手们的压力之外，新朋旧友也不甘落后地刺激你的神经。在宿舍里，每每今儿个听得张尖叫"老情人来信啦"，明儿个听得李喜说"昨儿赢得了阿莲姑娘的初吻"，再过一日就听得王狂呼"这么多女孩追我，我无处可逃"。听着这些耸人听闻的话语，真让既无魅力又无情人的我自惭形秽。假期到家，老友酒过三巡，也就切入恋爱的话题，晓东说 "第三回开始了"，阿强讲"女友待我特温柔"，让我只好用醉颜来掩羞色；更不料晚上在阿京家就寝时，这厮竟向我展出一打避孕套说这年头泡洋妞可要防爱滋病呢，直骇得我面如死灰……单是他们炫耀倒也罢了，何况新朋还会高级间谍般追问这封信是不是某女写的，那个电话是不是某女打的，你和某女是不是有旧，弄得我毫无招架之功，只好心不在焉地点头，任他们"哇"个不停；旧友则总认为我在撒谎，阿强说，怎么可能没和女生拉过手呢？阿京道我就不信你这张小白脸没迷过一两个小女生？我就又只好说合肥是内陆小城，科大学风严谨，自己保守怯懦……

四面楚歌之外合，躁动不安之内应，自己其实免不了偶尔情窦乍开。那年小心翼翼地喜欢上一个女生，因她烦躁的夜晚归舍时意外地又相逢，淡淡地分手，回首望她远去的背影，那一刻幻想她会转身跑来，而我必将张开如羽翼的双臂……那一学期放假前写了一封信，下楼去投时碰着一个同学，便没投成，也许是缘份不够吧。后来心思便有些淡，直至某一晚见她的臂上搭了一条陌生的男人胳膊，惊痛之下，却也死了那份心。把这个故事讲给朋友听，他们便笑我还嫩还太纯情呢，干嘛不明确表示勇于夺人之美呢？我只好无话可说。

骨子里我是怯懦保守的人，所以不大欣赏情场即战场的状态，而固执地认为相爱就意味着两颗心以同一频率共振，那种靠生拉硬拽让两条不可能齐头并进的轨道勉强在一点相交，最终要因斥力而各驰其道的。看到有些男女生乐恋不疲，真让我吃惊于他们情感之丰富能量之强大性格之坚毅，似乎心都是铁做的，心想自己只有看人演戏的份了。

忽一日收到一位女同学的来信，好像突然地满腹经验起来，叙述她被追逐的喜悦和苦恼，又告诉我"好女孩是一道风景，你不要错过"，然后让我为她"爱途上的悲悲喜喜"祝福吧，让我心里酸溜溜的不是个滋味，好像自己成了弱智不开化的小弟弟。

那位女友又说"我真不懂你究竟想要个什么样的女孩"，这话着实让我凝思良久。后来给晓东写信，便说：女孩自然要清洁爽净的，切不可随地"呸呸呸"而闻名全校或者大脚趾上一圈黑让人恶心；风度嘛不必翩翩了，但也还要有点涵养才好，总不至于如某人在课堂上"咯嘣咯嘣"剪起指甲让人大跌眼镜；温柔敦厚当然是好的，但也不能守拙装愚得让人失去了解兴趣；活泼达观固然不错，但也不必过分使人觉得在矫揉造作；事业呢有所成最好，却也不必以此为资本；对爱情呢，既不能视之为神话，也不可毫无浪漫趣味可言，对待性爱的态度应当像查太莱夫人那样原始而健康……晓东说"金无足赤，人无完人"，我说这些品质也绝不至于让"此女只应天上有，人间得有几回闻"吧；晓东说那你就继续做你的美梦吧。我就依然抱着幻想在寻寻觅觅，不知哪天会突然醒悟平平淡淡才是真呢！

有了一次失败的经验，还不愿降格以求，那就只好继续做一个孤家寡人了。好在孤家寡人有书和音乐为伴，也不一定就孤陋寡闻的。因而，渴望爱情时，既可吟一句"书中自有颜如玉"，也可唱两声"What should I do to make you love me"，倒也怡然自乐，且让四面楚歌飘荡在我耳膜心界之外吧。

桃花与君子兰

一直想写一首叫"十月之桃"的诗，可是一直写不成，总觉得诗文跟生命中许多另外的东西一样，可遇未必可求，可求也未必能得到。又忽然回头，发现自己早已经失去，又可能甚至早已经拥有，悲悲喜喜的心情又充作人生悲喜剧中的一幕。

那还是前年秋天的时候。新英格兰一带气候反常，原本应该渐冷渐雪的天气忽然有些小阳春的样子来。大家早已经习惯了所谓的厄尔尼诺现象，不必像大观园里的人见怪而怪了。然而那天下午从图书馆出来赶回去的车，因为多出了几分钟，就不急着跑。出了欧林图书馆，左拐，一抬眼，忽然就被眼前的景象惊住了。

那图书馆向阳的一面长着二三十株桃树，在那十月底的天气里，居然不顾一切地开了花，开出一片迷蒙灿烂的春色来！起初不敢相信自己的眼睛，走近了细瞧，那夭夭灼灼的可不就是"人面桃花相映红"里的桃，可不就是"桃红又是一年春"里面的桃，可不就是"山寺桃花始盛开"里面的桃，可不就是记忆里童年的桃，故乡的桃，中国的桃，春天的桃吗？平常并不是在乎花草植物的，那一个傍晚，立在盛开的桃林之边，忽然就有了许多感触在心底生长起来。

后来给同来的朋友打电话说这里的桃花盛开了，她犹自不信。

下回又碰巧遇着，我就带她去看那一片桃花。只是几天的工夫，气温骤降，新英格兰的第一场雪也"犹抱琵琶半遮面"地亲临过人间了。那些桃花在秋风里，像是被泪水浸染过的胭脂，湿润得残红粉白。朋友一边看一边惊叹。自己看地上也是满地缤纷的落英，因为刚下过的小雪，更是零落辗转的破败景象。前面两日一直想"人间十月芳菲尽，不想转入此中来"的句子，如今却只有"曾看桃花笑秋风"了。

听人说三月的雪又叫"桃花雪"，自己就想：这下雪时候的桃花是不是应该反宾为主，叫"雪桃花"呢？看那些桃花在风里，初看像哭着的美人儿，再看却还像笑着的，像自己的一些捉摸不定的心情。忽然就想：她们也许真的是很高兴的吧。人生原本难得尽兴，大多时候不过是给别人做陪衬，如果能够如此尽情地盛开，能够有机会如此彻底完全地做一回主角，是不是就应该不分地点、时间和人间纷繁的规则和逻辑？或者就像某种爱情，自以为完美的人物已经出现，又何必非要拘泥于等待那所谓浪漫完美的时空？那么是否该像这十月之桃，不矜持不犹豫不顾虑，夭夭灼灼地盛开，一如想象的那样完美绽放，即便明朝就是风雪扑面的寒冬？

那一阵子读英文诗，看到玛丽·奥利佛[1]在她的诗《新加坡》里面说："如果这世界只是苦痛和逻辑/谁又需要它呢？"她自己又说："当然它不是。我也不是说非得要奇迹……"我却在今年初见识了另一样几可算作奇迹的花开。

还是假期里，室友的朋友要搬家，把一盆君子兰暂时寄养在我们家。乔迁的那天，正是暴风雪肆虐的时候。他们把那一盆君子兰

---

1. 玛丽·奥利佛（Mary Oliver），美国诗人，曾获国家图书奖和普利策奖。

从车中取出搬到楼上的工夫，那原本绿茂肥厚的花叶却忽然萎落软耷了。此后的几日，那些叶子不停地变色不停地枯软萎落，让人不敢细看。有一天傍晚，室友笑说："这花是熬不过春节了。"我也只有一边点头称是，一边给我买的两株无名无姓的绿色东西浇水——它们不计较我一月大约想起一回的浇水，依然努力在窗台上和书桌上舒展开几叶绿意。

又过了几天，君子兰那几枚原本挺拔厚绿的长叶都已经黑枯死亡，然而它们环抱着的花茎却忽然升了上来，还是淡淡的黄绿，却光洁坚挺，充满了生命的力量。我和室友都不禁好奇不已，每日从学校回来都要看这死叶里冒出的生命又如何进展了。底下的日子，一群花蕾慢慢地生长，慢慢地丰满，慢慢地盛开成一冠米红的花簇，盈盈款款，如微笑着的少女，仿佛对着室外的漫天风雪展示着春天的风姿。

开得最盛的那日，正是今年的情人节。室友说："这株君子兰在我们家开花实在算是一个奇迹。"这花还是几年前他的朋友从中国带过来，因为还是幼苗，便于藏掖，所以在海关处没有被收缴。长了好几年，才如此茂盛，却不想因为搬家受寒，以为必死无疑的。谁晓得它的生命力如此顽强，居然在那样致命的酷寒打击后又美丽开放了。跟人在网上聊天，得知有个君子兰培养的网站。匆匆跑去看了，却是很难得的一个君子兰种种的站点。看网上的图片，知道在我们家寄养的是颇有名的"大胜利"品种呢；虽然不如网站上开得好，然而也算是难得的珍品了。

自己心有所感，居然有些写诗的酸劲儿漾上来。很久不曾写诗了，那日却到底在纸上胡乱涂了一首《君子兰》出来。想起那十月之桃在脑子里萦绕了很久，终是不能成篇，不免喟叹——人生种种未免如此。写的时候，总想着要把这君子兰开花的"奇迹"比喻成什么的：也许就像自己和它一样不远万里来到这陌生的国度里，经历了种种而终于生存下来？却到底觉得不够确切，有点憾憾的。

随后的这一个月，却经历了许多说大也大说小也小的事情。就像以前曾经以为早已经死去的某些情感忽然又重新回来，如火燃烧如花开放。又有原以为不可能发生的事情忽然发生，不得不仓促计划人生的下一步。这一切忽然在自己假定可以接受的种种规则与逻辑之外发生，让我甜苦同尝，悲喜莫明，茫然无措。只是这周末的夜晚，微得了空子，坐在这灯下来敲打键盘的时候，忽然有些明白：原来这些花们到底是在向我暗示些什么、预示些什么的。

2000年3月17日

人生三馆

　　这个周末抽空去法拉盛图书馆参加一位文友的新书发布会。法拉盛图书馆过去十来年里成为纽约一个小小的文学中心：很多华文活动都这这里举办，包括作家们的新书发布会，各种作协组织的文学讲座，乃至更大规模的法拉盛诗歌节等等。因为疫情，线下实体文学活动中止了将近三年，如今又开始渐渐恢复。

　　听了新书发布会，带新来纽约的文友上图书馆三楼看看。图书馆疫情期间曾经关闭，后又辟为疫苗注射点，如今似乎正在大动干戈地装修，却也不影响满屋满座的读书之人。三楼主要是中文藏书，包括各类中文报纸和文学杂志。朋友在国内时原是《北京文学》的诗歌编辑，如今在书架上看到《收获》《花城》等等大刊，惊讶不已，忙着要拍照传给国内的朋友看。

　　我们又浏览书架上的各类书籍，惊喜看到好几位认识的文友作家的大作陈列其上。有那么一刻，因为这些陈列在图书馆书架上的书和文字，以及周边安静阅读的人们，让我们欣慰文学也许还是有点价值和作用的。

　　法拉盛图书馆位于闹市之中，正门就对着两条大马路汇合而夹出来的一个三角箭头地带，不远处就是长岛铁路桥，而路边总是熙熙攘攘的人群、形形色色的摊贩和喧闹纷杂的市声。图书馆，在我看来，就像这个社区的灵魂，让法拉盛因此更具一些迷人的力量，在闹市之中，如一块磁铁吸引那些对文字、对阅读、对信息、知识乃至智慧依然有着朴素和执着追求的人们，也如一根定海神针提醒和安抚我们，这纷乱的世界还是可以放得下一些书架和书桌的。

在图书馆逗留过，我们去附近的上海豫园吃饭。虽然下午五点不到，饭馆里却几乎客满。天气渐暖，外面长椅上也有人捧着一两份生煎馒头之类的上海小吃大开吃戒。这个2016年才开的上海饭馆，疫情之前就做得声誉鹊起，引得很多老外按图索骥从曼哈顿跑来饕餮一顿。他们有一项店规：只要消费超过10元，就赠送一客六粒小笼包或者两片北京片皮鸭。这优惠大概也是吸引许多食客趋之若鹜的原因之一。

店里的装潢也有些意思。天花板上装饰着大幅书法作品，《春江花月夜》的文字和韵律龙飞凤舞其中。续茶搛菜之时，偶一抬头，看见"海上明月共潮生""江月何年初照人"之类的诗句，倒也不自禁地要停箸噤声，发发怀古思幽之叹。吃客倚靠的墙上则在大红的背景里勾勒出一樽古瓶，古瓶上又画着《喜鹊登梅》的图案，也无端增添些流俗媚雅的生活趣味。

我们两个中年人，只点了几样清淡食物，四喜烤麸、马兰头、毛豆百叶、拍黄瓜和上海菜饭等，再加上赠送的小笼包，却也是满满一小桌子。我们吃喝一个多小时，也只能消灭掉一半，另一半需要打包带回。

回来路上，想想这疫情是渐渐成为过去时了：图书馆和饭馆里的人群和人流是提振人心的景象。疫情之中，最受其累的其实就是餐饮业。从这点来说，虽然灵魂很重要、图书馆很重要，但是对普罗大众来说，填饱肠胃更是第一需求。从经济学来说，下饭馆是跟消费和GDP挂钩的，而图书馆人流多少可能对经济数据不会构成太大的冲击。

若说疫情后个人生活方式的另外一个大变化，应该是常去健身馆莫属。事实上，这一天因为要去法拉盛，我早上还提前去了健身馆，完成这一天的锻炼任务。疫情三年在家，居然也懒出了、胖出了一点小毛病。去年夏天知道终于可以安心去健身馆后，我就决心要把这失去的锻炼时间给补回来。

仔细想想，对于一个人来说，除了灵魂有趣之外，健康的体魄才更是一切的基础。常去的这家健身馆不贵，一个月只要20美元。我的要求也不高，大多时间是在跑步机上快走慢跑几十分钟，偶尔也做一点力量练习。有一个星期休假，每天去跑，倒引得一位老人家问我是不是在练习马拉松。我过去倒是想过这个所谓完满人生必须完成的体验之一，如今只有哈哈一笑，跟老人家说"我倒是想呢！"

这么一算，似乎疫情之后，日常生活里最重要要的场所竟然是健身馆、图书馆和饭馆这三馆了。有闲了，第一个要去图书馆；有钱时，不妨时不时去去饭馆；又有闲又有钱，可以常常去健身馆运动运动。如此这般，灵魂、肠胃和体魄都能得到滋养，若有幸，或许灵魂有趣一点，肠胃满足一点，体魄健美一点。人生有此三馆，夫复何求呢？

文学路上的几段恋情

去年十一月份，定居上海的中学同学在微信上拉了一个小群。这个小群里的人都是当年在中学校园里参加过文学社的同学。因此，我也联系上几位中学毕业后就没有消息的旧友，其中有位当年比我低一届的、姓马的小师妹。有一天，她在群里晒了几份旧日手稿，居然是她近三十年前当文学社主编时候保存下来的、各位社员的作品，其中有一份就是我的散文诗《夏夜》。

看着当初稚嫩的笔迹，还有内容清新却不免编造的情节和细节，我真是百感交集。想去应该是1988年的事情，我住校读高中，每个月要十几块钱的伙食费。写字的方格稿纸也舍不得买，因此用的是好朋友父亲厂里的公函纸张，但是写得认真，一行一行的整齐有序。

那一班文学社的成员，大多是当时就在或者后来转入文科班的，而我算是一个异类，是个理工科班的学生，承蒙倡议起社的同学看重，把我拉了进去。虽然自己从小学起就钟情文字、喜欢在日记本里编故事玩，但在高二面临分科的选择时，我这个文理课成绩都不错的尖子生还是"随大流"地选择了理科。那时的我自认聪明，也深受当时流行的"学好数理化，走遍天下都不怕"说法的影响，仿佛忍痛割爱，和文学这个初恋我十分"理智"地选择了分手，也以为我和她从此走上了完全不同的道路。

我是在中国科学技术大学读的本科和研究生。九十年代初，我们学生间也有一句"流言"：穷清华，富北大，不要命的上科大。这话或许有言过其实的夸张，但在科大读书、尤其是前面五年本科，绝没有"六十分万岁"的轻松，却是真的。繁重的学习压力之下，我这个文学爱好者对于文学的那份情愫，也只能继续痴缠于暗恋状态了。

那几年的暗恋，虽然不曾让我在文学上取得什么耀眼的成绩，却也留下几缕令自己欣喜的回忆。大家看报看杂志的日子和氛围，让我常常手痒，写了稿子再在方格稿纸上誊清楚了投出去。记得那时在《中国青年报》、英文的《21世纪报》《百花园》等报刊发表过小杂文、小散文和小小说。有一次，班里的一个同学告诉我，他和女朋友在合肥的调频电台里听到主持人朗诵了我的诗歌，我的惊讶和喜悦亦是难以言表。值得一提的是，科大校园当时也有一个颇有些名气的校园诗社，名曰"荒原诗社"。我虽然不是诗社一员，却也曾与他们进行过颇有意义的交流。

在科大读研期间，我和文学进行了一场最值得书写的恋爱，而那场恋爱是网恋。在我本科的最后一年，网络以及网络文学在中国大陆方兴未艾，科大也是最早开通校园网的高校之一。在校园BBS上无一例外地有各种版面，包括文学、情感和生活等门类。我这个平常喜欢写写画画的人，无疑拥有了一个广阔的释放空间。此后的三年研究生，科大BBS在我的生活里占据了很大的比重，很多重要的朋友甚至都是在校园网上结识的。那三年，我在网络上颇写了一些文字，还一度担任学校BBS里"话说红楼"版面的版主，颇赚得一点小名气。自1998年起，我就担任网络文学《新语丝》月刊的编辑，曾在网易等门户网站担任专栏作者，也曾在早期的各种海外网站上发表文章。这段"网恋"，也可算是颇有成果了。

在科大读完研究生，我就留学美国，到纽约上州的康奈尔大学攻读机械与航天工程专业的博士学位。在国内，我虽然是理工科学生，但大体的文化氛围在那里，耳濡目染的中文环境在那里，方块字印刷的报刊摆放在那里，十几亿需要中文滋养的灵魂鲜活在那里。到了美国，面对着强烈的文化冲击，我一度以为我将从此和中文绝缘，和文学绝缘，却不料这是一条绝处逢生的文学丝路，一段柳暗花明的文学之旅，一种所有离别都是为了更好的相逢的人生和命运的文学套路。

确实，作为一个对世界和人类充满好奇心的年轻人，走出了自己的舒适区域，我或许才第一次体会了在中国生活了二十六年的意义，读了十八年书的意义，以及中文和文学对我最终的影响和牵引。

在康奈尔读书的第一年，我旁听了一门英文写作课。那门课的课程名十分有趣，赫然就叫"诗歌、阅读和扯淡"。这是给低年级本科生开的一门英文诗歌赏析和写作课，这样的课程名字大约也是为了吸引年轻学生吧。

教课的是一名英文系博士生，卡尔·帕克尔，为人十分友好。学期当中，我把自己写的几首中文诗翻译成英文在课上课下讨论，卡尔十分热心，还专门帮我修改。我至今记得他说诗歌里最好不要用"爱"啊、"孤独"啊之类的大词，又说我有时候遣词造句不符合英文规矩，却十分新奇有趣。比如有一次我用"Middle Night"，他说他们英文里有现成的"Midnight"。他也很好奇我们在中国都读哪些英文诗歌，比如迪金森、惠特曼和金斯堡之类在中国有多少人知道，又问李白的《长干行》之类在中国诗歌里面到底什么地位等等。现在想去，这应该算是一种民间的文化交流活动了吧。

如果说在学校里上课还是一种惯性延续的话，走上社会之后的行为大约就更具自主性。在美国上班之后，我开始订阅早就大名贯耳的《纽约客》杂志，并且一下子喜欢上了。我曾经写了一篇文章，《当我们阅读"纽约客"时，我们阅读些什么》。这么十几年读下来，我觉得不仅对自己的英文阅读和写作有莫大的帮助，更让我了解到美国社会的林林总总以及世界文化的方方面面，甚至包括重新认识中国的现在和过去。我开始了解两位华裔作家李翊云和哈金的英文创作，大约也是从《纽约客》开始的。

看得多了，自己也想写，我后来又报名参加了英文写作班，小说写作上了三四次，诗歌写作上了一两次，因此曾经认识一批美国文青。这大约也是我终生难忘和终生受益的一段经历。

上英文写作班，认识到自己在语言方面的许多不足。第一次小说写作课老师是个年轻女子，她很直白：你写的故事很吸引人，是个让人想"不停翻页的故事"，但是没办法，你的语言对我而言是个致命伤。刚开始，确实很沮丧，不过心想我反正是交了钱来学习的，也就厚着脸皮坦然面对了。

没想到的是，我遇到的第二位老师，皮特·赛尔金，对我写的东西大加赞赏，并且鼓励我说"语言不是个问题，自己可以一改再改，编辑也有责任帮你修改。"他看了我的习作，就说："你的小说理应发表，并且应该在很好的杂志上发表。"我一时得意，就把他帮我修改后的小说稿给《纽约客》寄过去了，还收到了一封回信，说"尽管小说不错，但是不拟采用"之类的话。

我觉得英文写作课让我很喜欢的一点就是他们所谓"创意写作"的操作方式：每个人都拿出自己的作品，然后班上十来个人每人都来评论，说一些好的方面，但也必须说一条可操作的建议，就是说不好的方面，而作者本人不允许插嘴、反驳或者辩论。在用中文书写的这些年头里，我从来没有过这样的体验（当然过去十年里很多国内大学也开始开设创意写作课程）。在网上写作和发表，有时会和读者有一些直接的交流，但往往不够专业。

教授写作的老师之外，更大的收获是在写作班结识了一批志趣相投的人。我们当时一个班的人，有几个后来还一直私下聚会交流，而其中我和金伯莉、威廉和詹妮佛三人相处的时间最长。金伯莉是个韩裔女孩，从小被美国白人父母收养。长大后，她特地去韩国生活了两年，企图在那里寻找自己的根，最终却不得不承认她从骨子里更是一个美国人，而不是一个韩裔或者亚裔。威廉是哥伦比亚大学计算机系毕业的，却跟我一样一直对文学情有独钟。詹妮佛就是纽约皇后区长大的美国女孩，她大学里读的是英国文学，毕业后在一家小杂志社做编辑。

那一两年里，我们每个月聚会一次，聚会的地点往往是书店或者小吃店，时间则是周中某日下班后。我们延续写作班的传统，聚会之前，就互传彼此最新的文字，聚会时则互相当面评判和指正。我们不仅交流文字，也交流生活。金伯莉告诉我们她曾经的忧郁症，还说她和男朋友早就决定了不要小孩，为此她男朋友还早做了男性结扎手术。詹妮佛跟我们讲起她一直生活在纽约、生活在父母身边的烦恼，甚至提及她和一个已婚男子的一段感情。威廉是我们小组里最年轻的，后来接受我们的怂恿和鼓励，辞职去亚利桑那大学读了个创意写作的硕士学位，不过为了生计，最终还是回到程序员的岗位。

威廉去读书之后，金伯莉也开始在纽约大学攻读法律学位。新婚的我忙着带刚到美国的妻子适应新生活。我们写作小组的聚会也就这样渐渐散了。记得最后几次大家依依惜别，互赠喜欢的图书，我送给他们的分别是英文版的《红楼梦》《围城》和《活着》。我希望也相信，这三本书可以激发他们对于中国文学的更大的兴趣和欲望。

说起来，这应该算是我文学之路上的一段"歧路"，却又是一段花草葳蕤的丝路，让我意识到中文写作对我的意义。这段和外国友人在文学上的切磋和交往，有时被我戏指为我和中文写作的一段"异国恋"。这段"异国恋"还有一个较美好的结晶：几年后，我因缘际会和另一位外国友人丹·邵仁诗合作了一部电影剧本《黄山的女儿》。

这些经历，也让我了解到纯文学写作在美国是多么清苦的一种职业。虽然《纽约客》这样的杂志财大气粗，稿费高到一个字一美元，但大多数杂志都不发稿费，报纸也没有那么多副刊版面。要想纯粹以写作为生，大多数作者要么要有家庭支持，要么最终只能把写作当成第二职业。让我难忘的皮特·赛尔金老师，虽然才华横溢，最终却还是在年过半百之际去学校读了创意写作的学位，只为了能在大学里谋一个教职来更好地支持他的写作计划。

出国快二十年。最初的几年，因为海外网络文学的发展，我在国内出版了一部长篇小说，并在期刊上发表了一些中短篇小说。过去几年，在包括《世界日报》在内的各类海外报刊上发表了百余篇文章之后，我自觉自己的写作更为稳健和成熟。随着微信和网络的更加发达，我也在各位师友的帮助下，又开始有幸在国内期刊发表一些文字，并开始更积极努力而务实地写作。过去一年，除了在海外出版了中短篇小说集《漂亮的人都来纽约了》之外，我还出版了一本诗集《我终于失去了迷路的自由》。

从文学年龄上讲，已经年过半百的我理应刚刚进入一个成熟的写作期。回首看去，我自己的文学之路似乎崎岖，起于歧处和微时，却终是越来越清晰、越来越明朗的一条路。我觉得，我和文学、和中文写作，经过了初恋、暗恋、网恋和异国恋、走过了长长的一段丝路之后，最终两情相悦，共沐花雨，互享文心，携手走进了一段实实在在的婚姻。

说个相声过大年

在北美中文作家协会的龙年春节联欢晚会上，我和纽约州立大学石溪分校的李文心教授合作，说了一个相声，叫《有心很重要》。虽然是线上说，不能听到及时、热烈的掌声反馈，但在晚会结束、"尽而不散"的聊天中，大家对于我们这个相声节目还是赞许有加，认为我们的相声已经成为作协春晚的一个特色和保留节目。

大家喜欢我们相声的原因，除了相声本身的节目形式之外（虽然现在很多大型晚会的相声节目也往往是观众们强烈吐槽的对象），大概一个是因为原创性：相声文本也是我们自己写的。二个因为它的文学性：我们在相声中从汉字"心"出发，联系各种有心的词语、成语和俗语，发掘其中有道理和没道理的种种。比如"开心"肯定不是把心打开的意思，而"关心"也不是把打开的心再关上，而这一对词又肯定不是反义词。又比如"放心"和"收心"、"留心"和"走心"、"细心"和"宽心"、"善心"和"恶心"、"小心"和"大心"、"有心"和"无心"等等，也都不是我们想象中的反义词汇组合。

我们也把"心"赋予性别，比如说"花心"肯定是男人之心，而"芳心"肯定是女性之心。我们还探究心的味道，比如从"甜心""苦心""心酸""心辣手狠"（化自"心狠手辣"）推断出心可以是"酸甜苦辣"。我们对心的颜色也好一番调侃，用"红心""丹心""黑心""灰心"

等常用词汇，散发性地理解成心本身有多种颜色。我们还插科打诨戏说心的质地构成，比如"木心""冰心""铁心""童（铜）心""玻璃心"和"文心"等等，而这里面又大多跟作家笔名等等相关。

总之，在这个相声文本里，我们充分运用谐音、双关、转折、无厘头联想等手法，逗得喜爱写作的会员们会心一笑。因为是在网上表演，不能以夸张的肢体动作或者生动丰富的面部表情来取胜（在这方面我们原本也无法达到专业演员的表演效果），但因为相声文本内容本身饶有趣味，而十分钟的相声里，我们说了大概二百三十个"心"字，也让几十名网上观众小小地叹为"听"止了一回。对我们来说，这原创的相声节目没给大家带来哈欠连天的乏味之感，也就足感欣慰了。

说起来，这已经是李文心教授和我第五次联手在作家协会的春节晚会上说相声了。第一次还是疫情前的2019年，我们在当时的《侨报》办公室现场说了一个叫《笔名很重要》的相声。因为在相声里提到大部分作协会员的笔名，并切合时宜地打趣一番，因此博得了个满堂彩。记得当时我确是下了很大功夫，不仅创作了文本，还在现场完全脱稿"演出"，也真是为难了自己那一窝将近天命的脑细胞们。

话说如今每到过年，海外华人过得几乎比国内的还热闹，各行各业各团体的人都会竭尽所能搞一场晚会来庆祝。疫情之前，我和赵蓓等几个朋友还一起搞小品和迷你话剧演出，并一度筹划着成立剧社，摩拳擦掌要在各大晚会上登台亮相。不料一场突如其来的疫情，打乱一切曾有的计划。

如今疫情渐渐成为过去时，今年赵蓓重整旗鼓，用我写的迷你剧本做底子，找了几位业余演员，在川渝同乡会的迎春晚会上，演出了一局十来分钟的小品剧《漂亮的人都来纽约了》，居然赢得不少掌声。节目被做成视频、加了字幕之后，一个星期之内，也有七八千的观看次数，演员们都觉得自己小小地火了一把呢。

我年轻时是个很内向的人，上大学时的普通话也经常被室友嘲笑和纠正。没想到，如今年到半百，倒有一些深层次的表演欲望被激发出来。过去四五年相声说下来，让我也渐渐觉得只有说了个相声、参加了个晚会乃至编了个小品，才算是真正参与了中国农历新年的庆祝仪式，才算过了一个快乐美好的大节大年。

这样的兴趣爱好，乃至对于新年仪式感的追求和痴迷，细想起来确叫人感慨万千。到底是年龄使然，还是到了外国成为侨民使然，还是因为那从小耳濡目染而被深深影响的一颗中国心在作怪，我自己也解释不清楚呢。

拼词之乐

星期六一早，一边陪着女儿吃早饭，一边翻看报纸。牛奶没喝两口，女儿就道："爸爸，Spelling Bee（拼词游戏）！"我只好拿出手机，放在餐桌上的手机架上，和她一起做起当天的拼词游戏。

这游戏是《纽约时报》的一款应用，要求读者（玩家）用给出的七个不重复的英文字母（包括中间的一个必用字母），拼出尽可能多的四个或更多字母组成的单词。在纸上或者屏幕上，英文七个字母的安置，好像一枚花瓣：中间是一个必须用到的字母，边上是六个其他字母。每一个拼字的人，都需要反复调换这六个字母的位置，以获得最大的拼词灵感，就好像一只蜜蜂在不同的花瓣上采蜜一样，因此这款游戏真正应了Spelling Bee的赫赫大名：虽然本来这个Bee是古英语词汇，并不是蜜蜂的意思。

对任何电子游戏都敬而远之的我，对很多美国人喜欢的拼词填字也一向不感冒：不喜欢游戏之外，也是觉得自己的英文词汇量远远达不到享受这种字词游戏的乐趣。每每在火车或者地铁上看到有乘客物我两忘地投入于报纸或者杂志上的填字游戏，我总是又佩服又好奇，但又觉得那完全是另外一个世界里的人们以及另外一种人类和语言的乐趣。

不想疫情期间开始订阅《纽约时报》，不久看到它以几百万美元收购简单的拼字游戏"字词乐"（Wordle）的、颇具传奇色彩的新闻，一下子勾起我玩玩看的好奇心。谁知上手容易放手难的这款游戏让我玩起来就一发不可收拾，成为每天车上、厕上、床上乃至班上的必修功课。

字词乐每天要玩家猜一个单词（已经定好），规则是玩家有六次机会，拼写一个五个字母（可以重复）的英文单词；每一次拼写后，游戏程序都会提示玩家哪些字母是最终单词的组成字母之一，而哪些字母又已经出现在正确或错误的位置上（绿色和黄色的区别）。因为只有五个字母，又给予有益的提示，对很多玩家来说，是难度合适的挑战。每天都是一个新词，所需时间不过几分钟，既可锻炼脑力，又可检阅词汇量，是以这别出心裁的设计广受欢迎。我的微信朋友圈里，就有人会每天贴出他们的成绩：几次猜中单词，连续多少天猜中等等，颇有骄傲之意。

据说这款游戏原是一个叫 Josh Wardle 的程序员业余开发出来给太太玩，一传十十传百，成为手机上风靡一时的拼字游戏。据悉，在2021年11月份，还只有90人玩这款游戏；而到了2022年2月份，就已经有两百万玩家为之痴迷。最后《纽约时报》花三百万巨资买下这款"无心插柳"的游戏，再次助长了它的流行，也保证了它的专利不会被太多模仿者超越。

字词乐玩多了，渐渐就觉得挑战性不够。我边玩边看，又发现并喜欢上玩更复杂一些的 Spelling Bee 这款拼词游戏。相比于 Wordle，拼词游戏就更复杂一些：有七个字母的组合，而且有一个字母为必用的限制，每个单词又需要至少四个字母。更为挑战和激励玩家的是它基于拼出词汇数量的积分系统：除了开始的"初级"（Beginner）"好"（Good）"漂亮"（Nice）之外，后面紧接着的"太棒了"（Great）"不可思议"（Amazing）"天才"（Genius）级别越来越激动人心，而最高级别是"蜂后"（Queen　Bee）。每一个级别还有相应的分数，有时天才级别不过六十分上下，意味着难度惊人；有时天才级别有二百多分，让人一边拼单词，一边看着积分上涨，没来由地喜不自禁。

《纽约时报》还为之开设了相应的玩家平台，大家互通有无，提供自己已经猜到的单词的线索。论坛中每天几乎都有上千回帖，成为一个不可或缺的网络交流平台。时报也鼓励大家上传自己的蜜蜂采花蜜的照片，每天一张，充分激发读者和玩家参与的热情。也有很多朋友或者家人，建立更小更亲密的圈子，每天都因同玩一款游戏而有交流，益智烧脑，又有增进情感之效。《纽约时报》还刊载了不少有意思的玩家故事，比如说波士顿有一个律师玩家，每天早上三点起床，就是因为《纽约时报》在那个时间点上发布当日游戏要求，而她要在夜深人静之际完成拼词游戏再睡回笼觉，等到天亮，就可直接告诉游友们她在新的一天又达到了"蜂后"级别。

我当然没有那么疯狂：不可能经常达到"蜂后"，也不可能夜里三点起床。但是记得自己第一次不用借助网友提示而达到天才级别、第一次学习到Epoxy（环氧基树脂）这样诡异的单词，也都忍不住要跟几位好友分享。

渐渐地，每天不做这两个字词游戏，总觉得若有所失，觉得这一天有什么事情还没完成。小女儿最会"见风使舵"，没事就要和我一起玩这两个游戏，倒成为我们父女共度时光的一种消闲。更重要的大约是，在美国生活了二十多年之后，我也终于可以体会"另外一种世界里的人们"，体会"另外一种人类和语言的乐趣"。

第二辑　我也有虎妈

我也有虎妈

小时候在苏北平原地带的农村长大。虎这个动物，对我来说是个极其抽象的概念，连带着，"虎"这个字和音，对我来说也缺乏实在的意义。只是每次随母亲去外公外婆那边的陈庄，总听人"大虎""大虎"地叫她，我一直闹不明白那是什么意思。等我长大，才晓得"大虎"是母亲的小名，因为她出生在一九五零年，一个虎年，又是长房长女，是以有了这么一个"霸气十足"的名字。

话说回来，母亲属虎，一辈子做人行事也真颇有虎的胆识、尊严、勇气和能力，可谓是一位不折不扣的"虎妈"。

母亲是长女，可是据说生下来瘦小体弱，一只大人穿的蒲鞋窠就可以放得下，又缺乏母乳，只能用米汤一匙一勺地喂。可是母亲生命力顽强，虽生长在物质极端匮乏、全民营养不良的五六十年代，经历过三年自然灾害、砸锅炼铁吃食堂等等艰苦岁月，她成年后却健康结实，不见任何幼时体质柔弱的底子。只有一口牙齿，因从小没有母乳而留下后患，五十岁后几颗重要的板牙就松动脱落了。

母亲有四个妹妹两个弟弟，从小就帮外公外婆看护妹妹和弟弟们。她八岁那年秋天，早上端了板凳去学校上学，中午回家吃饭，她的老太爷就勒令她下午不可再去，说"女孩子读书有什么用，还不如在家好好带弟弟妹妹。"于是母亲的读书生涯在短暂的半天后就宣告结束。说起认字，母亲常笑说自己只认识扁担长的"一"字，其实，她偶尔也能认出日历牌上的"大""中"等字，她说这些就是那一个早上学校的先生教会的。

母亲从小帮父母分难解忧，到十几岁就是田里水里的一把好手。有一年她响应政府号召要做无名英雄，农忙时节，天还没亮就去地里割了几畦地的稻子，然后偷偷回家上床装睡觉。事后被人找出来，她还特别不愿意承认。还有一次，她养放队里的一群鸭子，谁知路上和人说话，一个不留神，开小差的鸭子们纷纷游到河对面的沙洲去觅食。母亲二话不说，脱了鞋子就跳进河里，三下两下游到对岸，拿竹竿把一群鸭子给赶了回来。她自己倒没什么，倒吓得那位不知道她会凫水的村邻连声大喊："大虎，大虎，你不要命啦？！"

母亲说她打小就学会撑船摸鱼，在粮食匮乏的年代和弟妹众多的家庭，外婆又体弱，她一直就是外公骄傲的大闺女、家里地里的得力助手。她是地道的"穷人的孩子早当家"，又是典型的"长姐若母"。只大我五岁的小姨，在少女时代攒下的一点零钱往往都交给母亲保管。舅舅姨娘们结婚出嫁，母亲都责无旁贷地支持帮助，偶有抱怨，说："我结婚时候，他们都是小孩子，没落到他们一点好处。"然而她却一直又乐此不疲，安慰自己道："不帮贴自己的弟弟妹妹，难道还帮贴旁人去？"

母亲十八岁和父亲订婚，二十岁嫁到应庄，廿二岁生下我。因为父亲那时在供销社上班，常常一个月才能回家一次，母亲婚后一年多方怀孕。妯娌婆婆们因此议论纷纷，母亲大怒，就大骂了一通叫她们闭嘴。隔了几十年说起，母亲还余怒未消地道："你爸常常不在家，叫我怎么生？我跟墙生去啊？"听得成年的我哭笑不得。

和叔叔们的大家庭分家之后，父亲在外上班，母亲一个人承担起日常家务，管教我和弟弟两个男孩，负责田地里的农活，还常常不忘跟风做副业增加点收入，比如搓草绳、打草包、磨山芋粉条等事。无论是早期在大集体挣工分，还是后期分田到户自家收种，甚至冬天分配给每户的挑河工任务，母亲从来不甘落在别人家后面。

因有父亲的工资和节约，还有母亲的勤劳持家，我们家在我十岁那年，盖上了方圆几里的村庄中当时最漂亮的砖瓦房。记得盖房之前要先夯打地基，母亲起早贪黑，把自留地的泥土一筐筐一担担地挑到我们家的新屋址，硬是靠一己之力、挑了好几个月，才完成这浩大工程。有半亩之阔的自留地，本是旱田，自此以后就只能当水田用了。

八十年代初，我们那里的农村妇女会骑自行车的还凤毛麟角，许多妇女学了许久也无法掌握要领。母亲不服输，在父亲回家休息的时候，她得空就推了父亲的自行车，去打麦场上或者屋后小路上练习骑车。她在车后座上绑根扁担，这样跌倒时就不会人仰车翻。母亲反复练习许久后，终于练成了这项生活技能，在我们上学和后来父亲住院治病期间，发挥了不可比拟的重要作用。

我和弟弟一直学业优异，自然也多亏了母亲长年累月的耳提面命。母亲管教我们的一狠招，确实就是"提耳"，实际上就是提揪耳朵，叫小孩长记性。小时候，我们可没少为这样的惩罚哭鼻子。等我们成年后，我二妈还常提起："看你那个牙一咬、眼一瞪的样子，不要说小孩子了，大人都能给你吓死了。"

那时候，年纪稍大的农村妇女大多或许会抽烟，却不会织毛衣。母亲又不服，得了闲，得了毛线，就跟自己的妹妹们请教，居然也织就了几件给父亲和我们穿的毛衣，虽然只是极简单的平针钩织，且没有任何花样图案，也让我们十分自豪，村人们也对她刮目相看。

凡此种种，为母亲在村里赢得了"女能人"的称号。记得当初村子里有个杨姓老太太，每次见到我和弟弟，就会夸赞道："好爹好娘生好子，好天好地结好苗。你妈陈玉芳，是个能干人！"

母亲和父亲订婚后，粗通文墨的父亲给她想了个女性的名字"玉芳"，是以，在应庄，并没有人叫她"大虎"，也是我为什么疑惑她娘家人唤她另外一个奇怪的名字。好笑的是，母亲的两个大妹妹分别叫"二虎"和"迎兄"，父亲又想了个"玉琴"的名字，结果她们两个人都喜欢，而"陈玉琴"也一直是两个姨娘的正式名称。

待我和弟弟长大成人，开始离家生活，原以为母亲的辛苦可以稍微减轻，然而正当中年的父亲却开始疾病缠身。随后的十来年里，父亲一直辗转迁徙于不同的医院和病床之间，而母亲是唯一能够一直在身边照料他的人。农闲季节还好，母亲在医院里陪伴父亲，喂饭拿药，两人也可互相说说话解解闷。到了农忙季节，母亲常常白天在乡下干一天的活，黄昏时分，又骑车赶到城里去照料父亲。一夜辛苦后，她伺候父亲洗漱完吃了早饭，再骑车下乡做事情，"女能人"一度又成了许多村邻亲戚眼里的"女超人"。

父亲去世时，给母亲遗言："你不要哭，要挺直腿肚子走路，挺直了腰杆子做事。"母亲也常常以此来自勉自励，在农村生活期间，依然把四五间房子和两三亩地打理得井井有条。

2008年，我们的大儿子可相在美国出生，其时父亲刚去世一年，我邀请母亲来美生活一阵子，一来帮我们照顾孩子，二来她也可暂时脱离老家的环境，舒缓一下心情，三来也算弥补父亲生前不曾来美看看的遗憾。

因为签证关系，我不能回去接她过来。最后，不识字、不讲普通话的母亲一人从北京飞到纽约，虽然路上得到好心人照应，却依然让我见识佩服她强悍的适应和生存能力。在美国的一年里，母亲虽然语言不通，只会讲一口淮安话，又经历中国农村到美国城市的生活方式的巨变，她却敢说敢做，含饴弄孙之余，还出门拣瓶瓶罐罐送回收机挣钱，且结交了一堆年龄相仿的老年"罐"友。

过去三年，老家适逢拆迁，弟弟又遭遇婚姻不幸，母亲到南京帮他照顾两个孩子。因弟弟在外面跑营销，常常一两个星期才回家一次，而两孩子一个刚十岁出头，一个尚在襁褓之中，母亲一个老太太，既要接送大的上学、放学，更要负责小的吃喝拉撒睡，辛苦之处，大约唯有做父母、带孩子的人才可体谅和理解。

前面两年母亲每周和我电话时，六十多岁的她难免有怨言，却又总是叮嘱我不必担心。现在弟弟的小儿子也已七岁，能说会道，是个快乐的、偶尔调皮捣蛋的小学生。母亲在电话那头的欢声笑语也渐次多起来，让我们也渐感欣慰。

母亲常在电话里对我们说："你老子讲的，不要哭，挺直了腿肚子走路，挺直了腰杆子做事。"既像是劝慰，又像是激励。因说起这一生的变化，有常和无常，母亲又常道："人要几十截子才能活到老呢！"我想，只要有母亲的"虎妈精神"在，有母亲在，生活总是会充满更好的滋味和更美的希望。

母亲的首饰

  像我们这样的人家，说起首饰来未免要让人笑话的。但是很久以前的时候，家乡的女人们似乎都有戴首饰的风俗与财力，那时候的女人一生下来就在耳垂上刺眼当为明证。母亲就有这样的耳眼，可是自打我记事起母亲就是素耳面世的样子，我们也习惯了这样的母亲，这样的母亲的耳朵。

  过年在家，好像是除夕前夜。我们正在看电视，母亲忽然想起什么，笑嘻嘻地拿出一对耳环来，问我："儿子，你看妈这副耳环值多少钱？"我伸手取过那黄灿灿的耳环，在灯下端详了一会：最普通的样式，色泽也一般，在我眼里，和以前家乡女人们穷的时候戴着的铜耳环也没什么区别。于是我就笑起来，说："两块钱吧！又是从什么小摊上买来的呀？"母亲的脸色有一点点的不悦，却只是骂我道："又是一个不识货的儿子！"父亲在一旁轻轻地笑，弟弟说："妈，拿过来给我看看！"

  母亲将耳环递给了弟弟，自己又从箱子里拿出一个小小的匣子来，在我面前打开，说道："什么摊子上买的！这是真的金耳环呢，从百货大楼买回的！"我吃了一惊，笑道："怎么你们也学会保值储藏了！现在城里人有了钱，都去换黄金美元什么的，害怕人民币会贬值啊！"母亲似乎没听进去，对着灯光端详另一只耳环，然后又笑笑地取出第二只匣子来，里面是一枚戒指，母亲还是问我："那你说这金戒指值多少钱？"我是顶外行的，只大约说了个数，母亲笑起来："这还差不多！你爸爸没白买……"

我仔细看了母亲的首饰，然后又怂恿母亲戴起来看看。戒指轻轻就套进了母亲的手指，耳环却费事些，母亲的耳眼这么多年空空荡荡竟不大习惯这乍来的黄金恩宠。试了半日，母亲憾憾道："明天请小明媳妇帮我弄吧！"然后又伸出戴了戒指的左手，一家人看了半天，只是生生的不习惯……母亲粗糙的手，在我的印象里只有劳碌的动态机能，没有被欣赏的静态价值，竟至于到了我们不习惯它要装点自己的程度了。我沉默了，望着母亲；母亲是喜悦的，满足的，为那一双历尽辛苦的手终于可以在年近半百的时候有一样可以和别人相比的饰物。

于是让母亲讲首饰的事情。母亲说，父亲看着电视，却微微地笑。原来是父亲住院的时候，两人在城里逛，后来就去百货大楼的黄金柜台买了这些首饰。我脑海里构造出年届半百的父母是如何有些羞有些自豪地跟柜台小姐打听着首饰的质地样式和价格，忽然就想到：这就是父母的爱情和婚姻了，这么多年后才补上的一节又老又新的课。这么想着，就狡黠地问他们："怎么就想起来去买了呢？"母亲说："路过嘛，看着好，就买了。"我问父亲："真的吗？"父亲说："她讲你二妈三妈都有女儿买耳环戒指，我们家没有女儿，你们两个又没结婚，只有我给她买的份了！"母亲笑着，我和弟弟羞羞地笑起来。母亲收了首饰，叹气说："儿子结婚，也是给他们的媳妇买，大不了再给他们的丈母娘买，哪还能想到自己的亲妈……你不给我买，真的没人给我买了呢！"我笑着，说道："妈，

等我挣钱了，给你再买项链吧，也是三金！"母亲笑着，起身收了
首饰匣放进箱中锁了，道："我要这些有什么用？不过过年时候拿
出来戴戴罢了……"

去外婆家拜年的时候，母亲已经戴上了耳环和戒指，两位舅妈
一边研究母亲的首饰，一边在跟舅舅们说话："人家大姐都戴金耳
环金戒指了，大姐夫买的呢。你们什么时候给我们买啊？"

年过了，那些首饰不知道是否还被母亲戴着；我想那戒指
十之八九是睡在箱中了，耳环呢，也许还能装饰在母亲的双耳，
诉说着一个普通村妇的自豪与幸福，让她在耳环不易觉察的摇摆
里，时时感觉到喜悦和满足，心底不知油然地又生出多少宽宏的
爱与感激来。

1998年3月

母亲养鸡

清明节时，母亲随弟弟回了一趟老家，上坟并拜会亲戚。回南京时，带回了几十颗亲戚们送的草鸡蛋。母亲感叹道："过去都是我送人家草鸡蛋的，现在住在城里，自己不养鸡了，倒吃人家送的了。"她的语气里有一点点自豪和骄傲，却也有一丝丝遗憾和感伤。

母亲以前倒也不是什么养鸡专业户，不过是一个村妇的生存之道和生活方式罢了。但母亲养鸡，也有特别之处，叫我至今难忘，想起来甚至还会发笑、还会惊奇。

养鸡，要从选鸡苗开始。开春的时候，就有卖鸡苗的人，挑着两大匾的小鸡，走村串户地叫卖。匾，一般是竹篾子编成的圆形器具，边浅径阔，又透气。小鸡们可以一个挨一个地站在里面，又不至于互相挤压。一匾大约能装四五十只小鸡，它们出生不足一月，黄色绒毛刚长出来，小嘴尖尖又微红，腿脚还不稳。说是走，还不如说是滚，因此一匾小鸡就像一团团淡黄的毛线团滚来滚去，但那"叽叽喳喳"的声音，又提醒大家它们是可爱的小生灵。

母亲一般会挑七八只左右，十分小心地判断哪些小鸡将来会变成下蛋的母鸡，而哪些会变成只会吃食闹事的公鸡。卖鸡苗的人总是信口开河地保证十只里面有九只是母鸡，母亲却相信自己的眼力，似乎也较少走眼。

　　每年到后来，总有一两只是公鸡苗，但这结果似乎更像母亲的故意为之。有一两只公鸡苗，意味着两三个月之后，家里老小可以打一顿牙祭，因为那时田头长的毛豆，正青绿，特饱满，可以摘来吃了，而小公鸡烧毛豆是我们那里许多人家都会做的一道拿手好菜。另外，一家的鸡群里也总需要一两只羽毛漂亮的公鸡，倒不一定是为了发展后代，更似乎是为了调剂母鸡们的生活，让它们有个男朋友可以争抢、喜欢和怨恨，亦体现了母亲对它们情感世界的人文关怀。

　　当小公鸡成为盘中餐的时候，当初的小母鸡们，如果一切顺利的话，已经长成了可以下蛋的母鸡。这当中经常会发生一些不顺利，比如小鸡先天不足病死，或者不小心被猫或狗或黄鼠狼之类的其他动物咬死。当初买的七八只小鸡，能真正长成的若有四五只也就不错了。

　　母鸡每年下的第一个蛋都叫头生蛋，蛋壳上往往带几丝微红的血迹，而第一年的头生蛋更为特殊珍贵。乡俗认为这些鸡蛋营养更丰富，可以让小孩变得聪明。因为我的生日是初夏，所以往往我和弟弟要等到那个特别的日子，才可以享用这头生蛋。偶尔的，也能收获双黄蛋甚至三黄蛋，母亲认为这也是个家旺人兴、好事成双的吉兆，蒸炖炒煎，都是值得大家一起享用的美餐。

　　有鸡，就得有鸡棚或鸡窝。棚或窝的地面有稻草或麦秸铺着，最好再架一两根离地支起的棍棒，因为这些鸡们喜欢站在棍棒上睡觉。但白天基本上是放养的：早上出门，晚上回家，母亲会喂它们一次，有的鸡中午回家看看，也能讨点巧食，大多时候它们在外面吃草，吃虫，吃遗落在田间梗上的谷粒。

妈妈认为好的母鸡，白天下蛋时还会跑回来，或在鸡窝里头，或在自家的厨房草堆中，把蛋生下来，然后"咯咯蛋蛋"地叫上一通，似乎向家人通报"我下了一个蛋"，通常可以得到一把粮食或者一把菜叶子的奖赏。有的母鸡讨厌，出去找食，有时把蛋也生在外面了，比如屋后的草堆，或者邻居家的厨房，叫人费一番工夫去找，有时还要跟邻居费上一番口舌以证明这是我们家的鸡蛋。母亲总是喜欢教训这样的母鸡，骂它们"败家鸡"，喂食时，故意不把菜叶或者谷粒撒到它们眼前口下。

因为要查收鸡蛋，母亲经常做的一件事就是"托蛋"，或者叫"摸蛋"。早上放鸡出去，或者白天看见鸡回来，母亲有时挂念它们还没生出当天的蛋，就要"摸蛋"。她半哈着腰或者慢慢蹲下，嘴里念念有词，不知是说"等等站站"还是"蹲蹲站站"。大多数情况下，母鸡们听了召唤，像中了魔法的小孩子，会慢慢不情愿地蹲下来，翅膀也无奈地松弛垂地，口中则发出既像抱怨又像求饶的声音。母亲瞅准时机，迅速抓住鸡，一手掐着它的脊背翅膀，另一只手的手指伸出去在鸡屁眼上一探摸，就知道它们大概什么时候要下蛋，或者是不是已经下过蛋。如果一只鸡快要下蛋，母亲有时就把那只鸡关在鸡窝里，不放出去，只等它生完了蛋才让它出门去玩耍。如果已经下过了，又不在家，母亲就要留心寻找那枚不知道下到哪里的鸡蛋了。

母鸡们也有自己的"冬眠期"：从深秋开始，母鸡大多会脱毛，也不再能保持一天一枚的下蛋频率，到了严冬，它们几乎就不下蛋了。如此两三个月，到了第二年春天，它们也似乎忘了还有下蛋这么回事情，要慢慢恢复过来。

这期间还会发生一件可笑的事情：很多母鸡似乎也有天生的母亲情结。在春天开始时，看到蛋，就想搂抱在身下，大有"给我一窝鸡蛋，我就可以孵出一群儿女"的架势，我们那里人称之"母鸡抱蛋"。母鸡对抱蛋很痴迷，不仅把别人的鸡蛋霸占过来，而且整天不出门，抢吃喂的粮食，自然对产蛋也有影响。母亲有对付它们的绝招：她抓起母鸡，拎到水边，把鸡头按在水中，呛之，片刻之后再提出水面。如斯几次，母鸡早已不停地疯狂叫唤，一旦被主人撒手放开，马上就连跳带飞，跟着伙伴们一起去田野里觅食，再不敢偷懒在窝里抱蛋、做那个关于当妈妈的绮梦了。

母亲养鸡，曾经发生的最神奇的事情，大概要算她给母鸡开刀做手术了。

因为家养的鸡都是放养，它们难免就跑到田地里吃东西。稻苗上刚绣出的穗子，麦苗上新扬的麦花，玉米秆上才打的苞谷，乃至晒谷场上的粮食，都可能是鸡群们的偷食对象。

邻居们的鸡群互有来往，也就罢了。但我们屋后小河的对面，就是邻村的土地了。最讨厌的是，麦子刚种下的时节，母鸡们常常从树上飞越小河，到对面麦田里大摇大摆地吃刚下的麦种。邻庄人怒不可遏，最后想了个歹毒的法子：在地里又撒了一层有毒的麦种，鸡吃了这样的种子，还能飞过河、蹒跚回家的话，小命也快没了。

虽然母亲对自家的鸡严加看管，但是不幸的事情还是发生了。

有一天，我们家下蛋最勤的一只母鸡吃了毒种子，回家后就开始不对劲，走路不稳，双目无神。正做针线活的母亲急中生智，忙让来家闲磕的邻居帮忙，抱住母鸡按稳，不让它乱动。她先把母鸡食囊外面的一圈毛拔去，再用剪刀在那里剪出一个小口，迅速用手指将里面的种子等食物全部剔出来，然后再穿针引线，把母鸡的伤口给缝上。

整个过程只有两三分钟而已，却又感觉很漫长，我们这些小小的围观者都紧张得几乎忘记了呼吸。事毕，挣扎了半天的母鸡已精疲力竭，被放回鸡窝休息。第二天一早，这只命大的母鸡居然又活蹦乱跳地出门寻食了。于是，母亲能给鸡开刀的美名远传，以致常有人抱了吃了毒种子的母鸡来叫母亲施行手术。母亲总是有言在先，不保证能救活，村邻们也只能笑着央求，请她且把"死鸡当作活鸡医"了。

家里常年养着五六只每天一蛋的母鸡，不仅自家五口人的鸡蛋需求完全满足，还可以有剩余，送到集市上去卖掉可以换点钱贴补家用，走亲戚送一篮鸡蛋也是一份有心有意的好礼。到八月节这样的节日，回娘家时，月饼、菱角等节礼之外，再送一只能下蛋的母鸡给外婆，在母亲看来总是最得体的孝心。

时过境迁，不想母亲如今成了收受别人鸡蛋的老太太，也难怪她感慨不已。

年轻的我们曾经总觉得在春暖花开时，要跟诗人一样"面朝大海"，要"喂马，劈柴，周游世界"，以为那才是诗意的生活。而对母亲来说，"春暖花开，养鸡下蛋"，才是她生活里的诗意。遗憾的是，这样的经历也只能越来越多地成为现代人的一种追忆了。

母亲在美国

转眼间，妈妈来美国帮我们看孩子已经快整整一年了。母亲没来美国之前，就想着要好好听她讲讲、跟她谈谈、自己动键盘写写妈妈的故事，可是到现在却还什么都没写出来。倒不是没有内容可写，有时其实是觉得太多内容要写。当然妈妈和我们一起生活的日子，也远远不是我（们）当初想象的那样，因此反而有些不知道从何写起了。但既然本是填充自己的博客，大可天马行空随兴涂鸦、随记随博，也不妨先列出一串母亲的"语录"来做个开篇。

一、语录

妈妈经常说出让我们一愣一愣的话来，有的是淮安土话俚语，有的却又像至理名言。现摘录几条，以作《母亲在美国》的开场白。

母曰：野鸡打得扑扑飞，家鸡打得团团转。

每次妻子凶或者打儿子的时候，儿子会哭，嘴瓢起来，有时还会拉妻的衣服或者抱她的腿，母亲就会如此评价。我真是第一次听说这么贴切的形容，不得不再次感叹老话土话的魅力。

母曰：要银钱自挣，要养儿亲生。

母亲常常说这句话，既是安慰我们忍耐养育小孩的辛苦，又是为她自己能和我们住在一起而略感自豪自慰。她还常常翘腿躺在沙发上，笑着跟妻子说：要不是我自己亲生儿子家，我怎么可能这么舒服地躺在这里呢？

母曰：满树的枣子，不可能一个不红。

母亲总是用这句话来形容一家子儿女里头总会有出息的，孝顺的，等等，俨然她对概率论也颇有研究。

母曰：生儿子是名气，生女儿是福气。

这句话是父母对于生儿生女的切身体会：我们家弟兄俩在外，父母并没有得到切实的照顾；而三叔有四个女儿，现在则充分享受女儿的孝顺和体贴。母亲只有空羡慕的份了。

母曰：人生在世有两件事拗不过：一个是生男生女，一个是寿根子。

妈妈对这个感触最深。弟弟和我们各有一个小男孩，母亲显然是最高兴的。小姨就曾跟她说："大姐怎么这么命好呢，两个儿子每人添个孙子。"母亲当然就又会说父亲早早去世怎么还算命好呢？但最后又用寿根天定的话来安慰自己。有一次跟要生两个女儿的 Lynny 说起，她倒讲：你妈蛮有智慧的嘛。

母曰：天上下饺子，儿子打老子。

可相长牙的时候，喜欢咬人，经常冷不防地抓过我们的手，张嘴就是一口，咬得人贼疼贼疼的。现在呢，有时候又喜欢打人，比如我抱他的时候，他常常双手拍打我的脸，没轻没重的，叫人笑也不是恼也不是。这时候，母亲就喜欢在边上如是评论，几如无厘头对话，同样叫人哭笑不得。

母曰：三朝的媳妇是婆惯的，三朝的儿是娘惯的。

这又是母亲的淮安话，大意就是：媳妇脾气坏，就因为刚入门时婆婆没有严加管教；小孩子脾气不好，自然就是做妈的刚开始没有严格要求。我们最近训练可相断奶睡觉，可相非得哭上很久才行。母亲心疼不已，却被妻拦着不让她来抱哄，最后就这么自我解嘲了。

母曰：人要几十截子才能活到老。

这是母亲最常发的一句贴心感慨，这不仅源于她自己近60年的人生经历，更源于这么多年耳闻目睹的种种人事变迁。母亲还常感叹道："谁能想到我年纪一把了，还能到美国来转一趟呢！"

母曰：小孩先喊妈妈，下胎必是女孩；先喊爸爸，下胎定是男孩。

这不知道是妈妈从哪里听来的预测，根据我们和几位有老二的朋友的对证，还似乎真是那么回事情。其实母亲也就是迷信地鼓励妻子要个老二吧，她大约也想有个孙女抱抱呢。

二、困境

2007年3月父亲去世后，母亲在乡下老家的生活就很孤苦伶仃。农忙的那一两个月倒还罢了，农闲季节就很愁人。那时母亲的生活重心大抵如此：每个周末在家等我们从美国打回的电话，每两三个星期去一次淮安城里弟弟的家，每个月去运河西岸的舅舅家看望还健在的外婆。

母亲大字不识两三个，不抽烟不打麻将，也不喜欢看情景剧以外的电视，即便是看电视，她也常常是睁一只眼闭一只眼的看法：时不时打个盹什么的。寂寞无聊的日子，母亲在晚上会去村邻应寒梅家看电视。寒梅的老公在上海打工，寒梅带着儿子和奶奶在家，因此有时晚了母亲甚至就在她家草草睡了。母亲和弟媳妇处得不好，每次去看孙子应楚骐，也必定挑弟弟回来休假的日子，还要蛮费心思地攒了、甚至买了乡下的草鸡蛋，从卖肉的三叔家割一两斤上好的排骨肉，这才似乎可以心安理得在二儿子家住上三两天。每周等我们的电话更是她的头等大事，常常在别人家扯闲的时候也忙着回来等电话。偶尔错过一次电话，底下一周就心事烦烦絮絮，以为我们这里或者那里不如意。外婆刚过了 80 大寿，耳目不及从前，母亲跟她说话就觉得很费力，又总归觉得舅舅们那里到底也是别人的家。处处似家处处非家，大概是父亲去世后母亲的最大感触。

有一次二姑回去，看到妈妈一个人打草包，念及她的孤苦伶仃，就道："小姐，你当初要是抱养一个女儿就好了，现在也有人陪着说说话。"母亲打电话说，"我当时眼泪就下来了。你说她们说话气人不？"二姑有一个抱养的女儿，说话也无他意，不过天性敏感的母亲还是以为别人嘲笑她了。两个儿子从农村出来，长大了分别在城里和美国上班。父亲在的时候，父母还能常常以此为荣。父亲去世后，母亲有时竟然觉得没有儿孙在身边变成了一种惩罚。

2001 年 11 月份回国就曾经想让父母来美国探亲，跟弟弟说起时，爱军说他 02 年初准备结婚。我说结婚也就忙个把月的事情，跟父母来美探亲不矛盾。爱军又道他媳妇 8 月份就要生孩子了，如此方知他们是奉子成婚，也只好作罢。2004 年回去又起此心，但父亲健康已经不如从前，一家人去游黄山，消瘦的父亲很是勉为其难。我也因此就把这事放下了。父亲去后，考虑母亲来美的问题，仔细一想，她要是过来了，晚上有我和妻子相伴，但是白天的漫漫时光如何熬得过去，何况是在美国纽约这人生地不熟语言更不通的地方。后来知道妻子的预产期是12月底，倒放了点心：如果有个孩子给母亲带，大约那寂寞孤单要缓解很多。

得知要添第二个孙子的时候，原本有点犹豫的母亲终于改变了态度，甚至也很急切地想来一趟美国。可相出生之前，我们就告诉她 B 超显示是个男孩，母亲却一直将信将疑。2007 年12月31日夜里10点应可相应声问世，打电话回去告诉妈妈。母亲又道："真是男孩吗？ B 超也有做错的时候呢。你们不是骗我吧？"我们真有点哭笑不得，只好一再保证确实又给她添了个孙子，母亲就又道："其实生男生女都一样，生闺女说不定还好点。生儿子是个名气，生闺女才是个福气。"

三、签证

第一次去签证，因为考虑到母亲不识字，进了使馆门大概不知如何应对，就自作聪明给弟弟也准备了一份申请签证的材料，目的只是让他给母亲带路。出发之前，自然给母亲打电话，教她怎么回答问题。母亲普通话讲不好，尤其是"纽约"这个名字，虽然重复了很多遍，叫她就说"纽扣的纽，月亮的月"，但是母亲无论如何"拗"不过来，"扭"来"扭"去，"纽约"在母亲口中就变成淮安话"牛学"那个地方了。好在母亲记性好，对于我来美10年回去 7 次的日期和经历几乎是如数家珍，让我们担心的同时又心存侥幸，希望她能顺利过关。

不料签证当天，签证官只看了两眼弟弟的材料，就冷冷地以有移民倾向为借口给拒绝了。可怜母亲跟在弟弟后面，准备了好多天的问答根本没有派上任何用场，什么纽扣月亮全部作废。上海回常州的火车上，即使得到签证也不想来美国旅游的弟弟感到很郁闷，母亲就更觉得憋屈得慌，心疼那每人将近千元的签证费用"没见一个水漂儿就没了"。

第一次的失败也不是全无收获。母亲知道了签证的大概流程，期间看到一个年近八十的安徽老太顺利签过更给了她无限信心。一个月后的第二次签证，我们就让母亲一人进去。弟弟送她到梅珑镇广场使馆门外。

母亲说，她去上海的前一天晚上，在家里给父亲上了一炷香，祷告道："老头子，上次被拒签，是不是你舍不得我走，故意使坏的啊？二孙子已经出世了，大儿子要上班，大儿子媳妇要上学，你不让我过去给他们照看小孩，怎么说得通呢？"

也许是祷告有效，母亲第二次的签证异常顺利。签证官只问了两句，就对她说"恭喜你！你可以去美国看儿子了。"当天回到常州，弟弟又给她买了回淮安的汽车票，到家已经是晚上掌灯时候。母亲在电话里说："从常州走，天就黑了。我本来想第二天再回来，可是你弟弟工作忙，也没法子。到了淮安车站，坐了一辆马自达，我说没钱，一直到村口跟人借了钱付车费的。其实我身上有钱，可是害怕被人打劫了。"

回家后，母亲就忙起来：把家里过冬的冬瓜茨菰之类冬令菜蔬分送给邻居们，跟三爷二爷家交待了我们家的一亩多田他们每家长一季的分割方案，又去看了外婆，给她留了点钱，再给七十多岁一人过活的大姑送了一只猪腿等等，才算安定下来。过了几天在淮安乡下老家收到邮递员送来的印有签证的护照，母亲心头的一块石头终于落了地。

那时已是 2008 年元月中旬，从中国来美的机票十分难订。原本的计划是妻子临产前，我回去接母亲过来，或者弟弟签证过了的话可以送母亲过来，顺便来纽约旅游一下，如今都不现实，只能让母亲一人飞过来了。这边的朋友也纷纷鼓励，赵锋说他们家近 90 岁的太婆一个人从中国飞到了加拿大，周波则说他曾经在肯尼迪机场看到一个中国老太背着背山篓走出来，一眼看去就知道是从大山里走出来的母亲。何况，大家还说，母亲的航班是从北京到纽约的直航呢！

四、到达

最终是让弟弟陪母亲从南京飞到北京，住了一宿后，弟弟送母亲到首都国际机场。过了安检门，弟弟不能再往前了，就叫母亲跟着前面的一对美国夫妇往登机口去。母亲后来说，"还没走几步远，那两个老外就把我给'溜'掉了。回头看不到你弟弟，往前看不到美国人，我的嗓子眼一下子着火似的干了。心想：这下没命了。"

幸好我们事先给母亲准备了一页求助信，她最终在别人指点下顺利找到了登机口，并在那里遇到家住纽约长岛的四川籍龚再文女士。再文女士看了我们准备的求助信，在机场就给弟弟和我分别挂了电话，告诉我们一定会将母亲安全带到纽约，并让母亲和我们在电话上说了两句。

元月 26 号下午，周波特地从曼哈顿开车来带我们一家三口去机场接母亲。下午三点时候，母亲背着一只简易的背包，别无其他行李，和再文女士一起走进了大厅。母亲的头发烫卷之后掩饰了发质的稀疏，人也显年轻一点。母亲是 1950 年出生的人，严格来说还没到花甲之年，但是一辈子的乡村劳作和过去十多年来陪伴父亲在病床和病床之间、医院和医院之间的辗转漂泊，还是在她身上打下了岁月的无情痕迹。跟同龄的城里老人比，她脸上身上的岁月看去是完全没有折扣的了。

告别了再文女士，母亲随我们一起回家。在车上，母亲看到安详睡觉的可相，就道："昨天在飞机上听到他哭，我就焦心，心想这小孩怎么老哭呢？"一路上母亲就讲了再文女士的情况，包括人家有两个小孩，小孩有多大，上几年级，保姆要付多少钱，因何回国等等，母亲都了解得八九不离十，不改她一贯的喜欢查户口的习惯。后来我打电话给再文，提到这些事情，略表歉意。幸好再文女士不介意，倒觉得母亲是个十分热情关心人的老太。在十几个小时的航程中，对于刚刚遭受丧母之痛的再文来说，或许母亲的一切缺点都是可以包容的吧。

到家坐下来闲聊，母亲问周波："你干什么事情的？开车吗？"问得周波也笑，我们也笑，只好又跟她解释美国大多数人都有车，周波在联合国上班等等。母亲又笑道："美国是车多，刚才看到马路上密密麻麻停的都是小轿车。"

母亲初到家，颇为拘谨，看了楼下的客厅厨房，忽然问："我晚上睡哪里？"我笑道："我们睡沙发，给你再在厨房搭个小床吧。"母亲"噢"了一声，等我带她上楼看了卧室，这才似乎放下心来。我在她房间的窗口指给她看远远的曼哈顿楼群以及其中的帝国大厦，母亲却毫不介意。

送周波下楼，周波说："看你妈好像不敢抱小孩嘛。"我也笑："可不是嘛，她也很多年没有抱小孩了吧。我弟弟的小孩也已经 5 岁半了呢。"等我回到楼上，可相已醒，母亲在妻子的鼓励下，第一次小心翼翼地抱起了他，嘴里喃喃自语地呵护，目光中流露出无限喜悦。

五、发现

我一向以为自己的敏感、善观察等特质来自于母亲，母亲跟我们同住的初期再次验证了这一点。母亲刚到纽约的时候，妻还没有开学，有时候母亲得闲就出去在附近街道上走动走动，我们也常常带她去超市商场看看。母亲很快就有了许多发现。

她的第一发现就是这边怀孕的妇女真多，而且怀孕的女子常常还拖着老大老二什么的，而这一点在中国几乎看不到了。确实，在中国城市里，有两个小孩的家庭已经少而又少了。而我们在美国呆久了，对美国的大家庭生活也已经司空见惯，再无好奇之心。在妻怀孕之后，我们方才对周围的"孕妇"格外关注，但是母亲来美不久却就能一眼看穿本质，看到一个国家繁殖后代的状态，还是让我自愧弗如。

母亲的第二个发现来自对黑人的观察：母亲觉得他们的屁股

真大，牙齿真白，还很政治不正确地说他们有的也很好看。母亲还好奇一些黑人头上密密麻麻的麻花小辫子怎么扎的，怎么洗，多长时间洗一次，这些问题问得我们也只有鼓嘴摇头的份。母亲还觉得白人老太太的皮肤真好看，看上去白得透明，大概符合母亲那传统的"一白遮百丑"的古老审美观念。

母亲还发现白天开车、去超市购物的大多是老人妇女，好像中国的农村：青壮年男子在纽约大多在做美国式的公司奴隶，而中国农村的青壮年男子都到大城市去打工挣钱了。母亲一早出门散步，看见许多上班的人急匆匆地往地铁站赶，常道："这边人走路很凶的。早上去地铁站，好像赶场子去似的。"有一回早上，散步的母亲和赶路去地铁站的我不期而遇，母亲跟我挥手而笑。她的神情里透着陌生、尊敬和好玩，大约联想到自己儿子也是一个走路很凶的上班族，因此笑，并且逗得我也不禁笑起来。

我们住的大楼里颇有几户养狗的人家，母亲看到人家跟狗亲吻、给狗穿衣服、带狗出门散步，觉得又好笑又好奇，道："真跟养孩子似的。"我说可不是嘛，母亲就道："这些人真是脑筋差一窍了。"

当然母亲最好奇的发现还是我们楼下对面的超级先锋超市门口的玻璃瓶易拉罐回收机。母亲最早看见许多中国老头老太在那里退瓶子罐子，问清楚了怎么回事，又看清楚了怎么操作之后，也最终加入了他们的行列。

六、习惯

严格来说，母亲不算会做饭的人。以前在农村家里，我想母亲的拿手办法也就是油多不坏菜。确实，在生活困苦的儿童时代，能够吃到油水充足的简单饭菜，也算是不小的慰藉。我们家里一向也是父亲做大厨，不仅仅是因为他有多年在饭店工作的经验：农村人做饭，一个要在锅磋里烧火，一个要在灶台上操作，很自然地，男人们会更倾向于在灶台上烧炒烹煮，而脏热呆板的活就交给婆娘们了。当然，对于那些无须太多锅铲瓢勺一起挥舞动作的简单饭菜，母亲还是很胜任的，比如煮稀饭、摊饼、炒鸡蛋什么的。

母亲刚到的时候，妻还没有上学，她的厨艺又很出色，仗着自己年轻，刚出月子的人也什么都做了。不会做饭的母亲就常常觉得没什么事情做，但是显然又闲不下来，于是就闲里赶忙地做一些事情，有的让我们心怀感激，有的就不知如何评论了。

母亲一开始知道我喜欢熬各种各样的豆粥，每到周末她早早起来就开始烧，等我们十点十一点下楼，就已是满满一锅，既当早饭又当午饭地吃了。后来老婆说不喜欢吃这种粥，我们也不买红豆黑豆绿豆了，母亲方才作罢，却保留了每个周末早上给我们煮鸡蛋的习惯。本来我们周末早上常常不吃早饭，这下没得理由，至少会吃一颗煮鸡蛋。其实想想煮鸡蛋大概是农村人最方便最尽心的早餐补养，而母亲把这一古老的习惯带到了我们的生活中来。

楼里有洗衣机和烘干机，我们通常也是两个星期才洗一次衣服，烘干了拿回来就可以立刻再穿。母亲却对这个不感冒，她认为自己闲，认为洗烘都要花钱，因此她自己的衣服都要手洗。多年未用洗衣粉的我们还特地给母亲买了一大盒汰渍回来，才算了结母亲两三个星期的提醒和唠叨。母亲不仅手洗自己的衣服，所有小孩的衣服也全部代劳。这一点，陈子倒也赞同，一来因为小孩衣服相对少、换得多，二来也怕洗衣机烘干机对小孩皮肤造成过敏，另外毕竟不如手洗得轻柔。手洗衣服的直接后果就是，我们家客厅的窗户上挂满了小孩的衣服，而母亲自己的衣服则挂满她的卧室和浴室，好在我们不常去她的卧室浴室参观，又住在15层楼上，不怕有碍邻居们的观瞻。

母亲不仅洗衣服，还洗碗。本来我们渐渐习惯了用洗碗机，因为公寓管理费用里已经包了电费煤气费等等，所以用起来也似乎更加美国人一般地理直气壮。母亲却不然，觉得洗碗机这电器用起来很麻烦，因此就主动承包了每天饭后的洗锅刷碗义务。一开始我们坐在那里上网看电视（当然在儿子不需要照看的情况下）还不好意思，过了一阵子，却也似乎很心安理得了。

好玩的是母亲用保鲜膜：本来是一次性的，母亲却每每把上次用过的保鲜膜仔细从碗碟杯盘的口上拿下来，必要时用水冲洗一下，然后有剩饭剩菜要放冰箱时再度使用。这样的节俭真还让我们有点哭笑不得，而且似乎有心理暗示作用，搞得我现在也时不时将保鲜膜二度使用。

母亲还喜欢给我们晒鞋子。到了美国，几乎没刷过球鞋，晒的次数也屈指可数。母亲来了后，却完全是以孜孜不倦的态度给我们晒晾鞋子：穿过的球鞋，如果在门口找不到的话，一准是被母亲放到厨房朝阳的窗台上晒着了。

此外，母亲没事就擦楼梯擦地板擦灶台，让很少注意家中这些细节和局部卫生的我们时不时地在心中涌起感激和羞愧。最可笑的是，我们的儿子最先模仿的事情之一就是拖一块小抹布，在地板上擦来擦去，看得母亲拊掌大笑，直夸她的孙子能干。我们却只能哭笑不得，生怕在母亲的培养下儿子将来长大要当一名清洁工去。

母亲还喜欢穿好多衣服、拿大被子盖头睡觉，跟她说了很多次家中有暖气没那么冷、被子蒙头睡觉不好，她却自称习惯如此，我们也无法再多说什么了。母亲的其他"恶习"还包括：吃菜前喜欢先拿筷子在盘中沾一沾尝尝咸淡（应是我们老家人的习惯），说起牙痛就喜欢张开嘴让我们看她坏烂的牙齿，见了人就问人家工资多少，等等。我们说过多次，母亲有则加勉，但终是本性难移，倒是难得妻子比我还更宽容一点，并没因此闹出什么家庭矛盾来。

话说回来，母亲其实还算得上她自谓的"脑筋比较开通"的人。吃的方面，母亲对各种食物都愿意去尝试和体味，比如吃跟淮扬菜完全不同的辣味川菜，再如意大利面条和披萨，或者日本的紫菜卷，再或美国的赛百味之类的三明治，母亲虽然不是十分享受，但至少都还能接受。穿着方面，本来对牛仔裤等等十分拒绝的母亲，在美几个月后，也终于愿意穿牛仔裤出门了；一辈子没怎么穿裙子的母亲，来美后的夏天更是过足了穿裙子的瘾。母亲原来还说不习惯在城里住高楼的，觉得太闷，到后来却也渐渐喜欢上了"住得高，看得远"的那种境界。有一次，母亲还问我们她能不能考驾照开汽车，我说"可以啊，人家有中文考试的"，再一想母亲连中文字也不认识，只好遗憾地告诉她其实还是不行了。

若说最强的习惯，大约还是母亲的唠叨和纪念。一年之内，有春节，有父亲去世一周年纪念，有清明节，有七月半的鬼节，父亲的生日，母亲一样不忘记，提醒我们买了香纸回来，她一人在家做模做样地祷告祭奠。她自己熟悉了周围店铺之后，还亲自买了青菜豆腐回来弄，又买鱼让妻子烧，说那是父亲最爱的食品。母亲也不忘电话里问弟弟有没有回去给父亲圆坟烧纸。给三叔家打电话，爱华问起这些事，母亲就道："这家里到处都是地毯窗帘，又是竹子地板又是书，还在十几层楼上，哪里能好好烧纸？瞒瞒活人眼罢了。这么远，你四爷还不晓得收不收得到我烧的美元呢？……"

七、失踪

我开始上班、妻子又开学之后，母亲每天一早五六点起床，出去在附近的两三条街道上散步。等我们要出门的时候，她便回家来接管应可相。等到下午妻子放学回来，母亲也往往憋不住，要出去走走逛逛，呼吸呼吸新鲜空气，看看望望周遭洋相。

2008年刚过了春节时候，纽约地区的科大校友会照例组织了一次午餐聚会。那是一个星期六早上，我急着出门去曼哈顿参加聚会，而母亲左望也不回来，右望也不回来。我和妻一边照料孩子，一边就瞎唠叨，总害怕不识字、不懂英文、也讲不好普通话的母亲发生迷路失踪等事故。

那天在家坐立不安到十点多钟，实在没法子，我就下楼出门。却不想在楼下大厅里看到母亲，跟另外一位五十来岁的妇人相谈甚欢。母亲见了我，忙着介绍说，"这阿姨是上海来的，跟我差不多大……"我着急忙慌地跟人问了好，说了我们担心的事情，也就匆匆去地铁站了。

后来母亲就给我们说了上海妇人的身份故事，包括人家是做什么工作的，每周做几天，每天几个小时，工资多少，劳保如何，婚姻状况，两个女儿的年龄等等，听得我们只有瞠目结舌的份。不过，那也是我第一次看到母亲在美国找到朋友的感觉，也感受到她久违的、与人交流的兴奋和快乐。

这次母亲虽然只是让我们虚惊一场，我后来到底给她准备了一些打印纸条，上面写着我们的地址电话什么的，让母亲出门时随身携带。母亲却很不以为然，总道："哪里就真走丢了，我又不是三岁，又不走多远。"但是不久之后，她却真地失踪了一回，彼此都被吓得不轻。

那是大概三月底的一个下午，天黑了，自妻放学回家就出门散步的母亲也没回来。等我到家已经近八点，母亲还是没回来，而且母亲出门也没有带我们准备的小纸条。我和妻子带着小孩开始着急，也没心思做饭，只时不时朝门口望，又竖起耳朵听隔壁电梯间的声音，总以为母亲在下一刻就会开门进来。

就这样一直煎熬到晚上九点多，那时天早已经黑透，而母亲也已经出门五个小时之久。情急无奈之下，我就上网查找附近警察局的号码。说老实话，那还是我第一次在美国要跟警察打交道，或者想着要和警察打交道。当时最害怕的是母亲遭遇车祸之类的事故，一边自我安慰不至如此，一边几乎想下楼去附近的几个十字路口查看，后来还是觉得警察局应该有这类信息。于是一边上网查询当地警察局的号码，一边继续竖起耳朵听门口动静。

给警察局的人说明了母亲的情况：中国妇人，不会英文，普通话也说不好，大约走失了四五个小时等等，又跟人家说不知道是不是应该报警，因为我们的理解是人员 24 小时不见才能当失踪汇报。

万幸的是，接线员居然说："你等一等，我们这里好像有个人，可能是你母亲。我让她跟你讲话。"果不其然是母亲。母亲在电话里大喊我的名字，那一刻大约是我在美十年里经历的最有戏剧色彩和张力的一刻。

和母亲讲了几句，警察又接过话筒，确认了是我的母亲，又确认了我们的家庭住址之后，表示会将母亲送回来，又让我转告母亲不必担心。大约十五分钟后，两个白人警察带着母亲敲响了门。母亲进了门，满面还是惊恐之色，走到客厅中间，就躺倒在地毯上，口里连道"亲妈妈"。我们忙着拉她起来，又安慰她回来就好。母亲又道："我一个老太太，失踪了、死了不要紧，让你们两个小孩子担惊受怕就造孽了。"

大概见多了老人因家庭纠纷出走的案例，警察看我们不争不吵，倒夸说："这是一个和睦家庭。"年长的一位，居然又拿出一个小本子，向我询问母亲的详细情况，我看他上面写着母亲的生理特征，会讲什么语言之类，真是佩服他们工作的认真细致。警察还说，万一母亲再走失的话，他就可以根据记录下的信息尽快地联系到我们。警察又告诫我说，应该给母亲准备一张可以随身携带的纸条。我们真是哭笑不得，只好拿出准备好的纸条给警察看，告诉他们母亲是如何自信不怕迷路的。

寒暄了几分钟，警察也就要离去。母亲送他们到电梯口，在门口跟两位警察紧紧拥抱了一下：她个子比人矮不少，手臂老高去抱人家的样子特别搞笑。那还是我第一次看母亲跟别人行拥抱大礼，而且是跟美国的警察们，紧张了一个夜晚的神经在那时竟然也要偷偷笑起来放松了。到了电梯口，母亲还一手拉了一个警察，摇晃不已，口里不停道："谢谢！谢谢！你们真是好人，实在太谢谢你们了！"警察估计勉强听懂"谢谢"，却还是满面笑容地跟我们问好道别。

八、冲突

婆媳关系，应该算是中国文学里的一个永恒主题，而且应该是悲剧、闹剧为多，比如古老的《孔雀东南飞》，陆游和他表妹留下的两阕千古恨词《钗头凤》，而我至今还记得小时候跟父母亲一起看的一出淮剧，名字就叫《凶婆恶媳》。现今的海外生活中，麻省BBS的十大头条里总是少不了婆媳相处的故事和事故；朋友们聊天打电话，也都"很好意思"地互相询问：你老婆跟你妈处得怎么样？这次回国偶然听说看到《双面胶》这个电视剧，因为作者是合肥人，就留心了一下，没想居然就是因"炒作"上海儿媳和东北婆婆而红火的"家庭伦理剧"。

说到这点，不得不说在过去的一年里，妻子和母亲做得都很不错，至少我不曾见她们红脸闹矛盾。妻对母亲的一点意见无非是觉得她从外面回来有时不记得洗手之类的老习惯，唯一一次生气也是因为我们要出门吃饭，而母亲见我们东走西走却不能确定在哪家就餐，因此就发了急，嘟囔了几句。母亲一急，妻也跟着上火，差点要回家自己烧。好在我劝说了几句，大家也没有升级多话，最后也算有惊无险地化解危机。

　　母亲在这方面也算出色。她知道自己农村出来，很多事情适可而止，并不按照自己的"死脑筋"要求儿子媳妇怎么怎样。妻呢，生活上照顾母亲自然没得说，叫起"妈"来自然而亲热，出门时候，往往主动挽了母亲的胳膊同行，让我惊奇之余甚至自愧弗如。可笑的是，母亲来了之后，我们家的第一次或许也是唯一的一次冲突，竟然是在我和母亲之间发生的。

　　对于母亲和我们同住，我一直有许多美好幻想，比如教母亲认字。自己一直觉得母亲是个聪明人，但是身为七个兄弟姊妹中的老大，又出生在一个还很有些封建意味的农村大家庭，母亲上学的时间只有一个上午。据说母亲上午去学校报到，下午就被她的老太爷责令搬板凳回家，照看比她只小一岁和两岁的二妹和三妹了。母亲到达纽约的第一晚，我害怕她夜里因为时差睡不着，就写了一些大大的、简单的、很图形化的中文字在纸上，让她看认，并幻想以此激发她的求知热情。带她出门的时候，我也每每努力告诉她我们所住的城市名字、地址、街号、公寓楼层号码等等。另外，我也总不时提醒母亲说一点简单的英文，比如Hi，Bye，Yes，No，Thank you之类的短语。母亲大多数情况下却是一副无所谓的样子，而我也一直到一次矛盾之后才明白她漠然背后的紧张、难受和有口难言。

　　那次失踪之后，我当面也没怎么说母亲，但是后来口头上总不免玩笑，说"千万别再走丢了"之类的话，母亲也笑，道："那真成二百五了。丢了一次不成，还要丢两次呢？"就在失踪事件发生两三天后，我下班回家，妻子一人在家带小孩，悄悄跟我说："妈说她今天把小孩一人放家，出门去看看她到底怎么迷路的了。我已经跟她说了，叫她以后不要这么做了。你不要再说了哦，不然妈还以为我向你打她的小报告啥的。"我对母亲的行为很吃惊，却轻视了妻子的警告。

到吃晚饭时候母亲从外面回来，我还是没有忍住，问她道："听说你今天又犯了一个错误？把小孩一人丢在家里出门去看路了。"母亲道："他在小床里睡着了。"我不顾妻子的眼色，讲了一通这样做的危害，"危言耸听"地陈述小孩可能出的事故，又说小孩若是醒了哭了、被邻居发现、我们甚至可能被剥夺抚养权之类的话。母亲就不大搭话，到妻子准备好了晚餐，母亲忽然来了一句："吃你们家这一口饭也真不容易呢。"

我很冒火，回道："吃饭就吃饭，哪里来这么多奇话怪话。"母亲忽然就流下了眼泪，自己吃不下去饭，然后放了筷子，上楼去卧室了。我还是很生气，妻说了我一通，又拉着我上楼去给母亲道歉。说实话，我真不知道怎么跟母亲道歉，而且也觉得自己和妻子的言行没什么得罪她的地方，却只恼火两代人之间相处总不免有这样那样的矛盾。

在楼上，妻子劝和了一番，原本以被掩面的母亲这时哭起来，"我怎么这么命苦呢。老公死了，一个人到美国来受罪啊。"说老实话，母亲的诉苦，听得我们恻然的同时，也让我反感她这样的哭闹行为，作为儿子，却又似乎无计可施。陈子拉母亲起来未果，倒也渐渐平息了母亲的哭泣。她忙着下楼照顾小孩之后，我在母亲床边坐下，"语重心长"道："你想想，这是碰到一个好媳妇的，不然你说的什么'吃你们家一口饭不容易'算什么话？还不知道要吵成什么样子呢。再说呢，在生活方面，吃穿方面，我们哪里做得不对、不好吗？"

　　母亲抽泣了半日，道："你今天回来，第一句话就批评我，'你又犯了一个错误。'"一句话，听得我又要笑，原来 60 岁的母亲居然有这么强的自尊心，仅仅因为我批评她犯"错误"就拗上了。做儿子的也没办法，只好陪笑道："这就让你生气啦？算我说话不对。我们一家子，好多年没有一起生活了，对每个人脾气习惯其实都不太了解了。你不喜欢被人家批评，我以后说话注意就是了。"母亲在床上坐起来，"得寸进尺"道："还有，你总逼我认字、说英语、记这个街名那个路号。你弟弟从来就不逼我学这些东西。"我不禁又要哑然失笑，不想我平常随便说的、指望"言传身教"的一些言行居然会给母亲这么大的心理压力，只好又陪笑道："你不喜欢，我就不逼你了。你也老说自己过去没机会认字，我才想你愿意学呢。"母亲争辩道："我都大半截下土的人，还能认什么字、说什么英语？回去跟人说，要把人给笑死的。"如此这般，母亲方才缓过来，妻又叫我们去吃饭，母亲这才擦干泪水，红着眼睛下楼来吃晚饭。

　　据我所忆，这也算我们和母亲相处一年内最大、最戏剧化、最感情流露的一次冲突，对母亲"不思进取"而"失望"的同时，也因此认识到一个农村妇人在"有文化"和盲目的理想主义的儿子那里"讨生活"的艰辛和为难。

九、交流

　　母亲只会说淮安话，但既然人在美国，也不得不偶尔练习练习普通话，甚至英语之类。除了前面提到母亲怎么也说不顺口"纽约"

之外，母亲对孙子的大名"可相"也特别叫不来：典型的淮安人一声和四声不分，于是就常常叫成"可香"，然后还跟我们说"怎么这越听越像女孩子名字呢?!"端的叫我们哭笑不得。好在妻是南京人，日子久了，淮安话也大多能听、猜个八九不离十，家里这三个大人的交流是没什么问题了。

母亲在大楼里除了认识那位上海阿姨之外，还认识了一对东北老年夫妇，而他们自然是说普通话。淮安话里面把 Bei 的音发成 Bo，于是这个 Bei 字也成了母亲的大难题，而这对东北夫妇就时不时被母亲搬家到"东海"去了，比如："那东海夫妻俩有三个外孙，全男孩；来了好几年没回去，都拿绿卡了"等等。有时我在路上碰到东北夫妇，那位阿姨好脾气，说："我们和你妈妈是'罐'友啊！"那个老头就笑道："教你妈妈学说普通话！"我笑笑点头，心想母亲和他们一起说话，还不知道闹了多少笑话呢。

比较好笑的还是母亲跟美国人的偶尔交流，大多时候母亲就是不管不顾地淮安话随口而出，大有我就不信你不懂的意思。那次失踪回来，母亲转述在警察局的遭遇，说人家问她这个那个，她什么也听不懂，就咬牙切齿一句回答"我不懂"，那神态表情听得我直想大笑，局子里的华裔警察自然也完全爱莫能助。

大楼里雇用的维护管理人员里面有一个像是墨西哥裔的干瘦老头，母亲抱了可相出门大约时常碰到。有一次我们一起出门，母亲跟人家"哈罗"了之后，又对刚会走路的可相说"叫爷爷"。异国异境，让人感觉真还有点囧。还有一次，我们一起出门，母亲碰到一个经常给她塑料袋装空罐子的大楼管理人员，指着我们就跟人家一通中文："这是我儿子，这是我媳妇。"我们和对方点头微笑致意，心里又囧了一回。另有一次看儿医回来，路上等红灯，绿灯亮时，我们过马路，母亲对着前面还站着不动的犹太小女孩大吼一个"走"字来提醒人家，听得那小女孩一愣一愣地，却终是小跑着过了马路。

母亲也常抱了可相在楼下大厅里溜达。有一次晚上11点多，应可相哭闹着不睡，母亲也抱他下楼，一路呵哄，回家来说："人家门卫问他怎么还不睡觉。"我说："你怎么知道人家问的是这话？"母亲道："那还不好猜？我拿双手托托腮，她也双手托托腮，不就知道怎么回事了！"最搞笑的一次大概还是碰到楼里的其他住户，母亲和俄罗斯老太交流起婴儿的性别问题。母亲说她竖起一根食指，表示是男孩；又把大拇指和食指弯成圈，加上摇头，表明不是女孩。据说俄罗斯老太被她逗得哈哈大笑，而母亲复述时候也是神采飞扬，十分得意于自己的急中生智。

母亲虽然不想有意识地学英文，但耳濡目染，也渐渐记住了一些英文话，比如"Hello""Bye"之类。有时回家来，母亲会问："OK是什么意思？"有一次她说在外面，有个年轻的妇女"妈咪妈咪"地喊她，十分不理解，把我也"吓"一大跳，仔细想想，也许人家说的是"Ma'am"吧。

后来，母亲在"罐友"里头又认识一个扬州的老太太，话音里更近了几分，更有他乡遇故知的兴奋。回国的飞机上，碰到一位苏州的老太，还有一个曾经在淮安下乡的籍贯南京的同龄人，母亲跟人家也是油然而生出种种亲近感来。等到了上海，高中时代的好友开车来接，一句淮安风味的称呼"大妈"，让母亲立时感受俨然已经到家的温馨。

十、电话

　　说到交流，自然不能忘却母亲和大后方——在中国的亲戚朋友们的联系和交流。母亲有兄弟姊妹七个，她是老大姐，大舅二舅小姨三姨就住在老家三堡乡陈庄附近。父亲那边也有兄弟姊妹六个，除大伯母在南京外，其余人都在淮安的建淮乡，二姑更是只嫁到邻近应庄的呼庄。其余还有要好的堂亲表亲，舅姨叔姑，可以说是数不胜数。

　　母亲最挂念的自然是弟弟一家：许多故事我们原本不知道，包括母亲过去七八年和弟媳妇相处尴尬的情况，然后是父亲去世后弟弟和他老婆的终于反目摊牌，闹到单位的离婚，然后又复婚，最后再离婚的家庭情景剧。最后，弟弟要得孩子的抚养权，却也把工作十几年来的积蓄几乎散尽，而这一点也成为母亲唠唠叨叨的重点，"三四十万就被人家搅走了""这么多年全替人家辛苦了"云云。母亲每次电话回去，总是嘱咐"你们爷俩要好好的啊，妈妈不在身边，要自己照顾自己啊"。三十出头的弟弟经过如此人生历练，也确实成熟不少，总安慰母亲："不要担心我们，我上班很好，楚骐在王老师家里也很好。他老滋老味得很，隔三岔五就提醒人家：'明天还能吃个红烧肉啊？'"听得我们都跟着忍俊不禁，可怜这孩子这么小就遭遇父母离异、因为弟弟长期在外上班又只能寄宿在保姆家里的"悲惨"现实的同时，又欣慰他"少年不识愁滋味"的少忧少虑的精神状态。

　　表妹在网上知道母亲曾经失踪的消息，回头转口告诉了外婆。等妈妈打电话回去，八十多岁的外婆就说她胆战心惊了好多天，想起大闺女来就流眼泪，听得人心恻恻。母亲年近六十，在外婆面前母亲却终究还是一个女儿，无非是跟弟弟一样，隔洋隔空地安慰："妈，你放心，我在美国有的吃有的穿，你别担心我，保养你的身体就好！"我有时跟外婆讲话，她也还是"不要舍不得吃穿"之类的叮嘱，有点好笑，却又叫人顿起时光无法停滞、无法倒流之感慨。

更多的电话自然是打回了老家，三叔、二叔、二姑、寒梅等人家里，凡是装了电话的亲戚家，母亲总是记得，又时不时道"两三周没打了，也不知道他们下小秧了没有"，又或者想起村子里二明子贵州买回的媳妇"不晓得跑了以后到底找没找回来"，还有"上次小羊家里那个草堆到底是谁造孽放火烧的，也不晓得查出来了没有"，当然也包括一些重大的人事变迁，比如五十多岁的村邻华二言的因癌去世、七十多的王玉香回村安葬被阻挠等等。母亲和三叔或者二叔家的堂大嫂说起这些事情来，嬉笑哀叹，怒问骂评，那份自然而然的投入和关切，让孤独地生活在拥挤的大城市里的我们真不知道应该如何反应和面对。

母亲住在这里，还说了不少我们家和二叔三叔家一直以来的小麻烦小纠纷。母亲每每说起，我也权当只是她的一面之词，左耳进右耳出罢了。母亲说起的一则古记，却叫我耳界大开：原来七十年代初，爸爸他们兄弟仨要分家，因为板凳杌子少、分得不均匀，几乎吵翻了天。后来爸爸小姨家的表弟、于叔叔从他们家里送了几棵树苗来才算平息了他们弟兄间的这一场分家纠纷。为此，我给好久不联系的、家在南京的于叔叔打了一通电话，问他还记不记得这些事情。他讲："可不是呢，那时候人穷啊。那时候我最喜欢去运南闸了，叫四哥、就是你爸爸（他在饭店里上班）

给我下一碗面条，味道好，料又足，感觉是最最美味的了。"母亲也在电话里跟于叔叔忆苦思甜了一番，还又道："四姐一直记得兄弟你那个大恩情，没得事就讲给儿子媳妇听。几棵树苗不算什么，难得那份恩情啊！"

母亲自己的兄弟姊妹里头，大舅二舅平常出外打工，打电话机会不多。小姨只比我大五岁，母亲于她大约也有点长姐若母的意思，平常电话也格外多些。三姨他们那时和入赘的女婿处得不好，家里也没有固定座机；老姨他们住学校，行踪不定，也难找到人。母亲有时给二姨打电话：她一人在家带表弟的两个孩子，天天手忙脚乱，偶尔一次电话，也说不上几句，还被孙儿孙女抢了话筒去玩。母亲一气居然挂了，还道："她一辈子老实被人欺负，连个孙子也抢不过，气死我了。"

有次母亲给三叔打电话，我也跟三叔问候，他就道："你妈人在美国，心还在我们应庄呢。"想想，确实是这样的吧，母亲不仅自己生活在故乡的草木人事之中，附带着让我也时不时感受一下久违的、来自故乡的人情况味，仿佛自己也还是有条根是在那里扎着呢。

十一、出行

母亲在美一年，因为可相太小，自称"环保主义者"的我们又没车，并没有怎么出去玩，甚至纽约的一些景点都没有去。纵是如此，母亲还是对我们唯一一次跟团去阿凯迪亚国家公园游玩津津乐道，常常跟人说"我儿子和媳妇带我到大海边上，吃斤把重的大龙虾"。那时已经是秋末，到了波特兰灯塔那儿就是寒意逼人，母亲穿上随身带的所有衣服，还扎了一条不知是人送还是自捡的大花头巾，在海边的灯塔观景区里跟着我们跑来跑去拍照留念，煞有喜剧气味。第二天在巴港吃龙虾，害怕母亲不会剥虾壳什么的，就要了一份已经去壳的龙虾餐。母亲看陈子剥起虾壳来得心应手，倒笑道："早知道这样，我这份也给你剥好了，还多花了三块钱！"那次一路在美国的高速公路上行走，晚上住完全美国式的汽车旅馆，饮食方面也几乎完全是美国饭菜，满眼看去都是将秋意渲染到极致的黄叶和红叶，想来应是母亲真正感受美国风情的三天。但是那一路上，她最享受的却还是和国内来的、原籍也是江苏的一位老太太拉家常，甚至不出一天就打听出人家夫妇俩不是原配、来美旅游也只是寄居在一个侄女家里的诸等细节来。

夏天的时候，也曾去新泽西的朋友家玩。母亲坐上去新泽西的通勤火车，忽然就感慨起来："可怜你爸爸没福气。不然知道我们周末串个门还要坐火车，他那个爱玩的人才不晓得多高兴呢。"带母亲看了朋友们在郊区的大房子，问她如何感想。母亲道："要我才不想住这里呢。走半天看不到一个人影。"有一次一位科大校友的女儿过生日，先是大家在公园聚餐，后来我们又去他们家里吃晚饭。回来路上，母亲想起什么来，道："他们家两辆车啊，一个面包车，一个小轿车？"我说："是啊。"母亲就跟我们开玩笑道："你们连个自行车都没有。什么时候才能赶上人家啊？"另外一次去大学同屋家里，他们有两个儿子，母亲又忧心道："看来在这边你们不生两个小孩也赶不上人家啊。"

这样的出门，我想母亲是喜欢的。在 Lynny 家，她虽然普通话说不好，却喜欢跟人谈，跟我同事说我胆子小、不会吹、影响职业发展，让我回头都想她的说法是不是一针见血到"知子莫若母"；

跟Lynny 母亲主动喊"大姐"，朴实、亲切又自然。在同屋家里，她带着孙子，跟一帮女眷们居然也聊得格格"而"入。到后来又带母亲去参加大纽约地区的科大校友会，一位生了三个儿子的师妹的母亲和妈妈谈得更是相见恨晚，那位阿姨还一个劲儿地要妈妈的电话号码，说回到长岛家里要常跟母亲通电话聊天呢。

在纽约，虽然帝国大厦和自由女神都没得去，中央公园、第五大道、洛克菲勒中心、中国城等等地方，母亲都也至少走马观花一遍或几遍。记得在第五大道逛路易维登和蒂凡妮首饰等专卖店，母亲听我们给她报了各类的手提袋和戒指之类的惊人价格后，连连道："我就不相信有人会来买。都是看的多。这老半天了，你看见谁买了？不大削价，才没人买呢。"

这其中，母亲最喜欢的大概还是时代广场那里的杜莎夫人蜡像馆，里面布满几个楼层的、栩栩如生的蜡像让母亲着实也大开眼界，又兴高采烈地和安妮斯顿、克林顿夫妇、爱因斯坦等人一一合影。最搞笑的还是后来碰着两个美国小青年，他们坐在桌边一动不动作蜡像样，母亲当真，就伸手去摸他们的手。她那布满老茧的手，倒把那两个小伙子吓着，匆忙又变回活人了。

母亲在美国的八月，适逢奥运会在北京如火如荼，我顺便也给她灌输了一些体育知识，那大概也是母亲有生以来第一回从头到尾看完一场体育转播节目。平常看得更多的是网球，母亲也渐渐看出些门道来，比如"这打球的人，眼力要特别好啊！"这跟张德培说的打球时候看见的网球"有篮球那么大"可算是一个意思了。最搞笑的是，有一次在电视上看到毛瑞斯莫跟谁打比赛，母亲就道："这个人是男的啊？"而生完儿子还打球的达文波特给母亲的印象更是深刻，总问："那个生儿子的怎么没在打啊？"有时我出门打球，妻和母亲也会推着小车一起去公园逛逛玩玩。美网开赛之前，我们还一起去看了一个下午的资格赛。我给母亲讲美网冠军有多少多少奖金，第一轮也有多少多少奖金，母亲就嘲笑我道："人家打球拿奖金，你怎么打球还要自己花钱呢？"

十二、罐业

在美国生活过的人，大概都知道塑料瓶和罐头瓶回收的事情；商店卖这些饮料的时候，也往往都是把瓶罐的费用额外计算在销售价格里的，至于消费者是否回收则是各人的事情。有心人也可能积累着一起去超市退罐取款，大多数人却不在乎这点小钱，不过本着为环境着想的原则，将可回收的瓶罐和其他垃圾区分对待。著名的情景喜剧"Seinfeld"里头就有一集是讲克莱默和纽曼两个人开了一邮车的瓶罐准备去别州退还、最后却几乎车毁人亡的糗事。

在美国读书时候，也曾经跟室友有心无心地把瓶瓶罐罐存下来，积累了一大袋子，去超市买东西时顺便退掉。结婚后，曾经和妻处心积虑地把几十个波特兰的矿泉水瓶保存下来，结果某一天去超市准备厚着脸皮挣几块钱"外快"的时候，才发现根本退不了。边上一个中国妇人笑嘻嘻地望着我们，我们也只好做个顺水人情送给她了，却一直困惑这些人收集了本州不回收的瓶罐去哪里退换，难道也学克莱默和纽曼开车到密歇根退换不成？没想到，这个问题的谜底，居然不久就被打入罐友大部队的母亲揭开了。

我们大楼的附近有几家超市，门口都有这样的瓶罐回收机。母亲初来乍到，就发现很多中国老人在那里几小时几小时地往机器里塞空瓶空罐再去超市的收银员那里换钱。起初她经常抱着或推着可相出去，站在那里看人家怎么弄，还曾把家里的一些塑料瓶子送给人家。过了不久，她也就加入了瓶罐回收的中国老人队伍，得空就出去找瓶寻罐。几个月之后，母亲已然成为其中的佼佼者，不仅弄清楚了基本的操作、瓶罐分布的地点，还掌握了怎么在本州不能回收的瓶罐上贴上复印的条形码来蒙混过关的"江湖秘技"，比克莱默和纽曼的"智商"完全高出了一大截。

本来对母亲出去捡瓶罐这件事情，我们都是持反对态度，一来觉得不够卫生，二来又觉得母亲心思在外对看孩子自然不会全心全意，三来当然更重要的还似乎觉得有点丢面子。后来在网上看到一位物理学博士生写的他自己毕业后找不到工作、在纽约靠回收瓶罐维持生活的故事，母亲又说她的"罐友"里头有北京上海的教授之类人物，这有关"面子"的心理感觉似乎淡了点。母亲又只是在早上我们还没起床、下午妻子放学回来后或者周末我们在家的情况下才出去"上班"，回家来又谨遵嘱咐洗手消毒什么的，我们也就没什么话好说了。最重要的也许是，母亲在这份"工作"中，不仅发现了在美国"挣钱"的乐趣和自豪，更因此结交了一大批"罐友"，让她天性喜欢与人交往唠嗑的习惯得到了极大满足，

这中间自然也少不了些摩摩擦擦。有时早上妻上学已走、可相已醒、我急着冲澡准备去上班，而母亲还没有从外面回来。又或者到了周末，母亲一早带了苹果、香蕉或者煮鸡蛋出门，充分发扬她农村妇人的吃苦耐劳精神，直到晚上天黑了才回家来。我们在家不免担心，说起来，母亲略有歉意，却又说："机器坏了，没卖完的又不能扔掉；只好换一家超市。那么多人排队，只好等着。"又

或道："哪里就又能走丢了。真是呆子，丢了一次还丢两次呢！"对于我们关心的饿肚子和健康问题，母亲道："我吃不了多少。我不呆，饿了自己进超市买个面包之类的不就好了！"久而久之，我们的神经也终于粗壮发达起来，任由她去了。

母亲却完全把这当成了最有乐趣、最有回报的一项工作。开始的时候，母亲一块钱也去换，两块钱也去换，渐渐就很专业地尽量攒到十块、二十块的整数。因为大楼里曾有人抱怨，母亲就把每天剩下没卖掉的瓶罐偷偷藏在大楼外面的某个垃圾桶里，第二天再拿了去退换。因这还发生过几次被别人拿走的情形，不免私下嘀咕猜测几个来回。结果有一次看见另一个中国老太在那里翻检，母亲逼问人家是不是拿了她的瓶罐，又语重心长道："那可是我辛苦收来藏那儿的，你可不能干这事啊……"那妇人不好意思地笑。我们忙着拉母亲去公园散步，一路上母亲不免又唠叨不停。

在家的时候，母亲更是不得闲，要么用剪刀把一个可回收瓶罐的条形码剪成小细条，以准备对付那些本州不可回收的瓶罐；要么就在自己房里数钱，还专门拿了花生、红豆、绿豆之类作记号，哪个代表20，哪个代表10，哪个代表1块之类。我和妻常常偷笑："妈真成了财迷了！"可相一周岁生日时，母亲还特意拿自己挣的、比较新的美元包了个红包给他，搞得我们收也不是不收也不是……

除了捡拾回收瓶瓶罐罐，母亲每天在外面"闯荡"，还时不时捡些其他物件回来，比如旧的小行李箱甚至鞋帽衣物。我们屡劝无效，也只好作罢。母亲常常一边得意炫耀道："你看人家崭新的鞋子，这码数回去给你二姑父穿肯定正好一脚"，一边又自我解嘲："人要几十截子才能活到老啊！不想我六十岁的老太了，还跑到美国来拾了一回荒！”

到回国时，母亲把她积攒的钱交由我去存换，居然有三四千块之多，对于一辈子从没有独立过、在不到一年时间里挣过这么多钱的母亲来说，几乎是一项了不起的成就了。这几千块钱，除了一部分 20 美元的"大"票之类，绝大多数都是一元一元的小票，真正是"得来全因费了工夫"；再算算，一个瓶罐不过5分钱，母亲因此要捡拾过好几万个瓶瓶罐罐，让我们至今还常常慨叹她的毅力和耐力。

因为时间上来不及，只好带回国给她兑换成人民币。在淮安的中国银行，工作人员还要用验钞机一张张验真伪，最后不耐烦地责问我们道："你们这一堆又小又脏的美元到底是从哪里来的呀？"

十三、罐友

在这份捡瓶收罐的"工作"里，母亲耳闻目睹了许多新鲜古怪的人和事。比如那些来回收打碎的玻璃瓶、压扁的罐头瓶之类的工作人员怎么利用回收机的漏洞让他们这些兢兢业业的中国老年人去超市给他们取钱。又如每个超市限定每个人每天最多只能领取10元、20元的回收券，母亲他们这帮人就只好几个超市打游击战，或者同一个超市换头巾、换外套、换不同的收银员。再如一些美国人偶尔来退瓶罐就强制插队、态度特别不好的就每每和他们这些中国老头老太闹出矛盾来，因为语言不通甚至偶有推推搡搡的肢体动作。又比如超市运作的内幕，母亲甚至知道哪家超市的主管是谁，哪个营业员为人客气和善，哪个老头老太多久叫超市小工送一次货、态度又如何等等。这些我们平常熟视无睹的人和事，在母亲的眼睛和口中，突然变成了一个五光十色的大千世界，叫我这个自谓喜欢观察、喜欢记录的人也只有自叹弗如的份了。

当然，这份"罐业"除了让母亲收获美元和了解这些外国人，更重要的是她因此结识了一批中国人朋友，他们自己互谓的"罐友"。回家后，母亲就常唠叨这个老头那个老太，比如说哪个老太来美国看女儿，八年没回去，都拿绿卡了，寄钱回去给国内儿子买了一套房子，老公还在国内，抱怨道："只见钱、不见人"；比如说某某老夫妻俩，骑自行车收瓶集罐，潇洒来逍遥去，准备挣足了钱再回去，以后就再不来美国了；又比如谁谁过来帮自己的兄弟看孩子，一半是亲情，一半是保姆，"姊妹姊妹，各受各罪"，个中滋味只能跟"罐友"们谈谈了；又有谁家双方老人都在，双方抢着出来回收瓶罐挣钱，不免成为"罐友们"之间的笑谈。

母亲每天走来跑去找罐子，更结识一批公寓大楼的管理人员，大约因为面善，这些人往往将一大袋的瓶罐直接送给母亲，甚至还送她没怎么穿的旧衣服、旧鞋子。附近住户里的中国人，还有人送她自家庭院里种植的韭菜、西红柿等果蔬。我们不肯吃这些"赠送"食品，母亲就自己择了洗了烧了炒了吃了，又让我们有些不好意思。

在妻子学期结束全天候在家后，母亲更是一周七天每天超过十小时地投入到这份工作中去。中间大约只有两次中断，一次是我们带她出门去缅因州的阿凯迪亚公园玩，另一次则是因为可相生玫瑰疹，母亲实在放心不下，一直陪着我们出门看儿医。就这么两次，母亲还说，等她再回到"罐友"们当中去的时候，有老太甚至激动欢喜得流了眼泪，说"想坏了"母亲。

母亲临回国之前，甚至还带出了一对徒弟：从上海过来的一对夫妇，到纽约来看望女儿。据说女儿鼓动他们自己出来挣钱，以自食其力买上回程机票。母亲转述时，听得我们几乎哑然失笑，想想却又觉得没什么不可理解的了。母亲道："这夫妻俩，别看是上海大城市出来的，勒手勒脚的，一点都不利索，好不容易才教会他们，那个老头子还是经常捡了一个又一个根本不能回收的塑料瓶子回来"，口气里满是"恨铁不成钢"的感慨。

母亲来往最多的却还是最早在楼里相遇的上海阿姨。那位阿姨在楼里照顾另外一位上海老太，和带孩子的母亲时时在楼下一起聊天散步。母亲说阿姨鼓励她去捡罐子："挣一块钱也是自己挣的啊。"想来比我们的"不支持不鼓励，偶尔表示反对"的策略和语言更暖心贴意。应两位老太的要求，母亲还带她们来家参观，事后母亲又不大好意思跟我们说。我问她有没有倒水给人家喝有没有切水果给人吃，母亲笑道："匆匆忙忙就走了，害怕你们不高兴……"一席话，倒叫我不好意思起来，仿佛母亲成了小孩子，交朋友还要我们许可和首肯似的。母亲还道："我跟她们说，你们两个是我在美国最好的朋友，一个像干姐姐，一个像干妈……"听得我忍俊不禁，一壁觉得母亲"肉麻"，一壁又想她还真是嘴甜会说话呢。

本来对绿卡、公民这类词汇毫无概念、也不想了解的母亲，在"罐友"们的熏陶下，也开始偶或跟我们提问，甚至流露出向往的心情来，把还没有下定决心要做美国人的我们"吓"得也胆战心惊，生怕母亲一心一意也要争取美国绿卡了。临要回去那阵，母亲又常道："那个扬州老太老问我什么时候回去呢，说要跟我订同一班飞机、一起回国呢，说彼此都有个照应啊。"

如今想去，每天捡瓶退罐的奔波劳碌中，对于母亲来说，最重要的大约还是她人在美国每日感觉"有奔头"的那种生活和精神状态，让她在繁忙的"事业"和"工作"中，不仅忘记了人在异乡的种种不如意，还收获了意想不到的美刀、友情和一份生活阅历。

十四、老公

在美国，母亲对过世的父亲有了一个新称呼："老公"。从小以来，母亲称呼父亲总是"你爸""她四爷""你四兄"之类；自弟弟有了孩子，"楚骐他爹"也是常用的代称；极偶尔的，也可听到母亲在对外人介绍时，用父亲的大名"洪斌"。总之，都是用别人来指代，也是大多数淮安人、尤其是农村妇女的习惯做法。母亲在这种称谓上的变化，让我有时觉得颇为寻味，好像有点"赶时髦"的"滑稽意味"，但是想到母亲只有在父亲去世后，才用这种属于她自己的"我老公"这种称谓，就不禁又有点怅惘之感。

父亲去世后，我也曾有一两次做梦梦到，却总是淡淡的。记得有一次就是我回家，父亲坐在堂屋里问我"你妈在哪里"的寻常景象。醒来时，未免怅惘，但是山长水遥，这么多年更是"父母在，亦远游"，人生遗憾种种的单子里又添一笔。

但是母亲却常常梦见父亲，醒了还能跟我们说起梦间种种。她做梦，其中最惊心动魄的一次则是完全惊醒了我们。那天深夜，熟睡的我被母亲的呼喊惊醒。叫醒妻子，静听了一会儿，果然是母亲在说话，而且特别大声："你把我一个人留下来，活受罪啊。你怎么说走就走了啊。"听得我们满心恻然，都以为母亲半夜醒了，想起父亲来，一个人在哭。后来我们走到她房间去，才明白母亲在说梦话。我和妻忙着唤醒她："妈，没事没事，你做什么恶梦了啊？"喊了好几声，母亲才突然惊醒过来，却也不愿说什么，就又蒙头睡了。

大约正因如此，母亲对于父亲的祭奠和怀念，即便在美国也总是按着农历日子准确无误一丝不苟。母亲到了纽约不久就是春节，而在老家，除夕之夜自然是祭奠亡灵的一个重要日子。那天，我专门和母亲跑到附近的金麟超市，挑来挑去，挑了极小的一个小香炉。又买了几扎美元冥币，那对母亲几乎是意外之"喜"，换算了好几遍一万美元相当于多少人民币。回来后，她一人小心翼翼地在自己房间了弄了半天，才算放下一桩心事。刚到纽约不久时，母亲因为弟弟离婚这件"丢人"的事情，就常道："我以后没脸再回应庄了。"有一次，母亲跟我们说起在外面认识的其他探亲老人，说："人家问我老公呢？我就说：'老公没过来，我一个人过来帮忙看孙子。'看人家老头老太一起的，自己老公不在了，也觉得丢人啊。"母亲的自尊就这样常常让我觉得不可思议。

其实在父亲的青壮年时期，少小更事的我没少听说母亲对于父亲的抱怨。敏感的少年时期，曾经因为父母吵架而跑到三叔家躲避，回来后又被他们责骂不懂得"劝架"，真是十分不理解，而且百分百委屈。等到离家求学，不再有机会看到他们偶尔的吵架，却也明白在父母三十几年的婚姻生活里，目不识丁的母亲和在供销社上班的父亲相比，永远是处于弱势和逆势地位的，而极端敏感要强的母亲，如果稍有疏忽的话，大约就很容易失去这种婚姻关系里的平衡。

对于父母来说，文化水平上的差异或许还是小事，金钱和经济上的依赖才是大问题，尤其是母亲的大问题：母亲一辈子在乡间劳作，闲时养猪、打草包，收入很有限，还要支付日常家计食用，而我们上学、亲友间来往的经济来源则完全依赖于父亲的工资收入。父亲去后，母亲几乎从不曾说他的不好，却几次客观指出他一辈子"小气"，但又表明父亲从来不乱花钱，不然两个孩子上学对于很多农村家庭来说也是心有余而力不足。

母亲常说的两件事情，一个是多年前两人吵架，母亲生气摔了一个碗，父亲说："碗是你花钱买的吗？你就乱摔！"母亲说当时又羞又气，只有哭的份。另外一件发生在 2001 年我第一次回国，当时让父母一起到北京玩了一周才回家。母亲说去北京之前她想买一身新衣服，但是父亲始终不松口不给钱，觉得她不需要新衣服，最后还是堂嫂先借钱给母亲救的急。显然，母亲对此也一直颇有点耿耿于怀的意思，也难怪当年在北京王府井的女子百货给母亲买了一件五百多元的大衣时父母脸上各怀心思的怪异表情了。

母亲还是知足的。父亲的葬礼上，母亲哭忆道："我跟我的天儿，吃过多少苦，受过多少罪，吃香喝辣的又享了多少福。记得我跟天儿下过上海，上过北京，住在小旅馆里，我不吃不喝也开心……"那时我们一边流泪，一边听母亲哭，我想我终是明白，为什么若干年前吵架后的那些早晨，母亲还是无怨无悔地早早起来给要上班的父亲煎荷包蛋、摊饼、烧稀饭，以她特有的方式把一个农妇和妻子对孩子父亲和自己老公的柔韧和深情，表现和灌注在日常生活的点点滴滴里。

在美国时，母亲又常道："他自己看病花钱可舍得呢！话说回来，花了几十万，到底多活了这么多年。钱去了，可以再挣。老公去了，就再没有了，你们也再没'爸爸'喊了。"母亲还说：这么多年，父亲从来没打过她，没对她爆过粗口，"话不能瞎讲，这点没得几个人赶得上你爸爸。"从小听惯了夫妻对骂不堪入耳的语汇、看多了夫妇打架打到头破血流的场景，这对农村出生、学也只上到初小的父亲来说，确实是难能可贵，大约也因此熏陶了儿子们不温不火的性格。

有了这样的经历，也许就不难理解为什么母亲在美国对回收易拉罐挣钱情有独钟了。父亲天上有灵地下有知，也是更要为母亲骄傲的吧。

十五、后记

这一系列文章，最早是贴在麻省BBS的某个版面的。意想不到的是，在不少人跟帖叫好的同时，也有不少人跟帖骂人，一时让我颇不习惯。时过境迁，那些网上匿名者的攻击之语大多忘了，想去也无非是认为农村老太的种种习惯或行为丢了中国人的脸，或者母亲的婆媳观让某些人出离愤怒，再或者一个凤凰男的种种可讥之处等等。如今想起，也只能是一笑了之，甚至觉得不值一晒而已。

也有不少网友给我留言、写信。有的要求转发文章、分享给自己的父母、亲戚和朋友；有的说，我写的母亲的故事让他们十分欣慰，甚至鼓起了勇气，开始办手续让自己的农村父母来美国住一阵子；也有的问我母亲是否还在美国纽约，可以和他们来探亲的父母一起玩、一起交流，等等。在科大深圳校友办的BBS里，《母亲在美国》被评为他们网站的年度好文，也让我颇有荣焉。

　　母亲在美国期间，我拍摄的一张母亲带着可相睡觉的照片，也曾被《家庭》杂志选用，阐释"陪伴"主题。配合图片的文字说明如下：

　　2008年初，目不识丁的母亲从苏北农村来到美国纽约帮我们带孩子。弟弟在北京将母亲送上飞机，母亲一路胆颤心惊，却也算顺利抵达纽约。初到异国他乡，再加上时差关系，母亲失语、失眠，却又急于进入含饴弄孙的角色。刚一月大的儿子自然还不会说话，吃了睡，睡了吃，但是经常睡不安稳。在某一个午后，母亲和她的孙子咿咿呀呀了半日，最后祖孙俩居然这样香香甜甜、安安稳稳、相依相伴地睡着了。

　　母亲2008年来美，待满一年之后回国，至今已有近八个年头不曾得空再来美国和我们同住。回望之时，我常常感激那一年母亲在美国帮我们带第一个孩子，也十分欣慰我当时写下了这十几篇文字：有些心情和文字，是会随时间之流流走的。

　　那次回国后不久，弟弟在南京买房结婚，而老家又适逢拆迁等等变化，母亲也就只好跟着弟弟迁居南京。如今，我们和母亲之间的交流常常只限于一周一次的电话而已。有几次，我接连在法拉盛碰到那位曾跟母亲颇谈得来的上海妇人，她问起母亲近况，鼓励我方便时候再接母亲来美国。当初在飞机上安慰她、下飞机后又带着她出机场的再文女士，因为各种社交媒体的发达，如今和我也算网友了。前不久她还在微信里对我说："我非常欣赏喜欢你妈妈。"电话里跟母亲说起这些，母亲欣欣雀跃，说："都是好人呢。去美国一趟，遇到不少好人呢。这世上，还是好人多啊！"

后来，还在网上看到一位科大师妹的评论，说我是"诚心为母亲立传"。我不禁暗自欣然：大概是这样的吧。母亲这么个人，是七个兄弟姐妹的老大，属虎，确也如虎般，有性格，有胆识，让我常常想说："我也有虎妈"。她更有一颗温柔敏感的心，且把这心质遗传给了我，而我十分欣慰的是，那么一颗心之外，我也还有这么一点才情，可为自己的母亲写下一些文字。

2009年~2015年

纸上出走终觉浅

　　小时候，因为父亲常年在供销社上班，有时一个月才能回家一次。繁重的农活和照顾两个男孩的责任，就全落在母亲身上，母亲也因此是我们家偶尔唱红脸的那位。我们若做了错事，母亲轻则喋喋而骂，重则揪耳以罚。多少年后，我二婶说起妈妈训打小孩的凶态，依然绘声绘色："看你那个死样子，牙一咬，眼一瞪，手一举，不说小孩子给你吓死了，大人看到你都怕三分！"在母亲的严格管教之下，我和弟弟倒也很少犯出格的大错，但碰到母亲脾气不好的当口儿，也只好自认倒霉。

　　我们家和当时的许多农村家庭一样，直到八十年代末才通电，那之前则一直用煤油灯照明。使用煤油灯，自然也有许多相应的"技术活"要做，比如要打开灯罩、擦洋火、点燃灯芯、再把灯罩罩上，每隔一阵子就要把灯罩内壁的黑灰擦干净让灯火再明亮，要换灯芯、捻灯芯、剪灯花等等，自然还要人工"加油"。

　　有一次，在厨房烧晚饭的母亲让我和弟弟给煤油灯"加油"。在昏暗的暮色里，我们一边打闹嬉笑，一边合作加油，却一不小心就加过了，煤油溢了一地。两人抢救不及之际互相抱怨，乱上添乱，又摔了灯罩。

　　母亲在厨房里等着煤油灯照明弄晚饭，听到动静，急匆匆跑到堂屋来，踩到地上的玻璃碎片，看见没有灯罩罩着的、熊熊燃烧的硕大灯芯，又马上闻见刺鼻的煤油味，顿时火冒三丈。狡猾的弟弟眼见形势不对，赶紧溜走了。

母亲一边忙着收拾残局，一边开始喋喋不休说："这么大孩子连给煤油灯添油都添不好。你弟弟小你四五岁，不懂事就算了。你也不懂吗？你长大了能有什么用？除了读书，你还能有什么用？你是老大，十几岁的人了，一点都不晓得好歹，作践洋油，作践钱。你以为钱是流水流来的？不要苦不要挣的？"

说着不解恨，再又见我一句话不说，母亲更生气，就使出她的绝招：咬牙、瞪眼、扬起手来使劲揪我的耳朵："你说你长着个耳朵到底有什么用？"

因为父亲的职业，我们家里的煤油供应比别人家更好一些，没有窘困到日落就准备上床休息的程度。但在每家每户都几乎捉襟见肘的年代，大人们都是恨不得一个钢镚分成八瓣儿来花的。母亲一方面心疼煤油和钱，一方面恼火于要收拾残局、要忙晚饭。辱骂和责打我这个大儿子，亦是一个母亲情有可原的一时冲动。我不敢回嘴辩解，但也忍着眼泪、犟着脾气不认错，那一刻对母亲满心愤懑，却又无计可施。

事后两三天，我都不跟母亲讲话，且最终在煤油灯下拿起圆珠笔，在父亲给我买的日记本里开始连载自传体小说。小说里一家四口，弟弟被换成妹妹；主人公哥哥"我"如何因为种种小事被母亲责骂体罚，心生怨懑到离家出走。"我"流浪在外，忍饥挨饿之际开始小偷小摸，最终因此被抓，成了少年犯，送到内蒙古之类的边疆地区去劳改。在那里和少数民族的女子成家、生孩子，又在贤淑妻子的劝说下，带着小孩回家看望母亲。不想母亲因为后悔当初责骂儿子害得他离家出走，又被父亲埋怨，最后不得不留下唯一的女儿在家招婿。虽然日子渐渐好过些，但是母亲念念不忘多年下落不明的儿子，想起来就要抹眼泪，最终哭瞎了眼睛。等到三十多岁的儿子带着孙子回家来，后悔莫及的母亲痛哭流涕……

显然，这拙劣的故事情节里也反映了当时的一些社会现实，比如社会上对各种犯罪的严打以及武侠小说和影视的流行之类。十一二岁的我自己，愣是被这个日记本里的故事感动，又忍不住把自传体小说给堂姐爱珍看。爱珍是个急性子，一边看，一边就掉眼泪，大大满足了我的虚荣心。这样的"文学成就"之下，母亲的那一顿责骂倒似乎无关紧要了，甚至还要感谢母亲和生活给了我这巨大的灵感。

这一次的落于纸上的、想象里完成的少年时期的"离家出走"，也终于会在我的生命中演绎，虽然是以更为平和的方式。对我来说，逐渐成长的过程，也就是离家出走的过程：比如十八岁出门读大学，再比如二十六岁决定远渡重洋来美读博士。

对识字不多的父亲来说，出国留学的这个决定自是不可理喻。他几次三番劝说我在国内找个工作成家立业，我却坚持己见。最后一个寒假，在出国几成定局的情况下，父亲和我在饭桌上争辩了一番。他认为我是"读书读傻了"，乃至眼含热泪、拂袖离桌："你这么出国走了，不仅对不起你妈和我，也对不起这片生你养你的土地。"说得我也要哭出来，只对着他的背影，勉强小声辩道："哪里有那么夸张？又不是一去不回！"

这件事最终倒是母亲劝说父亲："儿子大了，就随他的意吧。自己的儿子，不会白养的。"父亲最终还是四处奔波，为我筹齐了那时出国要准备付给国家的一大笔培养费以及昂贵的飞机票费用等等。

我那时当然不知道，那样的"离家出走"，对自己来说其实是一条不归路。好也罢，坏也罢，人生只是不断向前行驶的列车。如今人至中年，我也渐渐理解乡愁的重量，知道"纸上得来终觉浅"的道理。而我少年时写在日记本里的离家出走的故事，纵然有可笑、拙劣和浅薄的一面，却又似乎昭示了我跋涉在人生长途里可能作出的一种选择。

大厨父亲

父亲一生做过许多职业。他上到初小毕业，就在生产队里记工分，还学会了针灸，一度为村邻们扎针治病。后来他因缘际会去镇上的饭店上班，饭店隶属于供销社系统，此后多年他站过柜台，经营过旅社，做过收购站经理，也曾一度回到当初的镇上饭店当主管。而对我而言，父亲曾是最好的大厨。

父亲少年时去当地的运南闸镇上饭店做工，从学徒做起，先是挑水，后来打烧饼，乃至包馄饨、煮饺子、下面条等等，也曾一度做大厨，所以他对自己的厨艺和基本功颇为自信和自豪。而说起淮扬菜里的淮菜口味，我最初的认识也只是来源于父亲的手艺而已，比如烩饦子（肉圆子）、软兜长鱼、烩蒲儿菜等等。

有个在南京的表叔，几年前和我说起父亲，还记得他少年时候每次路过运南闸就去父亲的饭店里，坐下来就叫："四哥，我肚子饿了！"当值的父亲给表叔下的阳春面，料最多，味最好，一直是他记忆里最好吃的面条。一碗面条在记忆里的滋味好坏，大约不光是决定于原料和手艺，也更决定于人和人之间的情感吧。

我则记得有一年冬天，我冒着大雪从学校赶回家，先到镇上找父亲。父亲看我冷得直哆嗦，转身去大厨房，不一会儿就端了一碗热气腾腾的蒲儿菜烩汤出来。蒲儿菜是淮菜里的一道名菜，因为有梁红玉抗金的传说而凭添许多传奇色彩。我本来不喜欢吃这道菜里面的肉皮，对蒲儿菜本身也不过尔尔，却从此对这道菜有最温暖的、关于故乡和父亲的回忆。

逢年过节，父亲这个大厨的身份也延伸到家中，也总是他最忙的时候。过年时候自不必说，煮猪肚汤、斩肉糊子、烙肉圆子、烧鱼、炸鱼丸子、做水糕、包包子、搓汤圆、炸春卷……五月节包粽子，夏天烧软兜长鱼，八月节做月饼，平常时候下一锅风味独特的猪肝面等等，这世上似乎没有能难倒父亲的美食。

等我们渐渐长大，供销社的工作也不像七八十年代那样严苛到一月才能休一天假，父亲在家休息的日子多一些，就常有办红白喜事的亲戚、村邻等请父亲去帮忙做大厨。做大厨的时候，父亲第一天晚上就要给主事人家开菜单，指点他们第二天一早要去集市上买哪些新鲜食材，鸡鸭鱼肉菜蔬水果，或以只论，或以斤计，既要办得体面风光，又不能浪费银钱。父亲开出的菜单总是让主人家连连点头称是甚至感激不尽的。

到正日子，父亲一早就去主事家忙上了。坐席的一共是几桌，每一桌八位客人，肉圆子要二十四颗，鱼要两条，冷碟需四样，炒菜要四盘，开胃的山药豆腐羹要一大碗，鸡肉一盆，鸭肉一盆，红烧肉各一碗，条件好点的牛肉羊肉也可各烧一份，此外还有蒲儿菜之类的烩烧菜两三样，最后还要一大份汤。对贪杯恋酒的人，也要提前额外准备卤花生米、芹菜炒肉丝之类快捷方便的菜式。

等到客人们酒足兴酣，父亲往往被请到主要客人席前做个介绍。他一般谦虚地请大家多包涵，说："菜式太少，咸淡也不一定合大家口味。"客人们则大赞他烧的菜好吃，又纷纷敬他烟抽。那时的父亲微胖，忙碌起来更是红光满面。待到天黑回到家中，总是疲累，却又总是骄傲而满足的。

然而，成也大厨，败也大厨。许是不忌口的缘故，五十岁那年，父亲忙完自己的生日宴后，身体不舒服，去医院检查，发现自己生了糖尿病。此后十年，他又断断续续地染上其他疾病。父亲于是早早办了半退休手续，身体每况愈下时，便也不再给人帮忙做大厨了。家里的厨事，也因为我和弟弟先后离家读书和上班而渐渐少起来，渐渐让母亲一人承担了。

我研究生毕业那年的暑假，独自在学校忙着准备出国的各种手续，父亲到合肥来帮我把一些衣物、书籍等等先运回家。那时候，父亲已患糖尿病两三年，饮食上颇为忌讳。暑假里，学校食堂开的时间短，也更乏善可陈。于是，我就带父亲去科大西区门口的黄山路上一家小吃馆里吃饭。大夏天，又只是父子俩，点的不过是梅干菜烧肉之类家常小菜，然而在合肥，却又多少是徽菜的风格了。

父亲起初说我菜点多了，吃的时候也十分犹豫不决。我只疑惑他或是忌口，或是不习惯。吃完了，他要了牙签剔牙，我跟老板结账。等我付完钱，父亲起身离桌之际，忽然意味深长地说了一句话："现在是你请我吃饭了！"我一时明白了，他举箸动筷之间，眼神里的犹疑和失落，竟是有暗暗的喜悦和隐隐的忧伤藏着的。

后来，我在美国读书、工作，偶尔在异乡学着父亲的样子烙肉圆子或者下面条，却全不是旧日滋味。而父亲，在故乡辗转于病床和病床之间，在病痛缠绵之间不停老去。我偶尔回国回家，父亲再不能、也没心思做饭做菜。在忍受了太多的病痛折磨之后，父亲最终选择了放弃治疗，于八年前离开了我们。此后再回乡，我每每和同学朋友在老家的饭店里聚餐，重新认识和饕餮各式故乡美味时，却总会不自觉地想起父亲，这个名不见经传的大厨，曾经一回又一回为我们烧制了各式家常美食的大厨父亲。

送别两种

父亲冒着大热暑来帮我带东西回去。我是宿舍最后一个走的了，他们留下的东西也被父亲和我清理了一遍，有价值的方便带走的几乎全部打了包。三个编织袋，两个大箱子，还有一纸箱的书籍，看着就犯起愁来。

自己有点破烂事情，不能跟父亲一起走，更增加了难度。托运不行，坐汽车搬上搬下也不妥当，只有邮寄了，又怕太贵。父亲说："你别管我怎么办，一路到家就是了。"我冷笑道："爸，你别以为自己好能啦，这么热的天，六大件……"父亲坐在杂乱的宿舍里抽烟，瘦而且黑，他的头发这些年谢得越发利害了，眼睛里也没有了光泽——人怎么说老就老了呢？真的有点不信这就是当年胖胖的、红光满面的、谈笑风生的父亲，那个让我走到同学面前带着几分自豪的父亲，那个让我可以交托一切事宜的父亲。

我真的不放心他一个人带许多行李走，于是到底跑到邮局去，打听了价钱等等，还可以接受，于是把五大件邮回去。只新买的大箱子让父亲随身带回去。

晚上去亲戚家吃饭，要买点礼物，自己做主买了一条黄山烟，父亲心疼两句，却也没多说。一路的士到东市区，父亲坐在后面，说：怎么变这么远了……邮寄包裹，买东西，打的，父亲只是配角，所有的钱从我手中出去，和八年前正好倒了个儿，父亲有些坦然又有些不自在的神情让我心酸。

八年前，父亲身体很好，送我来科大，一路上父亲打听走法，到了学校帮我办入学手续，买菜票，整理床铺……我只是默默地跟着他，是一切事宜中忙碌着的父亲的配角。

还记得那一早送父亲回去。早晨六点的汽车，父亲四点多从住宿的一号楼过来，叫醒三号楼三单元楼下的大爷，到349宿舍门口，敲了许久的门，我才醒过来。手忙脚乱地洗漱，父亲一边吃前晚备好的早餐，一边说我睡得怎么这么实沉。

两个下楼，又叫开了大门，黄山路冷冷清清，秋天早晨的凉意至今犹可感觉。

一路走到金寨路，五点多了，天将将亮。

父亲等到首班中巴，想想说："这个贵点，大公共汽车还没来呢，就坐这个去车站了。你别去车站了，花钱又费事……有什么事情写信来家；再给你五十块钱吧，我上了车就不用钱了……"

父亲就那样上车，中巴启动时，爷儿俩挥挥手，自己忽然要哭起来。我一个人留在了陌生的城市，开始新的生活。

新生活也成了旧生活，留这儿的人也成了要走的。我从十八岁的少年成长为二十六岁的青年，父亲呢，在这八年里生了四次不同的病，两次开刀，都是脑和腰间的要害部位。从四十出头的灿烂中年一下子过渡到疾病缠身的半百，身心俱疲，和命运与衰老顽强无奈地抗争。父亲最常说的话已经是："如果我身体好，五十二岁算什么……"

那早送父亲先回去，叫了的士进来拉箱子，到长途车站，给父亲买了去南京的凯斯鲍尔车票，领他去候车室坐着，自己又给他买水和茶叶蛋（因为生病，他已经不能随心所欲地吃各种食品）。看父亲有些拘谨地喝水剥蛋壳，忽然又有些酸楚起来。

上车，帮他把大箱子放好，又跟上去告诉他怎么调节上方的风口，下来，又上去给他钱，说"万一路上不够怎么办"；下来，又想上去告诉他这车上有厕所的，却最终没有。站在那里，看车启动开出，叹了口气。父亲，真的老了，要我这样地去看顾了。

一个人回来，收拾残局，找另外的栖身之处，晚上在实验室等父亲的电话。九点不到，父亲就打过来了，说平安到家的话。闲问了两句，挂了电话，长长舒了口气。

1998年7月18日

父子对话

  星期五傍晚六点半的通勤火车上，人总比往常要少，空位很多，因此就多了一些选择的自由。我走到常坐的最后一节车厢，找了一个中间双排相对的位置，靠窗坐了，大有一个人占了两排的奢侈感。我把双腿翘到对面的座位上，想象着一路可以欣赏窗外的风景，更加惬意起来。

  一个年轻人匆匆赶来，坐在同排座位里靠走廊的位置。他肤色微黑，头发略长微卷，一坐下来就打电话，说他坐在哪里，想是在和一个朋友约好了碰头。我下意识地往窗边靠了靠。火车快开之际，一个中年人气喘吁吁地赶来，在年轻人对面坐了。年轻人这时收了手机，笑着说了一句："你赶上了！"

  这两个人就絮絮地说起话来。我拿着手机闲看，却听了一耳朵。原来是父子俩，儿子平常在城里住公寓，周末回家，因此和日日通勤进城的父亲约好了坐同一趟火车。说起来，这个中年人倒是常在火车上见着的。他的肤色介于白人和印度人之间，又留着一头及肩的发，经常拎提着一辆自行车上下火车，因此颇为引人注目，只从没想过他的儿子已经是二十多岁的年轻人。现在看他们相似的肤色和发型，倒还真有些一家人的感慨。人和人之间的了解乃至窥测，就是这么一点一点积累起来的呢。

不久，就有隔壁座位的人和这个父亲打招呼。父亲指着儿子不无骄傲地介绍道："这是我的另一个儿子！他在曼哈顿上班，今天回家来看我们。"儿子点头示意，面上浮现一点点年轻人的矜持和不好意思。和邻座寒暄完了，父子俩接着唠叨。儿子说他的主管今天表扬了他的工作，要让他承担更多的职责。父亲很高兴，祝贺儿子，又说年底他看来有望升职了，连连说道："我真地好为你骄傲！"

听到这里，我竟是有些好奇、也有些感动了。我本人在美国职场辛苦了十几年，却想不起来可以和谁说说其中的甘苦滋味。而我的父亲，已经去世十一年了，但父亲和我之间的一些对话，却在这一个晚上，因着这一对父子的对话，而回涌到脑海中来。

很小的时候，父亲在供销社上班，算是我们村子里的体面人。那时父亲给别人介绍我和弟弟总是说："这是我们家的两个小鬼。"四十多年的人生里，想去也只有父亲曾用这么有趣有爱的称呼介绍我们。后来我出国，父亲生病，每次回国都是去医院看望他。父亲见着我，总是十分高兴，迫不及待地向同房的病友们介绍："这是我的另一个儿子，从美国赶回来看望我的！"父亲那一份溢于言表的欣慰和骄傲，而我面上浮出的一丝不好意思，和旁座这一对印度父子的反应，竟是如出一辙呢。

没几分钟，火车就开到地面上来，外面是将暮未暮的晚春的黄昏。我时不时微笑地看一眼这相对而坐的父子俩，有意无心听着他们的谈话，思绪也不断飘回我和父亲的对话上去。

到后来，我硕士毕业了准备出国。父亲虽然认识几个字，但对美国所知甚少，更觉得我读完硕士就该安安分分找个工作、成立家庭，所以十分反对，力劝我打消出国的念头。我据理力争，说到美国读一个博士学位是很多人努力了很多年都没达到的梦想，而我怎么可能放弃已经近在眼前的大好机会。父亲就说当初就不应该让我读重点高中，然后又考重点大学，大学完了又读研究生，现在还要远走高飞到遥远的美国。父亲说他更宁愿要一个可以在身边可以天天看见、可以侍茶弄水、可以嘘寒问暖的普通儿子，而不愿要一个听上去十分好听，读了土硕士又要读洋博士但是却要三五年见不得一面的儿子。我也急了，说父亲目光短浅，给了我翅膀却不让我飞，是在摧毁我的"鸿鹄之志"。最后，我哭了，父亲也哭了。父亲说："你到美国去，你就是对不起养育你这么多年的我和你妈，对不起这片养你的土地！"

年轻的我觉得父亲言过其实，坚持着自己的决定。父亲呢，虽说了许多，最后还是向亲戚朋友借钱，帮我办理出国的各种手续。十多年过去，我在美国又读了个硕士学位，然后在纽约找了工作谋生，而父亲的身体一年年恶化，等我刚成家，他就因病去世。"子欲养而亲不在"的人生遗憾就在自己身上上演了。

那一年，母亲和弟弟通知我，饱经病痛折磨的父亲决定放弃治疗，让我们尽快回家见他最后一面。我和妻子匆忙订票回中国，在北京等待转机的时候，给家里打了个电话。父亲叫母亲告诉我们："你们不要着急。我还有几天才会走呢！"在机场，听了母亲的转述，我真是几欲笑又几欲哭。一个父亲爱护孩子的心情，即便在他就快去世之际，就在儿子已经是三十多岁成年人的时候，也依然没什么本质的不一样。

十一年后，这个异乡的黄昏里，我听着身边这对父子的对话，想起父亲临终前的这一句嘱托，依然有既要微笑又要落泪的冲动。在曼哈顿独身而居的日子，我曾经一度计划着接父母来同住。父亲本是爱玩的人，因此也对来美充满向往，在电话里经常问这问那，比如纽约大米的价格。父亲大约不知道"长安米贵，居大不易"的典故，却深深晓得儿子独自在外生活终归会有各种不容易。问米价几何，大约也只有父亲，这个有情又有些世故的人，才问得出来的吧。

星期五的晚上，火车似乎也有了放松的意思，一路晃晃荡荡开着，那一对父子则一路絮絮叨叨地说着。父亲告诉儿子他最近加入了美国网球协会，找到了一个双打的队友，期待着在水平较高的队友的带动下，能把自己的网球技术提升到一个新台阶。

我一直对网球有兴趣，听到这话题，亦觉有意思，眼风不由得从手机屏幕转向父子俩。那位父亲似乎也认得我，跟我微笑着点头致意。我想起这位留长发的父亲，平常戴着自行车头盔，搬弄着折叠式自行车上下火车，颇有些怪异的感觉。

这一晚，听他和儿子之间的闲闲的家常对话，对他竟然油然而生好感了。那儿子听了他父亲的话，不停地鼓励起父亲来："我觉得你肯定行的。你只要多打比赛，一定能继续提高你的网球水平的。"

命运总是有趣。父亲生了我和弟弟两个儿子，弟弟和我也各自生了两个儿子。这两年正是两个儿子喜欢各种球类的时候。在篮球、足球之外，我一直怂恿并期望着他们能对网球感兴趣，这样的话，再过几年我们一家人就可以打网球玩了。可惜的是，两小子目前还不曾表现出很强的兴趣。庆幸的是，我们也还有其他话题可聊。

小儿子话多。周末我早起带他出去散步，为的是他一直有些胖乎乎，我们又狠不下心让他节食，因此我就想带他多锻炼锻炼。一路上，他问题不断，诸如最初的人类怎么来的，上帝到底存不存在，有毒的常青藤是什么样子的……我被他问得疲于应答，却又满心欢喜他对这个世界的热情和好奇。

老大是父亲去世那年出生的，一转眼，已经要小学毕业了。前几天刚刚参加了学校的毕业旅行，算是第一次离家远行。回来后，我们问东问西，他也兴致勃勃，跟我们讲各种旅途和野营地的见闻。末了，他问我："你这两天怎么样？"那样平常的话语，从十岁儿子的口中问出来，忽然让我愣住并感动。面对着一个就要可以和我对等交谈、和我互相关怀的儿子，我心里也不由涌起身为人父的骄傲和欣慰。

就像这个星期五晚上的火车里，听着这一对父子的对话，感慨丛生。犹如一切其他简单的生活细节和人生情节，提醒我们日复一日、年复一年、一代又一代地往前走，什么是生命和生活得以延续的动力。这样的对话和交流里，儿子成长，父亲也成长，记忆日益成长，而人生的意义也就此有了更丰美的可能。

父亲的肉圆子

周末时，朋友来家里吃饭，忽然说起红烧狮子头和淮扬菜，并问我是否知道淮扬菜是指哪里的菜系。他的话叫我几乎哑然失笑，反问他道："你知道'淮扬菜'里的那个'淮'指什么地方吗？"他还真不知道，我又得意了一把："就是我的家乡——淮安啊！"

确实，他不是第一个只知道"淮扬菜"里头的"扬"是指扬州，却不知道"淮"指何地的人，大约也不会是最后一个。不过他说的"红烧狮子头"这一品菜，大约算不得淮菜。淮菜里头倒是也有一道类似且名声远扬的菜肴，叫"钦工肉圆"的便是。

钦工乃是淮安的一个镇，有民谚如此盛赞当地的肉圆子："钦工肉圆撂过墙，拾起还是圆又光；掉在地上跳几跳，吃到嘴里嫩又香。"说老实话，我从不曾尝过钦工肉圆，看了这歌谣，更让我对钦工肉圆有些生畏。但肉圆子确是我喜欢的淮菜一种，因其家常性，大约也是吃得最多的。最喜欢的也常常怀念的，是我们当地人做的肉圆子，尤其是父亲做的肉圆子。

在农村，逢年过节，或是庆寿，或是新婚，总有各种酒席，吃的便是地道而家常的淮菜，有几样更是印象深刻，甚而历久弥新，在异乡想起来，或许还有催生口水、引发乡愁的可能。肉圆子就是其中最普通又让人最难忘的一道。

在我们那里肉圆子却是有另外一种更流行的叫法的，就是"坨子"，也就是扬州人美其名曰的"狮子头"了。坨子虽谓普通菜肴，在那些物资匮乏的日子，也不是每日能吃的。要吃到父亲亲手做的坨子，往往必须等到过年，等到大年三十，家里才有这么一道大菜。父亲做这菜要经历这几道工序：斩肉糊子、炸坨子和烙坨子。

所谓斩肉糊子，就是把一块精良的猪后腿肉处理成细腻稠滑至恰到好处的一团肉糊。那时没有绞肉机，所以要拿菜刀"斩"。一团连肥带瘦的肉，在砧板上切成小块后，再反复地以刀锋和刀背来叠压、切剁、斩割，直到肉质密不可分、成一团糊状。

早年时父亲在供销社上班，过年时节往往是最忙的时候，因此他常常到大年三十才有空斩肉糊子。为了效率和力道，他每每双刀劳作，厨房里就有"咚咚咚"斩肉的声响，此起彼落，几如擂鼓，清楚响亮地传递出新年的喜庆和热闹。

肉糊子斩到一定程度，要调入适量的面粉、蛋清、勾芡、姜丝和葱花，再细斩，然后兑上食盐和油，最后把这些作料与肉糊和匀到适宜的稠浓和滑腻。到此时，算是万事俱备，只欠东风。

打下手的母亲，早开始烧油锅。等锅里的油热了，父亲就左手抓一把肉糊，握紧，从拇指和食指的虎口缝隙里挤压出一小团，右手拿汤匙接住，再甩进滚滚的油锅。不一会儿，锅里就漂起一层黄灿灿、油亮亮、扁扁圆的肉坨子。一盆肉糊子全部下完，必有四五锅坨子的工作量，往往要好几个小时才能完成。那一个冬天的下午，一锅油、一锅坨子散发的香气直飘到屋顶，又被回撞下来，塞满了厨房，又从门窗里溢到外面临近新年的空气里去。

　　我和弟弟总是最先尝的。父亲会象征性地问我们咸淡和老嫩，母亲则忙着叫我们端几个给二叔三叔家尝尝，那神态里不无炫耀。按规矩礼节，几兄弟家一直互换互尝。而父亲做坨子的手艺、功夫和火候总是没人能比的。爱说话又骄傲的三叔会说："还是老四做的坨子嫩些！手艺比我们好！"木讷却不服输的二叔会说："他们家鸡蛋放的多啊！我们家砧板也没他们家的好！"

　　坨子是过去淮安乡下人办宴席时必上的一道大菜，通常分得很仔细，比如一桌八人，每人三颗等等。运河东岸人家与运河西岸人家的规矩又略有不同，比如河西人多做汤坨子：坨子是在滚水里煮熟的，色泽偏白，味道稍淡，必要和其他蔬菜再混烧了才好吃，有点类似于前面所说的钦工肉圆。河东人则多喜欢在油锅里滚炸，真正上席之前，往往还要下锅烙一次，所以叫"烙坨子"。烙过的坨子色泽红亮，可以自成一菜上桌子，也可与其他蔬菜配烧而相得益彰，也是我更喜欢的肉圆子。

　　因为父亲的坨子做得好，也常成为母亲回娘家时送外公外婆等亲戚长辈的一道好礼，可让他们在家常的粗茶淡饭里添点肉味，也品尝点大闺女的孝心。到后来弟弟在城里成家生孩子，父母去看望时，常常在家做了几十只坨子，和积攒的几十颗草鸡蛋一起带去，算是他们爱子爱孙疼媳妇的最朴质、最家常的表示了。

　　刚到美国时，在国内几乎从不曾下厨的我也开始学着做菜"养活"自己。而我最早尝试着去做的一样菜，就是肉坨子。好在这边超市里常有肉末儿卖，连绞肉机也不用了。然而自己做出的肉圆子，跟记忆里父亲做出的味道总是大相径庭。

　　就像现今年月，每每在微信里看到朋友们贴出的淮菜图片，一碟一碗的色相缤纷，十分诱人，却似乎又总不是自己记忆里的那份品相、颜色和味道。每到年关，我倒是常常想起父亲，父亲的淮菜，父亲做的肉圆子了。

一道淮菜里的乡愁

　　周末去法拉盛的中国超市买菜。儿子们看到超市塑料大盒子里养着的黄鳝，大惊小怪地以为是蛇。我用英文解释一遍，他们又"噢"地一声，想当然地以为那是鳗鱼或者带鱼。我一时解释不清，几觉有口难言之际，忽然想起老家人其实是把黄鳝叫作"长鱼"的，倒是十分贴切、形象的名字。却因此，又想起"软兜长鱼"这道夏日淮菜来。

　　这两三年，因为微信，和很多旧日故乡的朋友有了联系。大家在朋友圈里时常晒的、转帖的，自然少不了吃，少不了有关故乡淮安人的吃，少不了各式"淮菜"。

　　话说回来，对各类文章和帖子里说到的淮菜，我却多少有些茫然。我在淮安生活到十八岁，前面十五年在农村度过，然后在城里读了三年高中。那时我不谙世事，口袋里没几文零花钱，心态上也没有下馆子吃饭的底气和勇气，所以对饭馆里的淮菜并没有多少直接的印象和体会。

　　唯有一样淮菜，是极家常的夏日菜肴，却又异常鲜美，在别处且不容易吃着。这菜的名字叫"软兜长鱼"，在别处也似很少听说。

　　所谓长鱼，就是"鳝鱼"或"黄鳝"了。江淮地区盛产这种黄鳝，肉嫩味美，而且营养丰富，在夏天的河畔田头又到处可见，因此是十分民间又流传甚广的一道菜。据说有名厨曾以鳝鱼为原料，做出108样佳肴，史称"全鳝席"，听得人垂涎欲滴。

到夏天，黄鳝出没于河边田埂，当地便有许多人以此为业，走沟穿渠地或捉或钓。以此为业的人家，每每黄昏时候就出门"张椏子"。这里的"张"，其实是"放置"的意思。而所谓的"椏子"，乃是用竹篾子编成的T型竹筒，竹筒有盖，呈漏斗状，筒内置蚯蚓，以其腥土味和夜里发出的亮光来诱惑长鱼入筒。因为筒盖外口大，内口小，放在里面的蚯蚓不得出，长鱼一旦游入也更难全身而退。

"张椏子"的人在前一天晚上把这些椏子们放在田间水畔，第二天一早再去收回。到家后，再把每一节"椏子"打开，倒出里面的长鱼，每每收获颇丰。我的二舅多年以打鱼为业，也曾是"张椏子"的专业户。

不那么专业的人士往往就像钓鱼一样来钓黄鳝。不过因为黄鳝们多昼伏夜出，而农人白天或不得空，或嫌天气太热，因此趁着夜色去钓长鱼是夏日夜晚的一大消遣。在夜间，鳝鱼喜欢从洞里探出大半截身子、把头伸到水面上来捕食蚯蚓等虫类，因此也是它们最容易上钩、最易被掐缠活捉的时候。我们在房前院中纳凉之时，常可见田间埂头有三三两两的农人提一盏煤油灯出没，灯火起伏伴着蛙声高低，亦是一景。

我家弟弟也曾是个钓鳝能手。他不仅喜欢在晚上随大流、提一盏煤油灯招摇过"田"，还常常中午不睡午觉、跑出去钓黄鳝，晒得满头大汗且脸色黝黑，那时常被大家笑话，说他是条"黑泥鳅"。弟弟钓得的长鱼，一天或不过三两条而已，一般多拿回家放小水缸里养着。积攒多了，或拿到集市上去卖，或就近救急，卖给需要请客、却又来不及去市场买菜的村邻。弟弟卖长鱼所得的钱，曾经支付过他好几年的学杂费。就这点来说，我这个兄长一直自愧弗如。

一个夏天，总有那么两三次，或是有客来，或是自家打牙祭，弟弟自愿贡献一两斤长鱼出来，父亲也乐意下厨一显身手，我们就跟着一饱口福了。

烧制长鱼，先要烧一锅滚开的水，然后把长鱼从缸里捞至盆中，换水给它们净身。如此几次后，把水倒光，掀起锅盖，迅速地将长鱼倒入滚锅中，再死死盖紧锅盖。起初还能听到长鱼挣扎窜起、撞击锅盖的"噗噗"声响，不几分钟，也就渐渐归于平静。一时开锅，长鱼已经死透烧熟，却依然肢体完整，并无破烂之相。

父亲先用长筷将它们从锅中捞出，然后坐在桌边，拿准备好的竹篾子划长鱼。他用一根短篾子钉住长鱼的头，再用另一根长篾子，从长鱼的头颈部往尾部一划，就把鱼体一分为二，一半是肉，一半是肉裹着鱼骨和血柱。长鱼的血，经热水猛烧，已成固态血柱，颜色微紫、略红、稍黑，和鱼肉、鱼骨的颜色也各自泾渭分明。父亲拿长竹篾子再划两次，长鱼就不仅骨肉分离，也血肉分离，只剩下鱼头和鱼骨架孤零零地在那里。父亲再小心地把鱼头周围残留的一些肉剔除干净，就算处理完一条长鱼了。

临末，七八条长鱼就变成三四十根肉条和血条。父亲先把它们头靠头、尾靠尾地码列整齐，再齐齐切成几段，放在盘中就已是悦目而诱人口水的一堆食料。长鱼肉色褐黄，长鱼血是紫红发黑，和紫色洋葱、白色蒜头、青红二色大椒，或再加上黄色鸡蛋，一顿爆炒之后，就可享用。

这一样菜，色相缤纷油亮，口感香滑软腻，叫人完全忘却了因长鱼类蛇而生的厌怕，或者目睹长鱼下滚锅而隐生的那种残忍。吃这道菜的时候，才能体会到为什么叫"软兜长鱼"：因为长鱼的肉质软腻，又是长条状，仿佛小孩子围兜的绳系，是有此名。

离乡廿六年，出国也已十八载，不想如今在纽约的华人超市里，却也能常常看到长鱼了。我不善厨事，也常以"君子远庖厨"自我安慰，只是看到长鱼时，故乡和童年就不觉在眼前闪现。十一二岁的弟弟在夏夜拎一盏油灯出没田间的旧景生动如昨，而父亲烧制的"软兜长鱼"的美妙滋味仿佛犹在眼前舌尖。

"当时只道是寻常"，却全没想到这一道叫"软兜长鱼"的家常淮菜，会在人到中年之际、身处异国他乡之时，常常不设防地来勾起我的乡愁了。

执子之手

　　小女儿快两月大，朦朦胧胧似乎能看清人了。看清人之前，她却似乎更依赖于味觉和触觉来感知周围人事。在医院的两三天里，护士就要求太太白天带着婴儿睡觉，说是可以让孩子熟悉母亲的体温和味道。

　　回家后，我时常抱着她，给她喂奶，或者哄她睡觉，她的一只手则经常满满地、紧紧地攥紧我的半截指头。我每每试着掰开她的手，却换来她更紧的抓握。看着她细细小小又白白嫩嫩的五根手指，和我的食指或小指相执相依，那份信任和依赖，确叫做父亲的我从心底油然而生无限的保护和宠爱之情。

　　我犹记得老二小时候睡觉，有很长一段时间他都习惯于我们抓着他的手进入梦乡。而等他睡熟，我们渐渐松开手，他也终于能够翻个身，踏踏实实睡着了。

　　如今日子，我每天早上送老大老二上学，为安全起见，常常左手牵着老二、右手拉着老大走路。可是他们到底慢慢大了，有了自己的主意，有时互相追赶躲脱，有时要跑，又有时要跳，于是时不时就挣开了我的牵握，径直前去，害得我经常跟在后面破口大喊"停住，停住！"而他们往往要等到过马路的时候，才不得已地停下来，再老大不情愿地让我抓着他们的手。

饶是如此，快五岁的老二还总是咕咕哝哝，要么抱怨"爸爸，你抓得太紧了，都把我抓疼了！"，要么批评"爸爸，你走得太快了，拖得我不舒服！"，倒常常叫我哭笑不得。

老大七岁，更懂些事理，却也不乏让人尴尬的时刻。每天早晨，在学校大门口，总有父母和子女亲热作别，有的还喜欢亲吻一番。我们一向没有这习惯，只是拍拍肩、拉拉手而已。

有一天老大问我："有些父母和孩子为什么要那样？"我说："他们怎么样？"老大说："你知道的，他们又亲吻又拥抱的。"我不觉发笑，只好说这是某些父母和子女表达亲密和爱意的方式而已。七岁的小子就表示恶心地"哦"了一声，却又道："我觉得还是我们的拉拉手好一点。"

因此，我倒不时想起"执子之手"这句话。都说这话是指情人间的承诺，所谓"执子之手，与子偕老"。我如今却喜欢把这个"子"解释成"子女"：抓握自己孩子的手，陪伴、感知和引领他们的成长，何尝不是一种温暖而动人的人生姿态？

当然，"执子之手"，在我们家、对我来说，也可以有另一种解释，那就是执老婆的手。因为老婆的大名是一个单字"子"，执"子"之手，就是执她之手了。而且，根据老婆大人的记忆，关于这个，我们还有一段好笑的故事。

当初我回国去和老婆订婚，在上海玩了两天。我们是经人介绍认识的，相处的时间不长也不多，一时还没到紧扣十指的亲密程度。逛街时，老婆要拉我的手，却又不太好意思，只紧紧抓住我一根小指。我不解风情地嫌她抓得太紧，笑道："你能不能抓松点？

这样子，我生怕我的小手指都要被你拽断呢！"

现今每每说起，太太总还是佯怒一如当初，说："我再怎么用力，怎么可能拽断你的手指？当初就觉得你这人怎么隔碜呢？差点就不要跟你订婚了！"但是我实在不记得自己讲过这种混账话，心想自己那时虽然单身惯了以致不解风情，但又何至愚鲁若此呢？老婆的话，我却也只能姑妄听之、姑妄信之了。

诗云："何意百炼钢，化作绕指柔。"手指缠绕执握之间，确是人类传递感情可用的最细微又最天然的通道和"手"段。人们又常用"十指连心"来形容手指头对于疼痛的敏感，可是这十根手指又何尝不是我们对世间种种柔情最敏感又最渴切的身体部位？

美丽的进化

那天妻悄悄地问我："妈的朋友怂恿她一起去打肉毒杆菌针，说这样可以除皱纹。你觉得怎么样？"说实话，丈母娘半百刚过，虽不特别显年轻，但也不比实际年龄显老。当然了，头上的白发是越来越多，每隔三四个月就要染一次，眼角的鱼尾纹笑起来的时候也是没有掩饰的可能了。

我们对更现代的美容技术了解不多，以为那只是演艺明星们的专利，没想到这也开始进入寻常百姓的消费和话题范畴了。丈母娘认识的那个朋友因为职业关系打起了美容针，游说丈母娘时说，一针不到一百美元，效果确实很明显。于是，单身的丈母娘也心动起来，却终觉得惴惴，因此和我们商量。

我们讨论的结果是劝丈母娘不要去凑这个热闹，举了许多报纸上看到的、网络上查到的耸人听闻的例子，比如肉毒杆菌这个名字就很吓人，再比如若干年前一个亚裔女子被没有执照的美容师开刀失败以致死在手术桌上，又比如有人打了针之后面部僵硬再也笑不起来、甚至皮肤溃烂要状告医师，另外还听说打肉毒杆菌针是个长期工程、需要持续投资不断打针才可能有效果等等。

丈母娘原本舍不得这笔高消费，听了我们的危言，也就灰了心，打电话给她朋友说自己不跟她一起去美容了。

事后常想我们做得对还是不对。仔细想来，美丽的概念不断进化，美容手段的进化也一直与时俱进，我们自己的想法其实也需要不时更新。

我们的老祖先们曾经坚信"身体发肤，受之父母"，因此不剃头不刮须，然而随着时代进化，我们在头上脸上"刀光剪影"早已成为现代文明人的基本礼仪功课了。

记得二十多年前我们小学校里的一位女老师因为赶时髦烫头发，不知道被多少人在背后嚼舌头根和戳脊梁骨。大学时，有位女同学寒假回来单眼皮变成了双眼皮，我们也止不住地猜测联想，但似乎也很快就接受这在当时比较先锋的作派了。到了今天，人们在三千烦恼丝上投入的时间、金钱、手段和技术，让二十多年前的那种狭隘观点成了完完全全只增笑耳的陈年往事。而割双眼皮之类的美容手术，早已俨然成了美容医生们的雕虫小技。

其实，就我们这一普通人家的生活跟现代医学带来的美容手段也早已亲密接触好几次，以至于我们自己不觉得是个大事了。七年前我自己做了眼睛的激光手术，妻子去年做手术冻掉了腿上的一颗伤疤，小舅子则在两年前点去了眉心的一粒大黑痣。想去应该是这样的心理底线：我们是年轻人，我们知道这些手术应该不会损坏健康，我们可以承担这样的"美容"消费。老大出生的时候，我们还经常开玩笑，觉得他继承了各位长辈的一点不完美，将来需要美容修正的话，那个把有瑕疵的部位遗传给他的长辈要掏腰包帮他付美容账单。

当然万事总有极端，比如最近还有报道说有日本女性把自己整成了一个西方美女，一个英国男孩把自己变性后整成了芭比娃娃，而韩国某选美活动中参加的女性照片几乎是一个模子拓出来的人造美女。这些大约要算是进化过程中的基因突变行为，对普通大众来说也许"可远观而不可亵玩焉"。

林肯曾经说过，"人到四十岁就应该对自己的相貌负责。"当年的美国总统大约更想引导世人走"腹有诗书气自华"的个人相貌的升华之路，而放在今天，是不是也完全可以有另外一种解读呢，比如财力心智稳定的人也可以通过外科手术来改变自己的相貌？

曾经看到一篇彭博的报道，说现在的男人也越来越热衷于美容，其中意大利前总理贝卢斯科尼就曾多次美化面部。而最近则有报道说，曾经号称自己是"最健康的胖子"的新泽西州长克里斯悌，为了健康、更为了塑造竞选下届总统的美好形象，终于在月初做了减肥手术。那篇彭博文章还说，"The old wants to stay young and the young wants to have fun。"于是乎，植发、拉皮、抽脂等医疗手段逐渐成为美容技术，而人们对这些手段的接受和参与程度也显然越来越高了。

看来在全球人民都想保持年轻、留住美丽的时代，各种安全健康的美容手术也许今天还是"王孙堂前燕"，几年后就可进化到"飞入寻常百姓家"了。那么也许再过三五年，当孩子姥姥再有心去打肉毒杆菌（或许到时候他们会有一个更好听一点的名字？）来减少皱纹、美化肌肤的时候，我们大约也不用再大惊小怪了，甚至会转而支持和鼓励她了呢！

三妈

去年冬天回老家，因为匆忙，也只在乡下待了下午两三个钟点的时光。按老家人的习惯，赶着日落之前上了一次坟。

那一片坟地是我们应庄人的死后安置之所，界于应庄、魏庄还有王庄之间的一个三角地带，离每个庄子都有一点距离，一直也不是主要的种粮收割之地，只几户胆大的人家，在坟地周围每年随意种些水稻、小麦、豆类而已。冬天去的时候，坟地四周满是芦苇野草，干枯萧疏，叫人悲从中来。

母亲是个会哭的淮安妇人。这次哭起来伤心，是因为老家人又走了几位，其中之一就是我的婶娘，三爷的老婆，我们淮安老家按规矩叫"三妈"的。三妈去时方才六十三岁，得的是脑溢血，从在二女儿爱华店里发病到送市里医院再回到应庄安葬，也就是两三天的工夫。

因这几年大家都说三爷三妈是开始享福的人，不想三妈如此撒手而去，倒叫人平添了许多感慨来。正如我母亲经常喜欢唠叨的一句话："世上两件事，人自个儿做不了主：一个是生儿子还是生闺女，还有一个是寿根子长短。"

三妈曾经是应庄让人同情的妇人，因为她生了四个女儿，却没有生到儿子。虽然说在淮安应庄这种地方，重男轻女也早已渐渐是个远去的、不再裹缚人腿脚的旧思想，但又毕竟是在中国，毕竟是在中国的农村。在进入二十一世纪之前，三妈因为生多了女儿，还是很受了些委屈和苦难。我自己就清楚记得几件三妈躲避检查、偷生三堂妹爱芳和四堂妹爱玲的事情。

其时已经是七十年代末、八十年代初，大陆农村的计划生育政策说紧也紧起来。但是上有政策下有对策，似乎穷苦的人也更有转圈的余地：如果家里没钱没房没公职，是不大怕村支部的人来罚款或者拆房的，三爷三妈他们当初多少也抱一点这样的心态。

有一次我在自家没人住的柴房玩耍，突然看见黑洞洞的一堆柴禾后面站着一个人，仔细一看，原是三妈。我正要大喊大叫，三妈连连摇手止住了我。我不明白为什么三妈一个大人要在大白天躲在我们家那黑里巴乎的柴禾堆里，又一时找不得人问，十分纳闷。待我走出家门去找田里跟众人一起劳作的母亲，才看见当时的生产队长带着妇女队长等一伙人，气势汹汹地沿沟顺埂地连走带跑，嘴里喊着"谁也别想跑掉躲掉"之类的话。晚上问母亲，才知道三妈已经怀了三堂妹，大白天在我们家柴房是为了躲避抓妇女去强行结扎的干部们。

还有一次是在月色如水的夏夜里。我在三爷家门口玩，却忽然见月地里一个人扛着个小孩踏月披星穿田过埂而来。三爷则匆忙地跑到田头，接了那人肩上的小孩，两人神秘小声地互相抱怨几句。自然还是三妈：虽是夏天，她还蒙了扎头巾，害得我连声称奇道怪。三爷三妈又忙要我噤声，想起来他们是连他们家隔壁的二叔一家都不让知道的。那一次三妈怀了第四个女儿，就是后来出落得最漂亮的小四子，堂妹爱玲。

爱玲出生在深秋时节，二妈和我母亲帮忙接生的。婴儿出来，两位婶娘往身下一摸，只好如实禀告三爷三妈两口子：又是个丫头。三爷就转头去厨房，倒在柴火堆里睡下，一会儿抱怨三妈不争气，一会儿慨叹自己命苦。三妈也一声儿不吭，哭的心思和力气也全都没有，只在床上把脸向墙地躺着。二妈和我母亲不忍心，生了火，烧了水，把小婴儿洗净、烘干、裹好了，放到三妈怀里去吃奶，又给三妈下了碗红糖鸡蛋面，才各自叹息连连地回到自家屋里。

在女儿们长大的那些年头里，三妈在村子里大约多多少少是有点抬不起头来的意思，却又必须要抬起头来把日子往前过的。父亲有兄弟四个，其余三兄弟每家都有一到两个男孩继承香火，唯独三爷三妈两口子因为这事情心里始终抹不直。三爷的脾气是有些火爆的，眼里揉不得沙子。因为四个女儿的事情，他和村子里的某些人家，他和三妈之间，是没少了吵架和打架的。

三妈身材颇高大，亦十分健壮。早年间，三爷教她在打麦场上学骑自行车。他们在二八的大自车后座上绑一根扁担，这样倒下来时人也可以脚支地避免全盘摔倒。他们在打麦场上一圈一圈地转，可是三妈到底没有学会，三爷就骂骂咧咧地说她，"儿子也生不出来，车子也学不会"等等。三妈不睬他，自坐在打麦磙子上点了香烟吸起来。我一直想不清楚三妈一个相对年轻的妇女是怎么学会像村子里的老派妇女一样抽烟的，想来应该是生了四女儿之后的事情。

等我上了中学，自以为是地懂了许多科学，回去给大人们说，生男生女不是取决于女人的卵子，而是取决于男人的精子。大人们自然是觉得我搬来的理论不值一哂，我也并不能因此为三妈平反。

有一年三妈的眼睛不好使了，不知道是青光眼还是白内障，也舍不得去医院里治疗，常是红着眼睛看不清东西人物。三爷不知从哪里听来的偏方，夏天的一早，捉了些爬网吃虫的大蜘蛛来，叫三妈生吞活咽，说有"以毒攻毒"、去三妈眼中火毒的效果。三妈居然也信了，吃了。过了几年，她的眼疾不再厉害，但我总想跟那些被她生吃的活蜘蛛应该没什么关系。

年岁大的、不出门打工的乡下人，农闲时间没什么大事可做，多喜欢麻将和纸牌之类的赌博游戏。三妈的几个女儿相继中学毕业，走上社会谋生，开始挣钱贴补家用。三妈也逐渐喜欢上了跟其他妇人们打纸牌取乐。她早些时候喜欢看，后来看熟了，胆子也大了，手上也有女儿们孝敬的两个闲钱，便也自己上桌子打起来，一慰久痒之手，却也不过五块、十块地打发一个下午时光的小打小闹罢了。日落之际散场，赢钱还罢，输钱的时候，不打牌的三爷少不得要唠叨几句的，为此两人吵起小架来也不是什么新鲜事。

三妈的身世和母亲颇像，都是四个妹妹两个弟弟的老大姐，出生在运河西边的三堡乡，从不曾上过学，小小年纪就既体验旱田辛苦，又经历水乡劳作，既当姐又当妈，又嫁到兄弟众多的夫家，没有家底子可分，也没有公婆可以分忧解劳。然后儿女们就出生长大，等到年轻一辈嫁娶成婚，父母一辈人就已经被归类成老头和老太们了。

可是毕竟老年的乡下人是有点盼头的，三爷和三妈也不例外。三妈的女儿们都还嫁得不错，留在家招了个入赘女婿的老二爱华两口子也伶俐孝顺。起初几年，因为每个女儿又都生了个女儿，三爷三妈心下还是偶尔闷闷的，等到爱华他们因政策允许二胎生了个男孩之后，三爷三妈常常是笑得合不拢口的。那小孙子是个多话的，能一直不停地叫"奶奶"叫上数十声。大家常开玩笑说"你奶奶死了都能给你叫活了"。三妈口上说他烦，却是一直哈哈笑着的。

我出国的这些年，听说三妈是开始"享福"的。她闲时打打纸牌抽抽烟，带着孙子弄弄饭，忙时还自己下田割稻收麦、插秧拔草。三爷身体也还健朗，或者做点扎筐编斗的老手艺，或者在工地上帮忙，不时贴补家用。爱华两口子承包了一家地理位置不错的供销社商店，经营日用百货之外，更靠农忙季节的化肥农药等农用品来添利润。几年前他们在旧屋地基上盖了一幢时下流行的别墅，去年开始，又听说我们老家也有拆迁的可能，三爷一家的房子更是大有增值的余地和潜力。一切都在向更美好的、那个传说的康庄大道上发展着。

去年秋天，三妈从常州的三女儿爱芳那里回来。因为小孙子应楚桐也转到城里上小学了，二女儿爱华又能干，做饭之类并不要三妈搭手，因此三妈每日事情不多，不过是洗抹锅碗、浆淘衣服之类。却不想，那一天她一边洗衣服一边抽烟，却忽然就发了脑溢血。待家人急急忙忙把她送到医院，已然是晚了，抢救了半天，就只好拖回应庄老家办理后事。

母亲一边哭，一边念叨三妈的好处。记得有一年春节，母亲和父亲拌嘴儿生了气，大年初一躺在床上哭泣，三妈过来细言慢语劝慰了一通。虽然母亲常说三妈是个"海涵"人，我却觉得三妈多少不是那么粗枝大叶的。大年初一早上劝慰母亲的一幕，一直铭记在我的脑海。

旅居国外这些年，我时不时打电话给三叔。每每三妈接着了，常是惊喜地叫一声我的小名，就说："我让你三爷来接电话！"害得我禁不住跟她开玩笑："三妈，今天咱娘儿俩聊聊！"三妈就憨憨地笑，然后道："你三爷来跟你讲电话了！"

在三妈的坟前想到这些，我不禁也再次鼻酸泪涌起来。三妈原是江苏省淮安市三堡乡沙庄人士，大名叫沙素英，是以为记。

第三辑 小三来了

小三来了（之一）

要个小三，最初是贤惠太太的主意。我犹犹疑疑不肯正面回答时，她就进一步引诱我：难道你就不想拥有一个自己前世的小情人？

谁说不想？可是我已经是年过不惑的男子，厚着脸皮可算青年，其实早是大叔。年岁不饶人之外，当然还有经济考量，要个小三，对我这个生活在什么东西都贵的纽约的美国码农来说，似乎有点心有余而力不足。于是每每老婆问起："你准备好要个小三了吗？"我总是支吾其词道："再说吧。"

没想到，小三儿奥丽维亚自己不肯等。去年夏天打了招呼，羊年春节过了一月，她就喜"羊羊"、美"羊羊"到我们家来报到了。她吃、睡、哭，把我们闹得人仰马翻，饭吃不好，觉睡不香，还得耐着性子哄她、抱她、宠她、爱她……哦，不好意思，我说的小三是我们家第三个孩子，两个哥哥新添的一个小妹妹。

在妻子十月怀胎的日子里，我和别人讲起我们要生小三的时候，都会在最后做个深呼吸的动作，以表自己的忐忑和不安。某种意义上说，小三就像老大一样，在我们还没有完全准备好的时候来了。仔细想想，人生里有多少时刻和事件是等我们完全准备好了的呢？隔了近五年，再一次在医院里抱着那么小、那么柔软、恰恰七斤重的"小鲜肉"，我所有的忐忑与犹疑都化成对新生命的敬畏和喜悦，眼中不觉涌出泪水。

给亲戚朋友发通告，大家"哇"声一片表示祝福。很多人表示赞叹我们的"勇气"，也有更亲近的朋友关切地问："为什么要小三？我们一个就觉得够累了，你们还要第三个？"

仔细想去，要小三，首先当然是因为美国允许，其次是因为我们想要一个女儿，妈妈要小棉袄，爸爸要小情人，有了四个孙子的奶奶要个小孙女；当然，还因为我们都爱孩子。可是有时反过来想，把一个小生命带到这日益拥挤、资源紧张的世界上来，是多么大的责任和冒险，仅仅有父母之爱就足够吗？

大学时代的好朋友和他太太都是美国高薪白领，但很早就决定只要一个女儿，因为害怕孩子多了自己忍不住偏心，要"万千宠爱集一身"。听他们如此说，我们几乎有些惭愧，又想自己是不是有些自私：因为自己的喜好，孩子将不能独享父亲母亲全部的、毫无保留的爱。

小三出院回家，老大和老二两个人围着小妹妹叽叽喳喳，不停说"妹妹好可爱"。面对此情此景，我们又终于释然：也许我们的爱被分流了，可是我们给予他们的、他们互相给予的手足之情，又何尝不让人生更完满、更丰美？都说孩子是上苍给予父母们的最好的礼物，那么弟弟和妹妹们又何尝不是父母们给予哥哥和姐姐们最好的礼物、他们人生旅程里最美的陪伴和风景？

有趣的是，也有在美国的朋友，对我们生小三击掌赞叹，说道："生得好！你太太年轻能生，为什么不生？看人家墨裔非裔家庭，谁家不是吃着政府的福利生养一堆孩子？咱们中国人吃苦耐劳，属于高收入、高智商群体，多生孩子，不仅增大美国华裔力量，更可为美国和世界人口的优化作出贡献！过两年，你们必须再生个小四儿出来！"

得，生个小三，还一下子被升华到政治、社会、族群和人类发展的高度了。至于小四，对我们来说，还是算了吧。

小三来了（之二）

　　星期五晚上下班，和大老板马利安诺同乘电梯，因说起彼此的新生儿。他的儿子今年三月初出生，比我们家小女儿奥丽维娅只大三个星期。因他是大老板，我们彼此平常并没什么私下交流。

　　在电梯里，没话找话地闲聊，我就得意洋洋说了小女儿奥丽维娅刚过三个月就能睡整觉、夜里无需起夜喂奶的事情。马利安诺听了也啧啧称奇，又笑着问我："这是你们第一个孩子吗？"我哑然失笑，只好伸出三根手指，道："是第三个孩子。"马利安诺意味深长地"唔"了一声，却掩饰不住他内心的惊诧之意。

　　说来好笑，马利安诺绝不是第一个对我们生小三如此反应的人。记得当初跟老板和同事说要休产假，人家都齐声祝贺，紧接着关心地问一句："你们的第一个孩子？"我只好略显不安地解释说是第三个，对方就会意味深长地"哦"一声。我赶紧作深呼吸之态，以表明我们对生小三还是有现代文明人的顾虑和考量的。

　　记得当初奥丽维娅出生，我们给朋友发通告，玩笑说"小三来了！"按照老家、乃至中国许多地方旧式、省事的排行叫法，第三个孩子就是"小三"。虽然此"小三"并非彼"小三"，可是因为是第三个孩子而一样有让别人吃惊、让自己"惭愧"的效果。

　　说"惭愧"，大约是因为受"传统思想"影响：大多数跟我差不多年龄的中国人，正逢大陆过去几十年计划生育政策如火如荼，即便不是家中的独生子女，也多是只有一个弟兄或姐妹。

如今这批人虽在美国，生两个娃算是标准配置，也大有赚了的感觉。但是再多生，却似乎总给别人和自己一种"计划外超生"的理亏和不好意思。

这不，发通告时，因为合写电影剧本而一直见证我们家两个小子一年一年长大的法国朋友邵仁诗，立马玩笑道："我的上帝！你们怎么可以又生了一个？我要向你们的政府报告！"当然，在短信最后，他还没忘记加上一句"大大的祝贺啊！"

在高中和大学的微信群中发布"小三来了"的消息，意料之中地引来众声喧哗。大家祝福之余，也不忘"哇"声一片。高中同学感叹，他们班当年的那个"学霸"如今变成了"奶爸"。大学同学则调侃我果然后来者居上：在班里算晚婚晚育的一枚"文青"，不料最后却成了"赴美超生游击队"的一名成员。

老母亲因为自己生了弟弟和我两个儿子，弟弟和我又先后各生了两个儿子，所以迷信地认定我们家没有生女儿的运气和福气。当我们告诉她怀了一个女儿、终于要给她添一个孙女时，她还以为我们在哄她白高兴。等到奥丽维娅从医院回家，跟她在视频里验明真身，母亲笑逐颜开，又夸老婆道："到底是你本事大！还真生了个女儿出来！"

还是丈母娘最有趣，她本来"严重"不同意我们生老三，举例说："人家只有一个或者两个小孩，一周可以吃三次明炉烤鸭。你们三个小孩，可能一周只能吃得起一次了！"小三来了，又是个女孩儿，她老人家也蛮高兴，跟着忙里忙外。我玩笑说以后吃不起烤鸭了，她就笑道："还烤鸭呢！这么忙着，我看你们连饭都要吃不上了！"

天才梦

　　每个不是天才的父母或许都有一个梦，那就是希望自己的孩子是个天才，或者至少是个天才胚子。我们也不例外地对自己的儿子们做过、做着这样的天才梦。

　　老大三岁时，收到幼儿园发回来的纽约市天才班考试手册等资料。初为人父母的我们连忙到处调研，上网看报、问朋询友，才好歹明白这所谓的天才班是怎么回事。

　　那时儿子太小，就没钻研下去。去年他上了公立幼儿园，又在报上看到法拉盛有专门培训小朋友参加天才班考试的课程，就动了心去咨询，去敲天才梦的大门。

　　报名当天看到儿子在幼稚园的同学。他爸爸跟我说他们家年龄还小点的小孩已经上了好一阵培训班了，而且他们家姐姐也是天才班一员，并讲天才班的师资、教学等等确实有别一般的公立课程，还说许多中国父母连续两三年送小孩来参加培训考试只因想考进最好的天才班。

　　我们顿时觉得别无选择，乖乖交了颇为昂贵的学费。从此每个周末又多了个新项目，去买菜之前，先把老大送去天才培训班学习。

　　不上不知道，一上吓一跳，重视这个培训的父母可真是不少：

白人、黑人、墨西哥人、印度人、中东人，当然还有我们这些中国人。我问大家怎么知道这个中国人在法拉盛办的培训班，大家都说朋友的小孩曾经上过，觉得效果还不错，因此慕名而来。

每个周末看到这些焦灼热切地来送、来等、来接小孩的各色父母们，心底不由暗暗打鼓，一边庆幸自己没有差点就是不合格的父母，一边又怕自己的小孩跟不上各种潜在天才们的脚步。

话说儿子班里就有一个墨西哥小孩安德鲁。他爸爸有一次问我，"你觉得你们家可相像天才吗？"我只好老实地摇摇头。安德鲁爸爸说："我们家小子似乎很有天才相，刚五岁，两位数的加法已经倒背如流。"

为了证实，一次一起放学时，安德鲁父亲问他，"23+28等于多少？"那小孩脱口而出"51"。他爸又问，"1+2+3+4+5呢？"安德鲁稍微迟疑，又道出正确答案。回头看看自己儿子，连1+1这样的概念还稀里糊涂，我不由得倒抽一口凉气。

安德鲁爸爸说家里另外有两个大点的小孩，从来没有表现出这样的早慧，因此他慕名而来送小孩参加培训，实在不想耽误了这小孩的前程。可怜天下父母心，在哪里都是一样啊。

养兵千日，用兵一时，元月初老大在他们学校参加了考试。问他考得如何，他依然一如往常稀里糊涂，但强调："考题很难，但是我已经竭尽全力。"

我们倒常担忧，万一他考个10%怎么办，那说明他是弱智或白痴吗？妻倒安慰道："那还不该怎样就怎样嘛。"我也只好安慰自己：他虽然看着不像天才，但也不像另一个极端。

四月初，纽约市公立学校本年度天才班考试的结果出来了。还好，儿子以92%的成绩勉强挤进"天才"行列，理论上至少可以申请本学区开设天才课程的学校。

凑巧这个周末在公园里看到培训班里的另一个俄罗斯小孩和他爸爸。俄罗斯父亲告诉我，他儿子这是第二次考了，但是97%的成绩也没什么用，因为不考到99%不要想进最好的天才班；至于92%的成绩，申请一般的天才学校也是很没希望的。

本来因为考虑到学区开有天才课程的几家学校离家太远，排名甚至也不如现在的学校，我们正打算放弃申请天才班。这么一听，更加释然。这个有关老大的天才梦似乎也可以先醒一醒、放一放了。

陪太子读书

老大去年秋天开始上小学二年级。开学初的家长会，班主任陈老师就陈述了纽约市二年级小学生的阅读要求：学生们必须人手一本美国著名作家E.B.怀特的儿童小说《夏洛特的网》，所有人都要在一个秋季学期完成整本书的阅读。

话说这本书长达近二百页，有二十一个章节，六七岁的二年级学生们除了每个星期要完成规定的阅读进度，还要回答老师留下的阅读理解问题，并要在课堂上和大家一起讨论阅读感受等等。乍听之下，家长们都忍不住先面面相觑，然后就纷纷议论，说纽约市小学二年级的阅读要求是不是太过"高大上"了一点。

其实，纽约市小学生的读书作业，从一年级开始就叫人大开眼界。当时的纳尔森老师要求小朋友每天阅读一本书，并且把书名、作者名等等抄写在阅读笔记本上，同时每篇作品要写总结，比如学到了什么新词汇和新知识，或者记录下什么人物在什么地方什么时候做了什么事情之类。

一开始，我们直担心，一个五岁的小孩怎么可以做到这样，少不得时时一边训斥一边帮忙。却不料被老师这么一年逼下来，小家伙居然也能流利阅读很多适龄书籍，一时倒叫我刮目相看。

在上小学之前，我们也陪儿子读书，却并无什么系统性可言。

不过，就像老舍先生在《有了孩子之后》里面所说的一样，外面的大千世界在有了孩子的大人眼里忽然就变了样子，许多跟儿童有关的事物开始冒到视线中、脑海里来。我们在有了孩子之后，才发现原来儿童图书是这么广阔的一个世界。

比如几个月到一岁大的婴儿，市面上居然就有适龄的书籍，有一些还是布做的，上面缀着可以触摸感受的各种材料，也或者内嵌可播放动物叫声或者片段音乐的磁卡，这样不仅可以培养小孩子对书本的概念，还可以培养触感和声感。

布质书和有声书之外，面向小朋友的书籍也常常有立体式。打开书页后，一艘海盗船在眼前赫然站立，确实更能吸引小读者的注意力。还有一种迷藏式图书，小朋友扒开页面上的一些障眼小页，就可看到后面还有更新的图案，比如翻开树叶可看到后面有蝉，又或者翻到一页书的反面，文字图画忽然就有了新的剪辑和含义。

而对小读者们而言，最多最重要的大约还是儿童书籍图文并茂的特性。有时候给儿子读书，每页文字不过两三句话，而画面细节却往往出人意料。有一次我们读《青蛙王子》，儿子忽然问："这个王后为什么长胡子呢？"我仔细一看，确实大吃一惊，不知道那位插画作者出于何种考虑画出这样的细节，几叫人忍俊不禁。

有趣的是，陪孩子读书，有时候竟然是让大人重温那些幼儿园就应该学会和知道的东西，比如"所有鲸鱼都是海豚，但是鲸鱼不是鱼"这样的基础知识，又或者"西红柿也可以是黑色的"之类趣闻，每每也能让大人们拍案惊奇呢。

陪着孩子阅读英文儿童文学作品，对我们这种长大后移民来美国的人来说，其实也相当于接受一次再教育。各种经典的童话作品，在中年之际，在英文里重读，常常带来令人讶异的发现和领会，比如《美人鱼》的多种结尾和诠释。而诸如《好奇的猴子乔治》《苏斯博士》之类的现代流行作品，我们在学英语的孩童时期竟然从来没读过，甚至也从没听说过，不得不说是一大遗憾呢。

最喜小儿无赖

周末耳提面命辅导老大做完作业后，他忽然拿了一张写了字的纸给我看，说："爸爸，这是我给你布置的家庭作业。你做做看！"我不明所以，拿过来一看，只见上面歪歪扭扭写了三道题，其中一道是："你为什么不喜欢玩游戏？请画图解释你的回答。"

一时看完，我不禁哑然失笑。话说当天我帮他完成的作业，跟他们的社会学课程有关，比如什么是水污染，什么是空气污染，作为小朋友可以怎样利用、回收乃至减少废物，并以此对美化环境、保护生态作出贡献等等。其中一道题，还叫他们画图表达自己是如何理解这些概念，并怎样在实际生活中付诸实施的。

儿子不喜欢这种作业，在我们不断启发之下画出的垃圾分类、绿化改善空气之类图画，也是不伦不类得叫人哭笑不得。折腾了两三个小时，我也只好一声叹息，批示他作业算是大功告成，可以自由玩耍了。

细想，真是兔子急了也咬人，这小子居然杀了个回马枪，给我出题，大概是逼我也体验体验被强逼着做自己不喜欢之事的心情和感受。这倒让我想到不久之前的一件小事。

那晚临睡前，我叫老大刷牙，可是他却一直恋恋不舍手中的一个乐高人物。我最终忍无可忍，一把夺过扔在一边，令他立刻洗漱。他极不情愿地拿起牙刷，嘴里又咕咕哝哝地道："我要是把你喜欢的东西夺走呢？你怎么办？"我又好气又好笑，问他："你能从我手里夺走什么？我什么时候像你这样玩个东西连觉都不想睡？"儿子眼睛里黠光一闪，道："我要是把你的手机抢走，你怎么办？你整天都在玩你的手机啊！"

这下轮到我哑口无言，因为他说的虽然夸张，却也基本是每个手机族父母的大致情形。待他睡着之后，我不由深思，这小子虽然表面顺从，却也每每发出反抗之音，而且有理有据，发挥出他的小人逻辑，倒将我一军，叫我不再敢小觑他。

犹记得两三年前，他还懵懂未开，我也常常得以大行"欺童"之事。他吃饭一直是个大问题，那时尤甚，每到吃饭时，就大耍花样。有一个周末，太太要我体验喂孩子吃饭的辛苦，我勉强应战。

一听说要吃饭，老大就先说不饿；好不容易让他坐定，他又要上厕所；上完厕所回来，他提出要玩"剪刀、石头、布"的游戏。我唬着脸答应，但是定下规则：他输了，就要吃一口肉；我输了，他就吃一口蔬菜。五岁的小子欣然应允，我厚着老脸，总算也把一顿饭骗到他肚中去。老婆说我"胜之不武""耍无赖"，我也只能讪笑着求她噤声了。

古词云"最喜小儿无赖"，一个现今当作贬义词的"无赖"，却道尽小朋友的天真好玩。不久前，老大说我忘记了曾经许诺他的某件小事。争论半天后，小子忽然拍头悟道："我知道你为什么会忘了！因为你的大脑袋只记得大的事情，可是我们的小脑袋会记得很多小事情！这件小事上，一定是我记对了！"听得我不由捧腹大笑。

老大渐渐告别"无赖"年岁，叫人喜，亦叫人忧，倒是老二还常常发出"无赖"的童稚之语，比如他每每犯错，就会眨巴着无辜的大眼睛说："可是我比哥哥小啊！"一副"以小卖小"的"无赖"逻辑，却叫人不自禁地莞尔。

生女儿的秘籍

最近太太的同事瑟西莉亚喜得麟儿。他们夫妇已经有一个可爱的两岁多的女儿赛琳娜，如今儿女齐全，凑成一个"好"字，自然是欢天喜地的大事情。太太也跟着高兴，还得意洋洋说："瑟西莉亚就是听了我的建议，才如愿以偿生了儿子的。我的生男生女秘籍又一次验证了！"

说来好笑，两年前准备生老三之前，我们十分忐忑，生怕再生一个小子出来。父母生了我和弟弟两个儿子，弟弟在国内生了两个儿子，我在美国也生了两个儿子。因此母亲以一个农村老太太的直觉断定：我们这一支姓应的，大约没有生养女儿的福气。太太本不服输，后来被两个小子淘气得头疼，也一度认同母亲的观点，还常常感叹："看来我只能跟你们三个臭男人混一辈子了！"

可她毕竟是现代女性，骨子里又不愿意信这个邪。于是两年前丈母娘带着老二回国度假时，太太又动了"想要一个小棉袄"的愿望。既有愿望，就有决心，太太研究了一套又一套生女儿的秘籍，并付诸实施。

她先是深信受孕时间对生男生女有至关重要的作用，还有鼻子有眼地说，我们楼下的邻居夫妇就是遵照某种规律才如愿生了一个儿子后又生了一个女儿的。然后又不知怎么地听说要用苏打水洗澡之类秘诀，最后又悟道一切都是人的体质决定。她还振振有辞说人的体质分酸性和碱性，而女性多吃碱性食物、"打造"碱性体质则容易生男孩，反之，吃多了酸性食物、形成酸性体质之后，则易生女孩。于是，她开始在吃酸性食物还是碱性食物上大费周章。

我不免嘲笑了她几回，结果惹火烧身，太太开始拿我"兴师问罪"。理由是众所周知生男生女是由父亲决定的，而主要差别就在于小蝌蚪中是否含有Y型染色体。中年之后，因为害怕发福，我的饮食就少荤多素，尤喜蔬菜。太太的结论就是我的饮食结构严重影响了我体质的酸碱度，每顿非要我吃肉不可。

不堪其苦之余，我倒想起几十年前的一件事情来。那时候，父母也曾动过再试一次生个女儿的心思，却终是因为计划生育政策愈来愈紧而作罢。但是父亲不知从哪里抄来一份所谓的"清宫生男生女表格"：纵坐标是女性的虚岁，横坐标则是旧历的十二个月，而女性在某个年龄的某个月份怀孕之后，生男还是生女也就随之确定。用这份表格，父亲不仅准确验证了母亲怀我和弟弟是男孩这两个案例，还一度验证三婶连生四个女儿的岁数和月份也完全符合表格的预测，并以此来指导一些亲友怀男孕女。

我一时好奇，就上网查找"清宫生男生女表"，结果居然有很多条目跳出来，而表格恰恰就是三十多年前的父亲抄写在小小笔记本上的那个表格。我喊了妻子来看这个宝贝表格，她对着表，算了算自己怀上老大和老二的岁数和月份，结果是令人惊奇地吻合。更令她兴奋的是，表格上显示女性在虚岁三十二那年，从农历四月到十一月期间，都是生女孩的预测。正值其年的太太大喜过望，立刻有了再度造人的决心，并马上约了妇产科医生检查身体。

天遂人愿，妻子在那年农历五月成功怀孕，三个月后做B超显示腹中胎儿果然是个女生。高兴之余，太太更把周围各色亲朋好友怀孕的岁数和月份问来，一一和表格对照，然后时时感叹："真准！真准！"

因为生了两个儿子后又成功拼得一个女儿，许多人半开玩笑半认真地跟太太讨教秘籍。太太也从不吝啬，每每暗授各种机宜，也总不忘了这份表格的功劳。如今有了同事的成功案例，估计更要把这秘籍的神奇一捧再捧了。

只是每每想自己读了这么多年的书，最后还用父亲传下来的一项秘籍来预测和控制生男生女，且大有不由得你不信的意思，我倒有些哭笑不得了。

弄瓦之喜

去年九月份的一天，我陪怀孕三个多月的太太去做彩色超声波。那家超声波诊所，我们生老二的时候也去过。当时最深的印象就是：那位医生是位意大利后裔，声音洪亮，叫人心情一振之余又几乎要害怕。这一回照例是助理先看了超声波，问我们想不想知道是男孩还是女孩，我们说当然。助理就满脸含笑地说："是个女生！"我们有些难以置信，跟她再三确认之后，才表达了兴奋之情和感谢之意。

后来医生进来，告诉我们胎儿一切正常，我们又小心翼翼地问他能否再次帮我们确认太太腹中胎儿是男是女。他指着超声波图像给我们看细节，然后用他特有的大嗓门再次宣布道："助理是正确的。这胎儿百分之九十九点九是个女生！"

走出诊所去取车，外面正是最好的中午天气。秋高气爽，不冷也不热。天色蔚蓝，白云散漫，树木还葱茏，路边还有各种花朵五颜六色地开放着，几棵美国榆钱树正结出串串累累垂垂的果实。太太得意之情溢于言表，连声跟我说："我要有个女儿了！这是今天检查得到的最重要的消息！这几乎是这些年来发生在我身上的最好的事情了！"

我也蛮高兴，可听她这么一说，就想要玩笑地责问她："难道生女儿比我们当年结婚还好、还重要吗？而且这么说，让自己的两个儿子情何以堪呢？"可是，话到嘴边又咽下，谁叫哲人说：女人说话，从来没有道理可言的啊。

七年前生了大儿子，准备二胎时，我们心里或多或少都渴望着一个女孩，贪心着"有儿有女是为'好'"的人生境界。两年多之后，我们迎来了又一个大胖小子。说起来有趣，父母只有我和弟弟这两个儿子，弟弟在国内生了两个儿子，我也生了两个儿子。丈母娘因此打趣说我们应家没有生女孩的基因，太太却不信，偏要博一博。丈母娘于是威胁道："你们要是老三还是儿子，我可是不给你们帮忙带了！"

这话听得我们诚惶诚恐，而且这四五年带两个男孩的经验也确实让人时有精疲力竭之慨，太太也暂时收拢了想要一件可心小棉袄的心思。老二四岁之后，她每每看到楼下好邻居的可爱女儿艾拉，却又心思松动，冒着百分之五十的几率再生一个儿子的风险再度怀孕。

最初的两三个月里，我们都胆颤心惊，生怕又怀上一个带把的。当医生那样自信地宣布腹中胎儿是个女孩时，太太如释重负后的喜悦和激动，大约没有人比我更能感同身受了。

搞笑的是，当我们把这消息告诉当时在国内的母亲和丈母娘时，她们都不相信，一致认定我们是在哄她们高兴，还反复叮嘱我们去找个可靠的医生复查复查。身边朋友也曾有这样的故事：超声波一直显示的是女孩，最后生出的却是个男孩。为此，我们常常忐忑，好几次求证于妇产科医生，到最后连医生也烦了恼了，笑问我们如何不信他的仪器、技术和经验。

认定是女孩之后，妻子就迫不及待地开始准备女生衣服，常常得意道："哎呀，我终于可以买粉红的婴儿服装了！我终于可以买小女生的裙子了！我也终于要有自己的贴心小棉袄了，以后你们父子仨混吧，我就跟女儿一起逛街去！"末了，她还不忘跟我邀功请赏："我给你生一个你前世的小情人，你该怎么感谢我呢？！"

我呢，终于得到在现实中给女生取漂亮名字的机会，却忽然又觉得所有英文、中文名字竟然都不够用似的：太流行的名字又觉得不够特立独行，太特立独行的又怕人家不会发音、不晓得意思，推来敲去的，竟成了一件头疼之事。直到快临产的日子，我们才定了正式的英文名字：Olivia，奥丽维娅。取这个名字，因为她有"橄榄"的原义，也因为莎翁的《第十二夜》中有这么一个女生，还因为周围的朋友里似乎还没有谁家女儿叫这个名字，而Olivia一度打进英文女孩名字流行榜里的前三位。

奥丽维娅却似乎是个慢性子的，过了预产期一个多星期，还是没有任何要和这个世界见见面的意思。因为老大老二分别是八磅和九磅多重的大宝宝，太太产前又不小心烫伤了肚皮，过了预产期的日子真是日复一日的焦灼和煎熬。所幸的是，奥丽维娅又似乎是个体贴母亲的女孩子，虽然超期十天，但体重只有七磅十二盎司，不算轻，却也不算超重，跟我们俄罗斯同事夫人剖腹而生、重达十一磅半的男宝相比，更是"小宝见大宝"了。

出院之后，太太喜不自胜，每日和小小婴儿"相看两不厌"，简直大有"捧在手里怕摔了，含在嘴里怕化了"的架势。她自作主张给女儿取了中文名，还觉不过瘾，又给她取了个小名，叫"三公主"。

喂奶抱娃坐月子之余，太太觉得医院给的婴儿服太没特色，也不美，拿出一套又一套自己买的、朋友送的婴儿服装，给奥丽维娅换来换去。我是听不得婴儿哭声的，总是第一时间要去抱去逗。还没出月子，丈母娘和太太都说我已经把奥丽维娅给惯坏了。每每婴儿啼哭，看到我匆忙地抱弄，太太就笑唱道："就这样被你征服……"，听得我哭笑不得。

古人以"弄瓦之喜"形容和庆祝生女儿的喜悦，据说这个"瓦"在古代是指纺锤之类物事，这成语则是期待所生女子将来贤惠持家之意。而"弄瓦"一词，则最早出现在《诗经》中，里面《小雅·斯干》篇云："乃生女子，载寝之地，载衣之裼，载弄之瓦。"

听起来，"弄瓦"的"瓦"似乎不如形容生男孩的"弄璋"珍贵，但是大家又常用"千金"和"掌上明珠"指称女儿，如此说来，倒也大可平起平坐了。而对已经二度"弄璋"的我们来说，这"弄瓦之喜"来得古朴生动又充满安好栖居之盼，喜悦的程度自然也丝毫不逊于"弄璋之喜"。这不，连我国内要好的作家朋友都赶着来认干女儿呢。

良宵

　　白天里，我们和一帮子朋友去长岛更东边的海边玩。虽然是临近的镇子，却是不一样的风情了，甚至他们的海滩都是要另外收费的。七月，大海是蓝的，小山是绿的，海岸线是蜿蜒着延展到远方的。一切又都是年轻着的，叫人难以想象不是夏天的日子。

　　晚上，他们去另外一位朋友家看烟花，我们选择在家里呆着享受二人世界。天色还没暗，远处的烟花已经此一声彼一声地呼应着。明明知道是庆祝独立日的烟花，我们还是被一惊一乍地对笑，就如日复一日地被某些小确幸砸中。

　　我决定给我们做点吃的。院子里有新成的丝瓜。我摘了一条回来，把丝瓜刨皮，横切成一个又一个圆片，放在油锅里炸一下，再把鸡蛋打进去，慢慢地煎好，也算别出心裁的鸡蛋做法了。平常她不喜欢吃蛋黄的，今儿个蛋黄被蛋白裹着，不易分离，于是在我的鼓励之下，她居然也高高兴兴地吃完了。

　　我又把前日买的大块面包撕成小块，放在煎过荷包蛋的平底锅里烘煎片刻，不想她也喜欢，一口一口地吃将起来。这面包因为用了迷迭香和意大利硬奶酪，许多人并不喜欢那味道。我是偶尔吃一次，觉得还不错。不想她也喜欢。很多时候，我们只因为喜欢吃同样的食物而成为一家人，也几乎是浅薄又十分有趣的现象。

吃过饭，她说，我们跳舞吧。于是，我们就站起来，拉着手，在厨房里转圈玩。她咯咯地笑，我也咯咯地笑。仿佛我们这两个身高差巨大的人，一双大手拉着一双小手，就是世界上最配对的舞者。又仿佛我们这两个其实不会跳舞的人，在充满人间烟火的厨房里，凭着一份默契和亲密，就能走出最快乐的舞步。最后，她恳求我拉着她的双手转圈。转着转着，她双脚离地，娇小的身躯轻盈地旋转，穿着的彩条裙子飞旋成一道彩虹，而彩虹上是她银铃般的笑声和笑声里夹杂着的央求："停下来！停下来！"

后来我们去院中小坐。这里的七月晚上，居然有些微凉的意思。天色还没全黑，隔壁的意大利邻居媞娜家正在开爬梯。女人们和孩子们的说笑声，在暮色里格外响亮和喜悦。胖胖的媞娜远远地看见我们，举着一纸盘自家做的披萨，穿过草坪姗姗而来。她隔着栅栏把披萨递给我们，问了好，又祝我们独立日快乐。

坐在秋千架上，我们一边吃披萨，一边看天看院子。我们指认着院角的松树、枫树和樱树，说起菜园里的丝瓜、豆荚、黄瓜和西红柿，还有栅栏前的蔷薇，感谢它们都在这初夏的夜晚陪伴着我们。偶尔，有一盏两盏的萤火虫在草丛里倏忽明灭，似乎在试探属于它们的季节是不是已经到来。

披萨还没吃完，她却已经睡着了。我把她抱回屋里去。她小小的脸在灯下更为白皙，睡着的样子更可爱，让我想及"天使"这样的词汇。这样的夜晚，能这样心无旁骛地陪一个孩子几个小时，带她吃饭、聊天、跳舞、闲坐，竟也让我无端地想起"良宵"这样的字眼。

后来的某一天早上，她会告诉我："你是世界上最好的爸爸！"

我问她为什么这样说，她会认真地讲："因为我爱你呀！"

甜嘴小妞

这几年来，虽然每每对别人以"作家"自称，还时不时主持一下朋友们的新书发布会啥的，但我也深知自己骨子里是个不会说话的人，各种甜言蜜语乃至"拍马溜须"之类的话，更是从来说不出口，常常气得太太都要骂我"一段木头"了。

想不到的是，我们家四岁多的小女儿奥丽维娅天生的外向和不怕生，屡屡让我们大开眼界；而她天生一张小甜嘴，每每说出叫人如沐春风的话来，更叫我们大开耳界。

每次出门，若是带她坐火车，她必定跟前前后后的人都交上朋友。有一次，带她去参加这边纽约女作家协会的一个活动。火车启动，她就和坐在我们后面的一对中年夫妇玩上了。她一会儿跟人家隔着座椅靠背捉迷藏，一会儿"咯咯"地笑着告诉人家"这是我爸爸"，一会儿又指着那位女士的项链说"你的项链真好看！"，逗得那夫妇一路笑一路陪着她玩。

她那一张小嘴也不知道怎么学来说出种种讨人欢心的话。有一次，她看见二哥的小提琴老师特蕾莎，就没话找话，煞有介事地道："哎呀，我好喜欢你的小钱包呀！"听得特蕾莎心花怒放，连声谢她美言。

周末我理了发回家，她也注意到，还"奉承"说："爸爸，我好喜欢你的新发型！"人说"千穿万穿，马屁不穿"，听了宝贝女儿的"赞美"，我也喜不自禁，太太就在一旁大笑道："你爸爸头发都要掉光了，你还夸他有新发型呢！"

前些日子，她看我微信里的文友照片，其中有她曾见过的唐简。她就道："我认识这个阿姨的。我好喜欢她呢！"我被她逗笑，就道："那你要告诉她吗？"于是就让她在微信上给唐简留言。她奶声奶气道："唐简阿姨，我好爱你呀！"听她把"喜欢"换成"爱"，我听得真是佩服她的"情商"。那头唐简听了留言更是激动万分，忙着回话说："你的留言把阿姨的心都融化了。"

最近一次，她要在微信上和我们熟识的王渝老师留话，我叮嘱她一定要喊"奶奶"呀。她表示知道，开了口就道："阿姨，我知道你！你什么时候再到我们的家？因为你是我的best friend！"虽然称呼错了，但是那句"阿姨"和"best friend"也让王渝老师欢喜至极，第二天聚会带了好多糖给她。

这个周末在家种郁金香的花球，因发现一些菊枝被风吹断，我捡了不忍丢弃，就送给奥丽维娅。她夸张地惊呼到："好美的花呀！谢谢爸爸！"然后又道："爸爸，等我十六岁的时候，我就可以嫁给你了！"她说的是英语，我一时愣没反应过来。后来想明白，不觉哑然失笑，也不晓得她是从电视上还是哪里学来的。

更没想到的是，过了一会儿，她又觉得似乎有什么不妥，加了一句道："但是我们不能抛下妈妈呀。那我就和妈妈一起嫁给你吧！"这下，我真是笑得要揉肚子了呢。

你的手真好看

小女儿奥丽维娅天生一张甜嘴儿，总是能讲出一些听得人心耳舒泰的甜言蜜语。这一天，她看着我洗手，忽然就道："爸爸，你的手真好看！"这马屁拍得我哈哈笑，虽然明知这个鬼精灵的话没有什么逻辑可言，可能就是想哄得我高兴再把手机或者平板电脑给她玩会儿机器砖块的游戏而已，却也忍不住思绪翻飞。

说一个人的手好看，用俗的陈词滥调无非是：这一双手就是为弹钢琴而生的；或者稍微生僻一些：这真是一双拿手术刀的手呀，也就是"游刃有余"的手。这种俗夸俚赞，几乎让写作者都不好意思用在文本中。我年轻的时候，却也因为手曾收到一份不落窠臼的赞美。

那时还在读研究生，因为网络刚刚开始发展，在学校的公告牌系统网站（BBS）上面经常发一些"为赋新词强说愁"的青春诗句，也因此认识了一批网上文友。年轻有闲的象牙塔里的学子们还时不时组织网下聚会。有一次，同去的一位学长、名唤老徐的性情中人，喝酒喝得尽兴，回校路上就忍不住在路边"哇"声一片。看他如此痛苦，同行的我自然轻轻拍他的后背，聊作安慰和帮助。不想第二天，老徐在网上发帖，记叙醉酒一事，特别提及我那"一双写诗的手"，看得我如沐春风，忍不住在电脑屏幕前把自己的双手平摊在键盘上看了又看。

"写诗的手"自然是夸张了，但是小时候在农村自有更形象的说法：有些人的双手生来是要握笔杆子吃饭的，和一般人要握锄弄土的务农命运区分开来。大概很少有人预料，二三十年后的今天，现代人已经很少需要握笔杆子，更多时候是在键盘上十指翻飞，甚至只是需要一只手的大拇指和食指在五六吋的手机屏幕上划来划去而已。

中国民间到处都有关于手指上指纹（所谓是否形成一圈一圈闭合的螺状或者斗形）预示命运和性格的说法，每个地方的版本还往往有所不同。我记得的老家版本大约如此："一螺巧，二螺拙，三螺四螺用不着人说，五螺六螺做大官，七螺八螺享清福……"

想想有趣，中国人看手，只看重顶尖部位的指纹，所谓的"螺"或者"斗"，外国人则更看重掌心的纹路，所谓的"事业线""爱情线"和"生命线"之说，也是一般人乐此不疲的话题。这原本大约是无聊至极想出的逗趣之法，却可以成为人际关系更进一步的"手"段：两个人要互相看对方的手指指纹手掌形状，往往要抓住手细细看的。男女朋友至此，算是亲密有状了；同性朋友之间，也接近亲密无间了。

二十年前的经典热门美剧《宋飞正传》（Seinfeld）有一集是关于手的：一个偶然机会，乔治的手被一个"手探"看中，认为他的手很好看，可以去做手模，比如为名牌手表做广告。乔治因此对自己的双手爱不释"手"，夸张到要一直戴手套来保护它们，周围的人也因此而对他刮目相看。却不料有一天，他双手摊在滚烫的电熨斗上，从此前功尽弃。

这个电视剧集里还有一集是关于女人之手的。杰瑞和一位叫姬丽安的女士交往，女士各样都好，就是一双手大而有力，被杰瑞认为长了一双"男人的手"。姬丽安的双手在撕面包、剥龙虾和开啤酒瓶方面显出骇人的男人力度，看得杰瑞胆战心惊，最终因为"手"而和她分手。每每重看这一集电视，都让我捧腹大笑乃至拍手称快。

中国故事里，要数荆轲的"但爱其手"给我印象最深刻。故事说是太子丹和荆轲喝酒时，请美人弹琴助兴。荆轲说弹琴美女的手甚是好看，"但爱其手耳"。于是太子丹就令人砍下美女的两只手，还装在玉盘中郑重其事地送给荆轲作礼物……这样的故事不知真假，但让人毛骨悚然是真的，知乎上甚至还有对于太子丹和荆轲之间这场互动背后的深层次人格和心理解析。

最近看脱口秀，一位女选手说，既然手纹就可以识别一个人，我们以后是不是可以摈弃看人先看脸的陈腐做法，而是以手代脸，这样很多脸不上镜的人可以避免容貌焦虑。一笑之余，却也想起如今常常听到的另一个说法："手是女人的第二张脸"。想想颇有道理，看看多少女士的双手在护手霜精心呵护之外，还需要各色指甲油和各种戒指的装饰，就知道她们对于双手的重视程度了。据说，如今敢于"素手朝天"的人也是越来越少了。当然，在性别差异日益缩小的现代社会，看到很多时尚男士也把自己的手当作第二张脸来看待，是一点都不用奇怪了。

前不久，调音师又来家里调钢琴。他一边对裸露的琴键敲敲打打，一边与我闲聊，告诉我他是上海人，他太太出国前是个眼科医生。我脑中一时灵感乍现，笑道："你们夫妻俩都是靠手吃饭：做的都是手艺活，都属于心灵手巧的人呀！"调音师听得十分受用，调完琴，还正襟危坐地弹了一曲《黄河大合唱》，向我们展示他很能干的双手：不仅可以调琴，弹琴也是一把好手呢。

有时觉得自己笨嘴拙舌，不晓得夸人。如今却从女儿这里得到灵感，又从调琴师这里得到鼓励，时不时活学活用一番。比如一位文友最近在我的微信朋友圈文章后面留言点赞，又特别强调她是"手工点赞"，而不是用一个现成的表情符号。我立刻回了一句："你的手很好看！"不晓得她因此高兴了没有，我倒是为这自以为是的回答乐呵了老半天。

失而复得的女儿

　　周末送七岁的女儿奥丽维娅去参加一个印度女同学思玛的生日派对。说起来，这是疫情以来她第一次去参加正式的生日派对，又兴奋又紧张，一路叽叽喳喳，憧憬着这个派对会有什么精彩节目。

　　路程不远，我也就完全相信手机里的应用会顺利带我们到派对场所，却不料快到目的地时，手机却一直通报说25号公路边上一个芜杂的建筑工地就是我们要去的庆祝生日的所在，真是叫人哭笑不得。

　　在附近停停转转了半个小时还是找不到派对地点，我几乎要打道回府，却又不忍心直面女儿失望的小眼神。好在我最后一次赌对，在一个商业区里转圈圈，终于找到了那家门脸不起眼的店家：原来是一家美容美发店，被思玛家包下来，给一帮小女生们搞生日派对。

　　我们去时，已经晚到了二十几分钟，参加派对的其他九个小女孩都已经进入状态：要么做了指甲，要么做了头发，要么正在化妆。奥丽维娅欢欣雀跃，和高她大半头的思玛打招呼。两人一边拥抱，一边庆幸和埋怨："我还以为你不来了呢！""我爸爸差点就带我回家了！"

　　奥丽维娅把她的小外套扔给我，又从善如流地摘了口罩，就加入了小伙伴们的美容美发大业。其她的小女孩都是母亲送来，我一个男士就自觉格外不自在。和思玛母亲打了招呼，我忙溜出去，在商业中心里外转了转。

正是春花怒放的季节，街角墙边可以看到各色各样的郁金香，在风里摇曳，在阳光下欢笑，叫人感叹春色无限。

一个小时过去，我估摸着她们的派对也接近尾声，就回到美容店去找女儿。可是，一大群女孩子里，我居然找不到她。又想她是不是去了卫生间之类，就又等了几分钟，却还不见人影。

我心下发急，就问旁边的日裔和越南裔妈妈："你们看到我的女儿奥丽维娅了吗？"她们都茫然地摇摇头，表示不认识。我愈发着急，四下找人发问。思玛的妈妈听到我焦急的询问，走到我身边，又顺手一指，笑道："坐在里面顶头的不是奥丽维娅吗？"

我定睛细看，原来小姑娘穿着藕荷色的无袖裙装（我之前没注意到她的衣服颜色），本来自然放下的头发被高高盘起来，又戴了一个银色发卡，化了妆的脸色白里透红，十个指甲也涂得美丽鲜亮，端的是"女大十八变"的效果。她原本活泼可爱，如今这么一打扮，确是更添了了几分令人讶异的俏丽和妩媚。

闹了这么一出眼前女儿不认得的糗事，我不禁脸红。窘迫之下，不由恭维一番美容师的高超技术，又说这个派对别开生面，跟以前参加的派对都不一样。一帮母亲齐声附和，小女孩们自然玩得更开心，笑得花枝招展。

底下，我一边看着这一群女孩子们吃蛋糕吹蜡烛，一边倒想起今年看过的那部奥丽维娅·科尔曼主演的电影《失去的女儿》

（The Lost Daughter，又译《暗处的女儿》）。故事本身倒也不复杂，讲在希腊小岛度假的一位母亲时时回溯自己曾经为了事业而放弃婚姻和女儿的往事。科尔曼演技精湛，充分表现出人到中年后作为母亲的无奈、伤感甚至些微变态的冲动（比如藏起岛上另一户度假人家到处悬赏寻找的小女孩的芭比娃娃），并因此角再次获得了奥斯卡最佳女主角的提名。

其实，即使没有事业和家庭的冲突，很多父母也终将面对某一天会"失去"的伤感无奈。犹记得很多年前看到余光中写的《我的四个假想敌》：他把四个女儿比作树上的果子，害怕她们有朝一日被人摘走，甚至会主动跳落在过客的手里……那时读着读着就忍俊不禁。不过，还是少年的我想得更多的是：难道某一天我也会成为哪一位女孩父亲的"假想敌"？

隔了这么多年，自己成为了一个可爱女孩的父亲。那一天忽然听七岁的奥丽维娅说："我觉得我们班上的某某某在暗恋我（has a crush on me），当然他暗恋很多女孩子。"我几乎惊掉了下巴，没想到她这样大的小孩子就似懂非懂地晓得"crush"这个词了，更让我警醒的大概是意识到这个世界上也有"假想敌"向我围剿过来了，而我面对的终将是一场失败的战争。

回家路上，奥丽维娅意犹未尽，感慨这个派对多么有趣，又感谢我送她参加这个派对。我心里洋溢着"失而复得"的喜悦，当她问我回到家可不可以吃冰淇淋、可不可以玩手机时，我满心欢喜地一口应承说"当然"，奥丽维娅又甜言蜜语道："你是最好的爸爸！"在《我的四个假想敌》里，余老先生还说："女儿最可爱的时候是在十岁之前。"诚不虚也！

这生日派对上的糗事虽然有惊无险，却仿佛一场小小的预演，让我感触良多，不禁又想及龙应台的经典语录："所谓父女母子一场，只不过意味着，你和他的缘分就是今生今世不断地在目送他的背影渐行渐远。"

面对这样平实又残酷的人生真谛，父母们所能做的，不过也就是且行且珍惜吧。

生死问答

那天晚上，给六岁的大儿子讲完故事，熄了灯，互道了"晚安"，他突然没头没脑地来了句，"爸爸，你说，人为什么会死呢？"我暗暗叫苦，心道："这问题终于来了！"

话说小朋友长大，叫人头疼的事情和时候一阵一阵地来。五六岁这一阶段，他们大多很喜欢问问题，"十万个为什么"一个接着一个地朝父母们袭来，常常搞得大人们只有招架之功，没有还"口"之力，往往只好胡乱应付，甚至训斥一顿了事。

这一阶段的小孩，大概都问过"我从哪里来？""我是怎么生出来的？"之类问题，而中国父母们的经典回答，则不外乎"从胳肢窝里掉下来的"，"从外面垃圾桶捡回来的"，或者"从一个大鸡蛋孵出来的"之类，大多却似乎早已经是过时答案。

据说西方社会有极少数的开明父母，耐心又详细地告诉小朋友们父母怎么做爱、精子如何游泳和卵子相会、受精卵然后分裂、九个月后生长成一个大约二十厘米长、六七斤重的小人类。我佩服他们的勇气，疑惑多少人可以如此言传身教，同时又对实际效果深表怀疑。

话虽如此说，闲来无事之时，妻和我商量，如果儿子们问起这个问题，我们应该怎么回答，应该谁去回答。我说应该由她来回答，因为母子亲近，更因为孩子本是她千辛万苦地怀孕、千辛万苦地生出来的。妻子说我这个"家庭总理似乎又一次有理"，但是总理敌不过女王，妻蛮横地下达最终结论："绝对应该由你这个爹来给他们传道解惑，因为他们都是男孩！"

我们家老大天生有些呆萌之态，似乎万事不入眼、不上心，常常你长篇大论到声嘶力竭，他如梦初醒地回一个"哈"或者"嗯"之类。他如今已经六岁半，却还没开口问这个让人窘迫的问题，叫我们又欣慰又担忧。欣慰的是我们暂时不用面对这份问和答的尴尬，担忧的却是他缺乏应有的好奇心和求知欲。

谁知这小子对生的问题不感兴趣，这一夜却忽然问起死的事情来，吓了我们一大跳。我一时无话以对，只好训斥了一句"这么晚，还不赶快睡觉？！"也就暂时搪塞过去了。

第二天晚上陪他睡觉，他忽然又更直接地问："爸爸，你会死吗？"我只好说"会"，说"人老了，都会死"。他在床上辗转反侧，又问道："那你会怎么死呢？"我几乎"怒从心头起"，差点"恶向胆边生"，准备骂他一顿，却终是"男人气短，父子情长"，只好尽量科学、客观地讲道："有一天我会老，会生病，躺在床上，吃不下饭了，做不了很多事情了。我会跟妈妈、跟你还有弟弟，挥挥手，说再见，然后就睡着了，永远地睡着了。"

我自己说得有点伤感，也以为他小小人儿要伤心。谁知，儿子沉吟了一会儿，下一个问题接踵而至："那然后呢？你就消失了，不见了？"忍无可忍的我，露出自己的"凶狠"面目，再次喝令道："睡觉！别明天早上又叫不起来！"

第二天跟老婆交流，她说放学接儿子回来的路上她也被问了同样的问题，不过好歹他最后说了一句："妈妈，我不要你死。"底下几日，儿子一直对这个问题穷追不舍，搞得我们哭笑不得，甚至上网去找有没有供父母引用的最确切的现代答案。

曾听人说，生在加州的孩子，因为那里气候经年如春，常常对四季轮回、生老病死的概念十分漠然。我有时异想天开：如果不想面对和回答小朋友们的生死之问，是不是也可以考虑搬家到加州生活呢？

当然，小朋友的这类问题，也并不只是给做父母的带来尴尬和无奈，有时也会叫人出奇不意地感动。朋友燕前年就和我们分享过她和儿子之间有关生死问答的感人体验。

当时他们家的安迪才四岁多，却已经开口询问有关生死的大问题。燕对他说，人老了，就会死，就会去一个叫天堂的地方。安迪又问，那我和姐姐也会老、也会去天堂吗？燕只好说"是"。安迪忽然说：妈妈，等我老了，死了，我要去天堂找你……燕说她当时就泪崩得抱紧了儿子，而我们一班原本发笑的听众也都忍不住眼中含泪。

这样的亲子问答，能叫人笑中有泪、泪中含笑的，大约还是少数，而更多情况下，大人们或许只是哭笑不得，不过也有更叫人笑绝、气绝的例子。前不久，以前公司的同事简妮丝在脸书上发帖，说她六岁的女儿近来喜欢翻她的化妆包，自然也少不了被母亲呵斥。结果，有一天，女儿一本正经地问简妮丝："妈妈，等你死了，我可以拥有你的化妆包吗？"一众朋友们由不得纷纷点赞，加着笑脸发表各种看法和评论。

所谓"童言无忌"，也许，只有小朋友们的"生死问答"才能获得为人父母这样宽宥的待遇吧。然而，反过来想，是不是也只有自己的孩子们才会给我们这样面对和思考生死问答的机会和角度呢？

这些日子老大锲而不舍地追问死这个大问题，我们亦绞尽脑汁，思考如何才能跟他科学正确地交流。谁知前几天晚上，他忽然改了主意，问我："爸爸，我们人是怎么生出来的呢？"我脑袋轰然而大，支支吾吾正要说话，他又补充说了一句："其实，我是说这个地球上所有的东西是怎么来的呢？一开始的一开始，他们都是怎么来的呢？"问着问着，小家伙却已经扭头睡着了。

我听得诚惶诚恐，心想：这底下是要从头开始研读《圣经》呢，还是细览那本买了多年、却从不曾深翻的《物种起源》？

沙漠甜点

我是苏北农村长大的，上大学之前说一口不普通的家乡话。记得上中学时，语文老师们教我们应试拼音的诀窍：家乡话觉得是一声的多是四声，家乡话里觉得是四声的多是一声，至于有没有鼻音、卷舌不卷舌，大家就凭着感觉蒙吧。就这么蒙着，我每次语文考试还算不错，一路蒙进了大学。

大学宿舍里有个睡我下铺的东北哥们，自然讲一口纯正的东北话。大学五年间，他可没少纠正我的普通话，简直让我讳疾忌医到不敢开口，却博得他说我是个"语不惊人死不休"的主。当然，几十年过去，留在记忆里的都是那些让人感动的、却已经忘得差不多的小细节。

弹指一挥间，我已经离开老家二十多年，我自认自己的舌头和普通话修炼得不算差了，大多情况下说话也不至于叫听者费力，但是太太不同意我这个结论。

她是南京人，在河北生活过几年，舌头卷起来比较自如，于是就常常笑话我。我们最初认识的时候，我说她的名字单字一个"子"，像个"诗人"的名字。她后来向我坦承，她当时在心底把我狠狠地讥笑了一番。原来她一直以为我说的是什么"思人""斯人"或者"湿人"，完全是"丈二和尚摸不着头脑"。

或许是潜意识里要报复，太太到美国后学说英语，每每也闹点笑话，我总抓住机会好好地"教育"她一番。比如法拉盛的缅因街（main street），到了她嘴里，有时好像是"小气街"（mean street），有时又好像"男人街"（man street）。我忍不住地笑，忍不住地纠正，她总是气鼓鼓地说："你这个man真mean。"

为了心理平衡，太太最喜欢叫我念"石狮寺有四十四只死石狮子""黑化肥发灰会挥发；灰化肥挥发会发黑"之类的绕口令，然后听见我舌头打结、看着我脸色发红，她就得意洋洋地笑起来。

两个小家伙小的时候口齿不清，中文英文都闹出不少笑话。比如出门时候，太太叫他们来"催催"坐在电脑前的我。结果，这两小子，一个跑过来"捶捶"我的腿，一个跑过来对着我的脸"吹吹"，后者大约以为我像他们一样被热饭烫着了。太太要带老大去"练练"跆拳道，老大以为又是要"念念"书，顿时萎顿。

学英文，讲英文，许多不规则的用法和发音也让小孩子们屡屡露怯。我们家老大说起"更好""更坏"，总是脱口而出"more gooder""more badder"，有道理得叫人哭笑不得。至于C这个字母为什么在"car""chair"和"circus"里面发不同的音，老大更是深恶痛绝，我们少不得日复一日、一次又一次地给予纠正。

大多数第一代移民都有自己英语口语被自家ABC笑话的经历。我自以为那种难堪日子离我还有一段日子。不想，老大上了两年公立学校下来，发音日益上轨，居然就开始挑我的刺儿了。

有一次，我叫老大尝尝（taste）稀饭的冷热，老大着急半天，说这个怎么测验（test）啊，搞得我面红耳赤。太太也在一旁笑道："现在你该知道，你也不过是'五十步笑一百步'罢了。"

从此，我说话愈发小心，却还是防不胜防。最近的一次，我们在苹果蜜吃饭。到最后，我好心问大家要不要来点甜点（dessert），谁知一个不小心，就说成了"desert"。老大万分无辜地望着我，又大声用英文道："爸爸，我不要吃沙漠！"我举高甜点单子，以防侍应生看见我羞红的脸，心里安慰自己道：沙漠甜点，其实是多么有创意的词汇组合啊。

儿子说他是白人

儿子五岁，已经在公立学校上学大半年了。我们却感觉他一直懵懵懂懂的，问他在学校吃什么、学什么、玩什么，一向是不得要领，问他有没有交到什么新朋友，也是含糊其辞地说不清楚。因他是元旦前夜生的，必是班上最小的学生，我们做父母的也总想他开窍大约迟一点吧。

新学期开始，正儿八经的家庭作业也开始多起来了，于是每天晚饭后父子、母子间的交流也频繁琐碎一点。再问儿子朋友的事情，居然能说上几个名子来，比如Dimitri， Golam， Neal之类。对于大多数名字，我们望名思意，大概知道是哪国的孩子。但也有不清楚的，比如对于Neal，我就不十分肯定。

儿子又说他最好的朋友是Neal，我就问他Neal是不是印度裔小孩，他不确定。再问他Neal是不是黑皮肤，儿子说"No"。我就问他Neal是什么肤色，他一口咬定说棕黄色（Brown）。我哑然失笑，问他Neal和他肤色一样吗？儿子说"No"。我大吃一惊，问他，"难道你不是黄皮肤吗？"儿子斩钉截铁地否定，又说，"I'm white!"

说实话，这回答听得我忍俊不禁又振聋发聩。一方面，大约他本身肤色白皙，理所当然地认为自己是"白人"，就像我一个肤色微黝的俄罗斯同事曾经说我这中国来的白脸程序员的肤色比他还白一样。另一方面，很显然，我们成人习以为常的肤色标签种族差别，在儿子那里还完全没有概念，而学校和家庭似乎也还没有意识地教导灌输这样的不同。简单、天真，在孩子身上口中，恢复了它们原有的褒义词性。

五岁稚子，在美国这个多肤色多族裔的国度里，还没意识到肤色将是他无法脱离无法摒弃的一个终身标签。喜耶？忧耶？在他这里、此时，还完全不重要。而我多么希望他这一生都不会受到此种问题的困扰，而这大约是痴父痴梦了。

风怎么这样走路啊

小朋友说话，常常出人意表，有时候因为表达不全，反而更叫人有意外收获。

我们家老大说话似乎迟些，两岁半左右才算会说话，但也经常说不清楚某些词、句，比如"放屁"这个不雅之词，他竟说不来，一直说成"放屁股"，叫人好笑又好气；再如"指甲"，他也说不好，经常说成"甲指（子）"，仿佛更有另外深意。

老二说话早些，似乎也更伶俐些，却也常常闹笑话，比如"帮我"从来都说成"帮你"，显然是主宾不分的主儿。最近开始数数，大人常问他"几岁了"，他一直拗口，说"两个岁了"。想想也是，为什么这儿偏偏应该省去"个"这个量词呢？

饶是如此，却也有他们天真发问、一语惊人的时刻。老大四岁时，跟我们一起去坎昆（Cancun）度假，在饭桌上淘气异常，惹得妻子生气。饭后妻子郁闷，也不理我们，径直往海边去。儿子牵着我的手跟在后面，小心翼翼问我"妈妈要去哪里"？我只好说，"妈妈要去看看大海。"儿子忽然道："可是，天黑了，大海关门了啊！"我忙着大声转告给前面独行的妻子，而她也禁不住回头笑了起来。

老二如今快三岁，话也多起来，常常学舌哥哥，却也时有独创之音。那天父子三人坐在厨房吃冰淇淋，外面风声遽起，雷雨欲来。那风大，吹得纱窗呼呼作响，猛然一声，似乎要掀窗而进一般。老二吃了一惊，突然问我，"风怎么这样走路啊？"我一时反应不过来，及至想明白了他要表达的意思，不禁觉得此中也大有诗意呢！

第四辑　迷路的自由

迷路的自由

周末带儿子去附近的保留地树林里徒步。这个叫静井树林公园的地方有270英亩之大，里面有不同难度级别的山地自行车道，离出口比较近的地方则有一大片草甸子，沿着草甸子走上一圈也有将近一英里。我平常为时所困，到了这里，只能选择围着草甸子走一走，看看四周风景，听听鸟声和风声，也无端觉得尘嚣渐远，目净心清。

这一次带着近来体重飙升的小儿子来。正是下午三点多钟的晴朗天气，因此有意带他多走一些，就再次信步走进树林里。十一月初，已有秋深秋晚秋远秋渐残的意味，但因为今秋少雨又暖和，还有不少树叶恋栈于枝头，没到光秃秃的境界。林中的小径上铺满黄叶，踩上去脆脆作响，越发衬托出没有人声的安静来。偶尔有一两个骑着山地自行车的人快速闪过，马上也就消失在密林之中。

儿子说："这些在树林里骑山地自行车的人，都有一些共同的特征。"我第一次听得如此说法，请他细说他们都有哪些特征。"几乎都是白人，都很健壮，须发都比较长……"不得不说，他的观察基本准确。在这野外荒林中骑车，较难级别的道路不仅逼仄，还常有就着小山坳地势开发出来的起起落落，对车和人都有一定的要求。这种"冒险"运动，对过去十来年大量涌入的亚裔新移民来说，大约不是最好、也不是最安全的选择。

　　林中的道路常常分岔，我们甚至无法判断哪一条是人迹更罕至的，于是往往随心所欲，选了一条就继续走下去。我们过去也曾在林子里信马由缰地走过。记得途中曾经遇到过冬天里依然碧绿的小松树林或者残雪未融的幽深小径，也曾经走到谷底的铁轨边上，看见长长的火车有条不紊地驶向远方，还曾发现一辆半埋土中、锈迹古老的汽车轮廓，叫人无端产生各种联想……这个林子虽然很大，但以往的经验是：大约一个小时之后，我们就会发现自己正好兜兜转转了一个大圈子，正好柳暗花明又一村地走回到停车场。

　　也听说这里面的步道有分岔一直向北延伸，连接邻镇冷泉港的州立公园，串起从长岛到哈德逊山谷地带的一条几百里长的步道。这种可能，让我有些着迷，又有些害怕。这次走来，确实也经过一些之前从不曾注意的"路标"。比如林中忽然出现一只木质长凳，颜色尚新，以前从没见过。我和儿子分别坐在凳子上，对着夕阳照相，大有"坐爱枫林晚"的意思。还发现一棵挂着纪念卡的树，卡片上图文说是纪念一位约翰，似乎是山地自行车爱好者们致敬他们的一个友人。我和儿子无端猜测他是不是骑车太猛，撞上这棵树出了事故。还注意到一丛一群的树，树身从下到上都爬满了常青藤，在丰华渐褪的暮秋之中，这些"绿油油"的树木看着扭曲而诡异，好像正在努力逃脱藤类的绞杀……

　　越走越远，越走越深，不久竟也走了快一小时。夏令时刚刚结束，天色晚得早，太阳这会儿已经斜挂在树林的边上，光线的温度几乎可感地一度一度地降低。14岁的少年开始跟我抱怨，不停问我们是不是在走出林子、走回停车场的正确道路上。我也渐渐怀疑这次能不能再顺利走回原点，底气不足地问儿子："你觉得我们曾经走过这条路吗？"他摇头耸肩，咕哝道："我怎么知道。"确实，举目四看都是树，高的矮的，粗的细的，有叶子和没叶子的，散发出疏凉的晚秋和秋晚的气息，但很难说哪一段是熟悉的，哪一段又是完全陌生的。看似平静的树林，细究细看之下，这会儿也似乎有危机四伏，让我联想到《魔戒》里面那些能移动能打斗的形形色色的树怪。

我请出手机查地图，果然信号微弱，但也不是完全没有，至少能看到所在位置是在一片淡绿色之中。问题是，这些林中小路其实没有名字，或者最多是所谓"绿色步道"或者"黄色步道"的一部分。我只好选择了一个看似林子之外的地址，然后一边鼓舞儿子跟我继续往前走，一边时时查看手机上的谷歌地图会不会给出更明确的方向指示。

林中的寂静越来越巨大，仿佛我们踩着落叶的声音是唯一的响动。偶尔，有一只啄木鸟在高处"笃笃笃"地工作，或者一只花栗鼠在地上枯叶堆里迅速蹿过，或者一只松鼠抱着一只坚果飞快地爬上树去……虽然都是短暂而轻微的声响，却听得我们几乎一惊一乍，几乎以为会有狼、熊或者其他攻击性强的野生动物出其不意地出现（虽然从没听说过纽约长岛有这样的动物）。

这时，我想自己其实是不是潜意识里期望着迷路一回的。在电子导航无所不在的信息时代，我们越来越依赖于它们，也越来越少迷路的机会，却也渐渐失去了探索道路的好奇心和冒险意识。记得二十多年前自己第一次跟朋友来纽约玩，被她的繁华纷乱困扰惊艳，更被她复杂的地下铁线路折服惊乍，但幸运的是跟着邦妮和晓浚两位有经验的朋友四处走动，我们来往于泽西城和华埠之间，不仅看了一场崔健的音乐会，还大大安慰了自己离乡经年的中国胃，而且几乎没有差池闪失。若干年之后，因为这段经历，我还写了几句诗：紧紧跟随你们左右/我再不担心被遗弃的孤独和恐慌/却又深深惋惜/我终于失去了/迷路的自由。

我的潜意识里也许一直是在怀念那种"迷路的自由"的。当然，在陌生的地方，伴随着这种自由而来的往往也有不见同行者的孤独和对于未知的恐惧，所谓自由的代价。就像这一个秋天的黄昏，在手机信号微弱的树林里，我们意外地遭遇"迷路的自由"，却不得不思索可能的紧急对策。我想过，如果天色全黑，而我们还在这片野树林里打转，那就只好打911求助了（至少手机还有充足电量，即使信号很差，911总是可以拨出去的）。

本来一直戴着耳机听音乐、只管跟着走路的儿子，也开始留意四下里的动静。每听到一点脚步声之外的异常，他就警觉地问我："那是什么声音？"我也一直觉得有窸窸窣窣的声音跟着我们，却又怀疑只是我们自己的脚步声，只好安慰他说可能只是我们想象出来的声音。

这么战战兢兢地又走了几分钟，终于和一只意料之外、情理之中的动物相逢：一只小麋鹿不知所措地站在树丛里。我们又惊又喜，不由停下来，仔细看他。小鹿停顿了一会儿，敏捷地跳了几步，走进树林深处之前忽然又停下来，夕阳的残光在他身上打出斑驳的树影。他若有所思地长看了我们一眼之后，到底钻进了灌木丛中。我们顺着小鹿消失的方向前行，手机上的信号却也忽然清晰起来，告诉我们18分钟之后可以走出树林。

　　虽然最终走出林子的地方，离我们的停车场有将近两英里，但附近的人家和眼前蜿蜒的柏油马路，给了我们半小时之内走回停车场的信心。让我惊讶的是，这条马路十分幽静，一边是这看不到边际的树林，另一边却是一幢一幢的豪宅。更令人稀奇的是，树林中已经没有十分好看的斑斓树叶，这些人家门口篱边的树上还有枫丹杏黄的各种颜色，在暮色四合、弯曲寂静的马路边，更有一种引人入胜的迷离和朦胧之态。

　　如释重负之余，我一边催促儿子赶路，一边却又在脑中把一句唐诗改编了："林中十月秋色尽，不想转入此中来"。一时心下得意，甚至又生出一些"迷路值得，人间值得"的感慨来。

骗吃骗喝谈 "文化"

刚到美国不久的时候，那个大学城里有两个老外贴出告示要学中文。我们系主任则一直以我的口语不够好、不够资格做跟本土学生一样合格的助教来要挟我。看到这两个老外发在我们中国学生学者邮件列表上的信，我就奋不顾身地冲上去报了名，还打着自己是个文学爱好者、可以更好地教他们说写中文的旗号作幌子。

先见的老外叫约翰，跟我差不多年纪。他本人跟中国学生住了几年，十分钦慕中国女人的治家读书之才、温柔沉静之德，于是就定下学好中文、娶中国女人做太太的短长期目标。

另一个老外是个中年妇人，名唤邦妮，自取中文名叫魏贝宁，甚有邻家女孩之韵味。她学中文也有十来个年头了，还学过太极拳之类，也不知道怎么就迷上了中国文化的博大精深，甚至生出要到密云山区放羊的上山下乡之类壮志宏愿，让我满心敬佩。只是以她当时的中文水准，恐怕还得修炼若干年头，才能以"咩咩"之声唤中国之羊，至于领略"风吹草低见牛羊"更令我有任重道远之虑。

话休絮烦。且说某一个周末，贝宁邀请我们去她家吃晚饭、顺便练习美国话和中国话。听说有吃的又有喝的，我们欣然前往。贝宁准备了花卷素菜包子和黄米，菜有空心菜、老韭菜和山水豆腐。定下吃包子之后，贝宁问我们能吃几个包子。那人高马大的约翰说"一个"，害得我为自己能吃两个还兀自害羞不已。想当初在合肥黄山路的扬州包子店，我每次都是至少点上两笼、十二个的呀。

帮着贝宁理空心菜，告诉她如何通过折根部来判断空心菜的老嫩，她高兴地说又学到了新东西，然后跟刚刚赶来的约翰现炒现卖。包子进笼，黄米上锅，贝宁把豆腐放进炒锅，把菜叶覆盖在豆腐上，再把锅盖盖上……我看她如此糟蹋我中华的炒菜文化，简直是人说的那个"焚心以火"。可怜那个约翰在边上跟我说"闻上去很不错啊"，我碍着国际友谊的情面，也满脸堆笑道："是啊是啊。"

包子进盘，他们两个别扭地拿起筷子来要夹包子往嘴里送。我只好说：我们中国人也是很机变的啊，有时候也用手拿东西吃的，比如——我用手拿了包子往嘴里送。他们恍然大悟，也弃筷用手，然后又频频点头说味道不错。那素菜包子的馅儿是白菜粉丝之类，入口未免太淡，我犹豫一时，终向贝宁要醋和酱油，然后拿包子蘸了再吃。这两人又一次恍然大悟，跟着我学了，这会又道："果然味道更不一样了耶！"

话说此时，三人吃饭，包子素淡，菜和豆腐根本是熟而无味。约翰和我是客人，赞叹两句之后，不好意思再不实事求是地肉麻，不觉饭桌上有些沉默起来。却说我眉头一皱，计上心来，觉得应当趁这大好机会给他们说说我们的饮食文化。于是我指着酱油瓶道：我们中国人有时候说"我孩子都会打酱油了"，一来炫耀自己的孩子跑腿算账的本事，二来委婉说明自己的孩子有七八岁了。重复了几遍，两人大约明白了。我手指一伸：我们中国人说"吃醋"不仅是"喝醋"的意思，更有嫉妒的含义，所以爱吃醋的女人我们叫她"醋瓶"，吃醋吃得过份的女人我们叫她"醋缸"——哈，我咿咿呀呀说不出那个英文的"缸"字，贝宁水平到底高些，说是不是"桶"啊，大差不离，我也就默认了"醋桶"这一类爱吃醋的女人。

这时候，六只包子已经被我们每人两个超额报销。贝宁端了黄米饭出来。看那颜色，若灰若黄，不同于常见的白米饭，我少不得忍住皱眉的冲动盛了一勺子。看那状态，米粒大开花，稀稠介于饭粥之间，又强行忍住叹气的冲动。约翰已经尝了一口，谨慎地说了一句"不错不错"，贝宁大悦我大愁。只好慢慢伴着那色味俱差的小菜来下咽，一边沉默不语。

我又一次在沉默中爆发：我们中国有句俗语，跟这米饭有关。他们两人眉眼里流露出"此话怎讲"的询问。我得意说：那话叫"我吃过的盐比你吃过的米还多"，极言本人见识之广阅历之多资格之老，还有半截子叫"我走过的桥比你走过的路还长"，必要时用来加强语气。

这两人啧啧称奇，又回味练习了半天。约翰问：那你们对这个豆腐有没有说法？我先是一愣，随后大悦：怎么会没有呢？中国有道家常小菜叫"小葱拌豆腐"，演变成歇后语就是"一清二白"——这什么歇后语，从"青"到"清"可难为我来解释了，闹了半天，也不知道他们全懂没有。自己连忙顾左右又言它道：就那青菜也有说法，叫作"萝卜青菜，各有所爱"，从日常生活中反映了我们中国人民的生存哲学——你说这美国吧，老叫嚣我们中国的人权如何如何怎么怎么，就是没明白这"各有所爱"的道理；把这美国的人权照搬硬搬到咱中国去，老百姓还真不一定感冒——哎呀，怎么"感冒"跟"感兴趣"是一个意思啊——我也不知道耶，还是放下话题吧。

　　饭毕已经是九点多，大家一起表示收获良多——无论是物质还是精神。于是贝宁烧开水、准备用茶。等水开的时候，我们吃苹果，我又说：我们中国人送苹果，借用"平平安安"的意思，所以以前看望病人是首选水果……在中国像我们这样三人分食一只苹果，也没问题，但是如果分食那在美国价格昂贵的梨子，问题就来了，人家会以为你在暗示"分离"，另外也千万不要让你的孩子们分食。他们问：万一只有一个梨子呢？我忙笑道：这个嘛，我们中国人还有一个成语叫"孔融让梨"，可以用在这个关键时刻来教育兄弟友爱姊妹和睦的道理。我一边说，一边暗自感叹我们中国人有这么多的哲学和智慧，而我的三寸舌头还有不烂之奇质灿莲之异能，不由得自我陶醉了三分钟。

　　一时水开，我们泡茶。茶是龙井茶，他们两个学我的样子撮了些放在玻璃杯中，大家连赞好清香。然后注水冲茶，我本已经口干舌燥，得了这茶，灵感又涌。关于这茶，我们也有许多说法，比如"人走茶凉"，四个字说尽了多少世态炎凉；另外还有"茶博士"的说法，证明我们中国早就有"博士"之说，不过后来式微而已。自己头脑一时发昏，还想给他们解释"花为茶博士，酒是色媒人"，睁眼一看，那贝宁已经点头如捣"蒜"——哎呀呀，已经快十一点了，我光记着要"诲人不倦"，可没想到那被诲的人早已经倦了啊……

　　约翰开车送我回家，路上两人又聊天。我问他"今天我讲的那么多饮食文化，你可学会了一些没有？"约翰不好意思地说："什么都不记得了。今天在邦妮家没有牛肉没有酒，没吃饱！"我不禁大乐，贝宁是个素食者，跟我同是肉食动物的鬼子约翰怎么也不会比我食量小啊。于是问他当时怎么还说只要一个包子，他说好像中国人不爱说多啊，我又一次笑了起来。不觉到家，在楼下说下回请贝宁出来吃饭，我们可以要牛肉可以喝酒。于是约翰问你们喝酒有什么"文化"没有，我惊呼一声：我们的酒几乎已经从饮食文化里独立出来成为专门的"酒文化"啦，比如说那个"酒逢知己千杯少，话不投机半句多"。哎呀呀，不小心带出了后半句，他要是问我我跟他是哪一类，还真说不上，这可怎好？得，"今朝有酒今朝醉"，还是下回再跟他分解吧！

旷野里的雕塑

七月份全家出行去佛蒙特州玩，回来途中路过哈德逊河谷地带的更特郡。看旅游册子上提到久闻其名的 OMI 艺术中心及其旷野雕塑公园就在附近，顿时心动，就拐过去参观了一下。

果然在一片住家稀少、植被繁盛的地界里，一栋造型别致、宛如飞鸟展翼的平房立在那里，据称这平房的建筑材料和内部设计都很环保。门口的停车场上，稀稀落落地停着七八辆车，因为天热，有的车主连车窗也没有关，想来游客不多，且又十分安全。办公室里面格外凉爽，一翼是室内展厅，另一翼是小小的咖啡厅，三四个工作人员喜眉笑脸，自然亲切地告诉我们参观雕塑公园完全免费，但是欢迎捐赠和购买纪念品；另外因为公园很大，可以租借自行车参观游览。

家人嫌外面太热，就在室内稍事浏览，然后坐在咖啡厅点了东西吃，我一人冒着酷暑走进了这旷野里的雕塑公园。整个公园占地六十余亩，包含农田、湿地和小树林等部分，而几十件各种风格的雕塑则别有匠心地散布其间，下接地气，上衬天穹，立刻给人别有风味之慨。

一路前去，小树林边上两尊似用塑料袋、纸屑等废弃材料制成的人像，一尊玄黑、一尊杂彩，远远的，仿佛避世的隐者，如思如泣，叫人不得不驻足遐想。再前面，是一片小小池塘，偶见蓝色鸟儿站在横于水面的树干上，一动不动，也成了一件小小的雕塑作品，与池塘边上的坚硬的铁石作品对比，颇有相得益彰之效。公园中间有一排树，而一组轮胎状的铁皮圈拉挂在几棵树干之间，将风景割裂又重组，创意非凡，却又浑然天成，几成我的最爱。

从中段设置的展览亭子往右拐，就发现草地边上还有种着成片苜蓿、大麦的区域。盛夏时节，蜜蜂、蝴蝶和蜻蜓肆意飞舞，微风过处，植物的叶茎们轻摆缓摇，而边上又竖着好像电线杆一样的铁质纪念雕塑，一时竟让人恍惚以为在真正的乡间，而不是精心策划的艺术作品的包围里。

一路绕回到接待中心两侧的草地上，看到今年主打推出的雕塑作品，让我耸然动容的是那尊叫"盒形人"的雕塑：塑像双腿以上的主体部位是仿佛中山装的四方盒子造型，无脸无面，淡淡的粉红用色又让这塑像似乎精神抖擞，端端正正站立在天地之间，若有无穷可褒可贬的解读。安置在接待中心另一侧的主打作品是一组盆栽，妙处在于用的底盆，有流线形的也有四方形的，而用色有乳白也有蛋青，小小的植株在盆中颤巍巍站着，而身后是自然长成、初具规模、此季正绿得润得恰到好处的小树林。

临走的时候，却忽然天色遽变，风雨欲来。天上乌云聚集，压成横在天际的一抹浓墨，若断若续地和雕塑公园的树际线连在一起，云黑，树绿，草青，而件件雕塑也忽然在这风云骤变的自然环境里改变了颜色和神态，呈现出种种令人意想不到的主题：苜蓿地边上的铁钩雕塑俨然成了一枚避雷针，而其他作品或者状如风中的舞者，或者形似迎雨的使者，安静而凝固的作品那一刻在天地风云间奔放流动，让我忽然体会到将这几十件雕塑作品安置在这旷野之中的深意和美义。

有人道，雕塑和建筑一样，也是"凝固的音乐"。但当雕塑作品以它们相对小巧的形体而可以流动于不同的环境和天气之下时，显然又有给人焕然一新之面貌的潜力。在纽约的中央公园和街头，也有不少雕塑作品容易引人注目到流连忘返，六大道上让多少人驻足留影的红色"LOVE"雕塑就是一例。在一个严寒冬日，我亦曾经看到艺术家们在公园大道上展出的玫瑰和甲壳虫等颜色鲜艳、造型生动的雕塑作品，在冰冷坚硬的森林丛林中，兀自透出令人陶醉的妩媚和温暖。

而对于艺术品，最重要的或许还是和观赏者的交流与邂逅吧。一万个观者对同一件雕塑就有一万种解读，而同一个观者在不同的时空、不同的人生阶段，对同一件作品亦可产生完全不同的感受。在更特郡的旷野里和一群雕塑在一场夏日的暴风雨之前邂逅，让我恍然有所悟，也盼望着将来的某一日能在另外一个季节、另外一种天气里，重访这片旷野里的雕塑园。

烟花烟花满天飞

到美国的第二年夏天，有一天星期五下课的时候，教我们英语的加瑞忽然道："我想你们都知道今晚本地放烟火庆祝美国独立日吧。"我们几个都是第一年，却不晓得的。于是回了实验室，就给邦妮打电话，约好了晚上大家野餐后就去和康奈尔隔山相望的伊萨卡大学看烟火。

到了山低林密的公园，放了大家带来的食物，邦妮倒领着我们去看那一帘飞瀑和一眼绿潭。瀑布大约有一丈来宽，从三四个人高的山顶上泻下来，水并不大，因此看得见水后的石壁。底下的潭倒是绿碧碧的一汪水，再映了两边山岭上的树颜，几乎不见一丝儿杂色，令我想起朱自清的《绿》里面的梅雨潭来。只是这瀑这潭得了那绿，却得不了那静：一些美国人在跳水游泳，从一两米的跳台上很不优雅地"扑通""扑通"地跳下去。最有趣的倒是一个似乎不足岁的婴儿，被他父亲放在浅水里推送，不但不怕，反而闭了眼"呀呀"地欢笑。

看了半日，回到烧烤区吃东西，主要是些水果面包饼干饮料之类，一壁吃，一壁忍不住又给邦妮讲些中国的习语："酒肉朋友"指哪类朋友，"君子之交淡如水"是何境界，"醉翁之意不在酒，在乎山水之间也"又有何引申含义——以前真的从不曾注意的，如今在异国他乡倒常常一点一滴地感触起来，或许就如这夜后来的烟火，让我蓦然有了许多倍思乡的感叹。

大约九点吧，我们驱车往峡谷对面山顶上的伊萨卡大学去。穿过一截高速公路，就是蜿蜒的山间窄路，时时隐没，又时时陡现，再加上路之两岸树木葱茏掩映，极得幽深的意境。到那边山巅，路两旁都是草地，长长的野草在晚风里轻轻摇曳，偶尔有小鹿出没其间，而西天太阳斜落，云轻霞艳，正在无限好起来。

到了伊萨卡大学，车辆如流，只能慢慢跟着往校园停车场去。停车场早已经车满为患，我们可巧在入口处"禁止停车"标志边上发现一个空档，就在那儿泊了，六个人兴高采烈地寻觅合适的观赏烟花之地。

放眼看去，草地上已经满是人群，男女老少，金发碧眼，彩裙花裤；有带了躺椅躺着的，有铺了毡布坐或睡在草地上的，也有许多站着聊天的，笑着玩飞碟的。我从来没看过这么多美国人倾巢而出的场合，那久违的热闹的人气，加上周围宽阔的草坪让我想及儿时看露天电影的情景：只是这地方不是故乡，这人也早不是那看到幕布上五星闪闪就认为今晚电影好看的朴素儿童了。

我们找了地方坐下来。西天的颜色由先前的微红渐渐转深，恰如玫瑰的颜色，再转眼，又有些灰暗的调子，像锈红，却多出一样沉静安详的美。还有些云彩，那一刻若鱼若雁，缓慢地变化着形状，衬着底下黛色的山脊和白茫茫的一片湖水，更有一番情致在里头。隔着马路的那片草坪上，浮着一只巨大的热气球，底蓝中白上红，在夜色里膨胀着鲜艳；后来看见有人在修理它，隐约望到燃烧的火光。

马路上的车辆依然川流不息。大喇叭里放着甲壳虫的歌：《让我握住你的手》。我们就谈起甲壳虫来，说是六十年代流行的乐队等等。我问邦妮："那时候你还年轻吧?"邦妮微微笑着反问："你的意思是说我现在不年轻了？"同行的中国女孩连忙帮着解围，说："你还很年轻啊！"我心里暗暗地笑。

大约九点四十五的时候，天色已经完全黑下来了。我们正在说那边湖心渐渐灿烂起来的灯火，猛然听到东边一声炮响，回头看去，天上一朵烟花缓缓盛开，照亮了东边的天空。我们意识到坐错了方位，于是起身向东小跑，那边也坐卧站躺了许多人。还没安定，又一通炮响，天空再度鲜艳亮丽，周围的人群毫无声息地看着。同行的石博停下不动，倒惹得躺在他身后草地上的一对情侣道："Excuse us"——我从来不晓得还可以这么用的，忙拉了石博坐下来。

渐渐入了程序了。烟花接连不断地放上天空。有的倏地在黑暗里上了天，然后猛然爆开一朵灿烂繁复的银花；有的小球样走着小波似的曲线上了天，渐渐增大，炸成两圈花环，一红一蓝，比肩而落；有的一条直线似地弹上去，如伞张开，却落成满天的繁星花雨，五颜六色地变幻着……

地下放烟花的频率越来越高，天上的烟花越来越多，烟形花色也越来越让人眼花缭乱：有那么大大的一朵的，伸展开无数白色的卷曲的长茎，宛如深秋里绽放的清丽白菊；有那么高高大大的一棵的，恰如精美的珊瑚树，在黑的天空如同在暗的海底伸展她们生命的枝桠；有那么闪烁的一群的，红的蓝的绿的，快速地旋转着或隐或现着，像动画片里精灵的现身和隐却；有的只是科学的球状射线，四面八方地射开去，似一只团成球的仙灵刺猬，慢慢隐退到黑的夜色里；有的先只是普通的闪耀和绽放，悠悠落下时，却变成全碧的，或者半截瑟瑟半截红的如眉柳叶，又飘飘的有些蠕动，像可爱的另类蠕虫；也有的就那么天女散花般漫天飞舞，变幻成闪闪的红星，亮亮的雪线，白白的雨珠……

还喜欢那炮声。有时候是放礼炮的"嗵"，充满了中国传统里的喜庆意味；有时候是呼啸着的，仿佛有无尽的能量和喜悦要从人间带到天上去；有时候又是嘶叫着上去的，不知是愤怒的呐喊还是幸福的呼号……这些声音又在山谷间来往几个回合，专心要人记住它们的情绪。也喜欢那花雨火星辉煌过后的烟痕灰迹，白色的，像飘飘游走的云，似漫漫退却的雾，如缓缓隐去的往事……

大家都不怎么说话，陶醉在那满天飞的烟花里，精彩处，或是油然而生的最简单的赞叹性语汇"哦""啊"，或是因着边上的掌声也跟着拍手，或是不自觉地调整着眼镜，似要让自己看得清楚些再清楚些，或是情不自禁地站了起来，甚至要走上前去，妄图跟上那正在渐渐消失的烟火……

持续了二十多分钟，烟花渐渐稀少以至结束，人们一起鼓掌向那放烟花的人致谢，然后纷纷起身往停车场去。我们落在后面，一路感叹着如此繁华的烟火盛会，然后邦妮却道："美则美矣，可是这么多烟火肯定要造成环境污染，再者我可怜那些山里的小动物，它们哪里知道今夕何夕，不知道给吓成什么样子呢。"我听得忍俊不禁，倒想跟她说："子非兽，安知兽之不乐烟火乎？"

草地上还有些不急着回去的人们谈笑着，孩子们手里挥舞摇晃着彩色的荧光圈，马路上已经是车如流水灯如长龙，每个路口都有两个以上的警察在疏散交通。我坐在缓缓移动的车里，因着大家说这些烟花该当是中国制造的烟花，真的想起在国内看烟花的事情来……

其实因为胆小的缘故，我几乎是从来没放过烟花的，却喜欢每个除夕之夜在自家门前看邻近村庄里的烟花：一般只是极普通的样式，一线地升上天去，爆裂成美丽的花朵，然后缓慢地消于无形。自己喜欢的也许是身后忙碌的温馨的过年氛围，而别人的烟花美丽了我记忆的背景。

在国内看的最盛大的烟火晚会却是九七年夏天在东北的大庆看到的，那时候全国都在欢庆香港回归。我在《我的1997》里写道：七月来临的时候，我们也看着电视，遥遥关注着香港回归，却又感觉着我们和她的距离。只有那一晚的烟火是永不磨灭的。我第一次有机会看如彼盛大的烟火晚会，缤纷的色彩和亮度，美妙的烟迹与火痕，那转瞬即逝的繁美……有一首歌在脑中不停地回旋着：烟花烟花满天飞，你为谁美丽。人生本没有答案，可是我们大多数都无法如烟花那样绽放一回，毁灭一回，陶醉一回……大庆的那一回应比这里更美更繁复的，我还记得先是炸震耳欲聋的鞭炮，然后是燃有"庆祝香港回归"等字样的烟花，再后才是天上的烟花表演……

在回去的路上，在车子重新穿行在曲折起伏的幽深山路上的时候，我想起来在大庆看烟火刚好是两年前的事情，先是因着这回在美国看有些儿遗憾，后来想起那一回是七一前夕，这回是七一后夜，这样的巧合令我又无端地欣喜而感叹起来：总有一些景象，总有一些事情，总有一些人群，让我在流浪天涯的旅途里，时时惦记起故乡和过往来的，就如这夜的烟花。

我们后来又议论了一番：说如果在水面上放烟花，两相辉映，是不是应当更有缤纷美感？四号晚上看电视里的烟花，有纽约的也有华盛顿特区的，有些水边景象，却不如想象中的美丽，甚至不如我亲眼看到的伊萨卡的天空的烟火。又说烟花技术是不是应该可能在天空绽出字样来，我想起杨过给郭襄送十六岁生日礼物的情节，回来翻书，看插图的那一页背面写道："西山同窟鬼各放一个烟花，组起来是'恭祝郭二姑娘多福多寿'十个大字。十字颜色各不相同，华丽繁富，妙丽无方，高悬半空，良久方散。群豪欢呼喝彩。"乘兴，睡前又翻了几页，却又轻易沉浸到在金庸营造的中国江湖里，几不能寐起来……

昨天连到本科班级的主页上，刘莽汉祝大家独立日快乐，在大家拿的小广西立马跳出来说"难以接受"，于是莽汉改祝大家"天天快乐"——看那短短的三贴留言，自己却又一次会心地笑了：烟花烟花满天飞，你为谁美丽？我想我心中是有一句永恒的答案的……

1999年7月

假戏真做游普利茅斯

麻省的普利茅斯（Plymouth）号称是"所有美国人的家乡"，因为当初乘坐"五月花"号探索美国新大陆的清教徒们最终在此地弃舟登岸，并开荒种地，而后的初冬又和当地的印第安人度过了传说中的第一个感恩节。近四百年过去，普利茅斯如今已成为一个以旅游业为主的城市，而该城旅游的焦点之作就是普利茅斯种植园（Plimoth Plantation），其中也包括那艘名叫"五月花二代"的仿制船。

到了普利茅斯种植园，游客中心首先推荐大家去电影院看一部十来分钟长的短片。这部影片的名字叫《两个民族，一个故事》，讲述普利茅斯种植园的概况，为什么建这么一个种植园去仿真1620年前后的历史状态和系列事件，游客在种植园行走时可以看、听、问些什么。影片中人物说四百年前的英国英语和万盆纳格土语，给人耳目一新和身临其境的感受。

看完电影，离开游客接待中心，我们沿着植被葱茏的小路前行，一路可远眺鳗鱼河（Eel River）的宁静风光。鳗鱼河在此处变得宽阔，形成一个大湖泊，然后又变成细细的一条线，蜿蜒流入普利茅斯海港。

鳗鱼河两岸的芦苇水草甚是浓密，它们围住的如镜水面上，偶尔可以看到一两只休憩或闲游的白天鹅。让人体验时空穿越的、仿真的万盆纳格人的家园，也很快就呈现在眼前。

在方圆不足一亩的林间地上，散落着几处十七世纪风格的万盆纳格房屋，有稍大的、四角俱全的议事厅棚房，也有小到仅容一床及转圈之地的居家茅屋。房子的材料则多就地取材，用树干、树皮、茅草等搭建而成，里间炕铺上则多铺着各类兽皮为垫作褥，墙上梁上又多挂坠着他们打猎、捕鱼用的器具等等。

他们的"议事棚"中，一两位只穿着裤衩遮住羞处的年轻人，泰然自若坐在皮褥子上跟大家侃大山。临着议事棚，一对年轻夫妇正在生火做鱼汤。怀孕已七八个月的女主人萨拉生了一双淡蓝的眼睛，引得许多游客质疑她到底是不是印第安人后代。

离开万盆纳格人的居住地，往前走不远，在隐约可看见大海的地方，一片古朴的山寨映入眼帘，这就是还原的十七世纪英国清教徒建立的村庄了。跟蛰居在小树林里的万盆纳格人相比，英国人的村庄大了好几倍，泥墙草顶的房子更现代，排列得也更井然有序。

在村庄里走动的人群，除了一批一批的游客之外，还有零星散落其间的扮演五月花号上来客的演员们。我们走马观花之际，也看到不少人物，比如散步串门的母女俩，在家聊天的两个青年男子，清理屋后菜园子的一个老人，一位在家一板一眼泥墙的妇人等等。他们模仿四百年前的英国人穿着和说话，家中摆设也古朴简陋，感觉比扮演万盆纳格人的演员们更加入戏。

从种植园出来，开车不久就到了普利茅斯海港，而五月花二代就停泊在这里。五月花二代完全仿制当年的五月花号，1957年沿着当年五月花的航线（避开了一些可能碰到冰山的海域）、横穿大西洋来到美国，并最终落户普利茅斯。

岸上的展览大厅里，有许多有关五月花二代的图像资料。上船后，可参观船长的工作间，十七世纪的航海地图和日志，水手在前舱睡觉用的吊床，还有一间五脏俱全、陈列着咸鱼腊肉、面米干豆等食物的厨房。

最吸引人的还是船上的演员们和他们准确而敬业的表演，而其中给我印象颇深的则是在船舱上碰到的一位自称叫理查德·沃伦（Richard Warren）的商人。他自称登上五月花号越洋过海而来，就是为了寻找新的商机；又说他在伦敦的住处离伦敦大桥不远，沿着某某路走几个街口就到。他还说家中有妻女五人，但是他暂时不会考虑回去或者接她们过来的，因为这旅行实在所费不赀。

我后来回家谷歌，发现这位演员诚不我欺，所说所述和网上资料全部吻合。想及上岸之际，沃伦先生独立舷边，时不时望一眼天空和海上，灰蓝的眼睛里似乎也蓄满了淡淡的、属于十七世纪的、英国人的乡愁呢。

去看一座塔

有时对一个地方生发兴趣完全是偶然的，比如自己对美国宾州雷丁城的兴趣。这个雷丁城英文叫Reading。一个叫"阅读"的城市对我这个自谓作家的人来说自有不一般的诱惑。后来几次要去宾州那边玩，就老想着应该去看看雷丁城，于是就上网看那里有什么好看的，第一个跳出来的景点就是一座东方塔，The Pagoda。介绍资料说这塔已经屹立宾山（Penn Mount）山头一百余年，是雷丁城的象征和地标。

这次春假再去宾州走马观花阿米什人聚居地，回来路上就计划好了顺路去拜访雷丁城和她的塔。开车经过建筑古老、密集又显颓败的城区，一路攀爬着上了山，忽然就见这屹立在山崖之边的七层木塔，几乎以"惊艳"的姿势呈现在眼前。虽然已是四月初，但春意尚寒，山林还是以苍灰为主色调，一点点的叶绿花红往往是零星的点缀。这红瓦金边的巍峨高塔在颜色上就趁了夺目吸睛的先机，仿佛更盛大的春思春情也在它的四周酝酿着。

下了车，路边有一幢红色的廊柱门牌，上面打头写着英文"THE PAGODA"，最底下是"落款"：雷丁城，中间加了两个中文字"欢迎"（并在括号里标注着英文welcome），想来是致敬这塔的中国渊源。这一日塔内并不开放，我们就在这春意怯怯的山顶，远远近近地观摩这座塔，又在塔底四周远瞰高高低低的山景和城容。

这塔是木塔，塔基有15米长9米宽，高则达22米；塔身有七层，但最底下两层并不是传统构造，更像四周带廊的长方形屋子。看门上的介绍，这塔在一百多年前建成，原是要作一个豪华旅馆，却不知何故，一直未能营业，最终就捐献给雷丁市政府，成了公共资产。

走到塔身一侧仰望，看见一个烟囱式装置从下至上，多少佐证了这塔原是想用来旅馆的设想，却大概也是入乡随俗的见证：北美的大多房屋侧边都有这么一座烟囱，一般是直通家里的壁炉。塔顶的屋脊上也有两样别具风格的装置：中间是一个螺旋式样的风向标；风向标两侧则各有一只金色鲤鱼，它们跳龙门的活泼姿态隔着几十米的距离也隐隐可见。据说这塔的顶层置有一只古钟，约造于三百年前，且不远万里从日本的关西地区运来，安家于此，大有"此塔安处是吾乡"的意思。

虽然不能登临此塔的最高层，但是就在第二层，也可以俯瞰山脚底下蔓延的雷丁城：原来我们以为这地方只是一个小镇，在高处看，才知道这城市规模颇大。维基百科说它其实是宾州的第四大城市，人口仅在费城、匹兹堡和艾伦镇之后；整个"大雷丁"地区的人口则有42万之多。

在雷丁塔周遭转了两三圈，我们也就兴尽而归。回家路上，我一边回味着这雷丁城外雷丁塔的独特风景，一边又感慨和疑惑起来：我们为什么喜欢看塔？

好像中国的每座城池里，都会有一座或者多座塔在那里。我的塔启蒙来源于故乡江苏淮安市区西北勺湖公园里的文通塔：这座塔据说最早建于唐朝（公元708年），后来经过战乱和地震等，最近一次大规模重建是清朝康熙年间，距今也有大约350余年了。从文通塔往西百余米，就是悠悠流淌千载的大运河；在东边，和它一墙之隔的就是我的母校淮安市中学（后改为文通中学）。

我在城里读三年高中，早早晚晚，也瞻仰了这黄身青檐的"小"塔近三年。然而对它更早的印象却是小学三四年级的时候：跟着两个堂姐爱珍和爱琴进城玩，就要游览这勺湖公园，就要攀爬这"高大"之塔。

文通塔全是砖瓦结构，无梁无柱，七层八角，高十三丈三尺，但可以沿着塔内壁的螺旋式楼梯一路爬到顶层高瞻远瞩。在上世纪七八十年代，小县城里六层以上的建筑几乎没有，因此站在文通塔脚底下，就可以感受它在平原地带的巍峨之势。我跟着两位堂姐爬塔，要去顶层望远，却不料到了第三层，我就两股颤颤，站不住，只好坐在转梯拐角处等她们登顶再下来。后来，我知道了那是恐高症。

多少年过去后，我第一次带未婚妻回故乡，心心念念地带她去看母校和公园。公园门是关着的，校园也不让进，只能远远地看一眼这塔，比起记忆里的塔，比起城里如今也林立的高楼大厦，自然是小了，矮了，旧了。只有它独特的黄身青檐一如旧日，塔身瓦檐上野生的一两棵小树在初冬的风里微微颤抖，也永久留存在我的记忆里。

未婚妻后来成为太太。她是南京人，苏北小城的小塔自然不能给她多深的印象，因为南京有更高更有名的塔，比如我们在路上经常看见大报恩寺的琉璃宝塔，曾经去拜访过的位于南京东郊的灵谷寺和灵谷塔，还有玄武湖环洲北侧的诺那塔，以及栖霞寺的舍利塔等等。"上有天堂，下有苏杭"：自然也看过苏州的虎丘塔，杭州的六和塔，而杭州更出名的也许是因《白蛇传》故事和鲁迅文章而流传于世的雷峰塔。北京的塔就更多了，也大多和寺庙关联，因此北大校园里未名湖畔的博雅塔更为独具一格，住在大学校园里，很便宜地就和象牙塔紧密关联起来，自然更有一层"腹有诗书气自华"的傲人气质。如今日子，说起中国，说起塔，也许我会更想及自己从不曾拜竭的西安的大雁塔，还有山西的应县木塔，只因为"应"是本家姓氏。

细究起来，似乎塔也成了乡愁的一种，且明显带有东方人、亚洲人的乡愁印记。网上资料说，在东方文化中，塔的意义不仅仅局限于建筑学层面，还承载了东方的历史、宗教、美学、哲学等诸多文化元素，是探索和了解东方文明的重要媒介。

在古代近东文化中，庙塔是神庙建筑群中很重要的一部分。它们往往建于神庙旁，被视为为了神而保留的神圣空间。庙塔建造的目的不是为让人类升上高天，而是为了让神从天而降。它们的设计理念是，让神明能方便且正式地进入庙中，并在此接受人的膜拜。

中国谚语道："救人一命，胜造七级浮屠。"这浮屠说的也是塔；反过来理解，就是说造塔是可以和救人性命紧密相连的。木塔、石塔、砖塔、琉璃塔、象牙塔之外，其实我们更常说"宝塔"，似乎塔本身就可以是个宝贝。我们又说"天王盖地虎，宝塔镇河妖"，显然宝塔常常有降魔伏怪的功效。白娘子这水中之妖被镇压于雷峰塔底下，某种意义上来讲，是再正常不过的、可以预见的故事结局。

西方人的生活和文化里，也有塔，形状不一样，意义似乎也不一样。常听说的巴别塔，则是《圣经·旧约·创世记》第11章故事中人们建造的塔。根据《圣经》记载，当时人类联合起来兴建希望能通往天堂的高塔；而为了阻止人类的计划，上帝让人类说不同的语言，使人类相互之间不能沟通，计划因此失败，人类自此各散东西。要说西方世界里的塔，不能不提意大利的比萨斜塔，因为一个"瑕疵"而成为世界奇观，吸引多少游客做出帮它"脱斜归正"的照相姿势。曾经在夏天逗留于美国东海岸的缅因州，旅游小册子上每每特别提示沿着什么路线可以看全海岸线上有十座之多的灯塔。这些高矮、材质、颜色不一的塔，或在岸边，或在水中，曾经招引着海上的船只和水手，如今吸引着观光客们的目光和遐想。

在现代西方人的日常生活中，对于塔的迷恋，似乎也正不动声色地蔓延开来。这几年每每出去看山看水，就会见到有人在路边水边用石片搭一座小塔。起初看到时十分迷惑，直到在缅因的阿凯迪亚公园游览，看到旅游小册子上专门有解释：这种小塔叫Cairn，来源于苏格兰语；原本是标志墓地或者路标，现在则往往是游客们在旅途中留下的一点点印记。去年夏天，三家朋友约了去纽约的凯特斯凯尔斯消夏，几个十三四岁的男孩就在溪涧边搭建了一座小塔，脆弱而精致的Cairn，倒让我们几家大人也不吝夸奖一番少年们的细心、耐心和毅力了。

有时想，在发音上，中文的塔跟英文的tower有着不可分割的关联，就是和pagoda也有类似的部分，只是不知道谁先谁后。tower

毕竟世俗化了，以致所有的高楼大厦都可以是tower，而pagoda则保留着那份古典神秘的意境。

在雷丁城犹自萧瑟的春景里，逡巡四围，远远观摩着这一座叫The Pagoda的红色木塔和塔顶上的风向标，想象塔身顶楼里安放着跋涉万里而来的日本古钟，乡愁被勾起来，又被安抚着、温暖着、慰藉着、按下去。"此心安处是吾乡"，看过一次这阅读城外的宝塔之后，心，在那个回家的春日下午，是多多少少更安稳一些的。

入侵植物

第一次看到那个妇人是在停车场。我们正吆喝着叫三个小孩下车，她把车停在了我们车的右边。我一边抱一岁半的女儿出车，一边看见她从驾驶座上走出车来。她换了一双野外行走的鞋，又对着车里唤了一声，一只狗就跳了出来。她关了车门，提了一只工具箱，先往徒步的树林里走去。那只黑狗跟着她，走起路来有点一瘸一拐，似乎颇有些年纪了，抑或是生了病的缘故。

我们进了树林子，倒惊叹这一个保留区的原生态。树林里杂木丛生，草藤散漫，更有大片开阔地带种植了类似农作物的植被。因是深秋，树叶纷落，植被枯黄，却因其多、因其阔而渲染出一派气势恢宏的秋色来。

不久，我们就走到了一处岔路口。正犹疑着应该选哪一条徒步路径，却倏然看见那个妇人在树林里劳作。我略感惊讶，只想她或许是在寻找什么菌类或者掉在地上的树果。又想，到了春天时，我们或许也可以来这里挖挖野菜，想必荠菜之类不会少。

我们最终选择了一条看不见尽头的路。一路前行，就觉其蜿蜒曲折，既有自然的地势高低，又有人为的障碍物，且兼落叶深覆如被，让我们时时有"疑无路"的担心，也时时有"又一村"的欣喜。在山林里走了近一个时辰，却终于绕回到一处较平坦的道上来，又隐约看见树林边上的房子。因为暮色渐合而开始忐忑的心情，倒也终于平静而欣喜起来。

这时候我们又看见了那位美国妇人。她跪在地上忙碌着，手里拿着一把剪子或是钳子。她的工具箱已经打开来，里面还散落着其他园艺用的工具。那只老黑狗围在她附近，来回嗅嗅走走，看着倒比先前更精神活泼些。

我忍不住好奇之心，脱口问她："你在做什么？"

她抬起头来，一头灰白的中长发，脸色凄苦，额头和眼角的皱纹也颇深密，应该是五十多岁的年纪。她几乎有些僵硬地笑着，回答道："我在清理外来的入侵植物（invasive plants）。"

"入侵植物？什么样的植物是入侵植物？"我不甚解，就又多问了一句。

"你知道的，比如很多亚洲来的植物。它们躲开了原生土地上的病原体，常常能在新土地上疯狂繁衍。"她看了一眼我们一家五口，似笑非笑地继续道："就像你们一样。回到你们所属的地方去吧！"

我无法判断她口气里到底是玩笑成分居多还是怨恨成分居多。只是我无法再笑，终是问她："那这些亚洲植物怎么进入北美洲的呢？是人为从海关带进的吗？"

她却耐心地解释了一通，说："这些植物本来不生长于北美洲，但却通过各种途径在这里生根成长。很多藤蔓都是这类植物。比如这种日本金银花，它们附着某棵树攀爬，渐渐就会把这一棵原生于此的北美松树给'掐'死。这棵树从土壤里吸收的水分都会被疯狂生长的金银花给吸走，它茂密的叶群也会阻碍这棵树吸收阳光，久而久之，这棵树就会干枯而死。所以我要在这个季节把金银花的藤连根拔掉。”

我想起春末的时候，我曾经在上班的路上细细搜寻金银花香气的来源。看到那花开两色的繁复藤蔓时，我以为我的中国乡愁又增加了一种具体的物象和味道。此刻，听这美国妇人似乎“就植物论植物”的解释，心里有不舒坦、乃至担忧飞长。看了一眼嘻嘻哈哈的孩子们，我终是问她：“你就一个人做这项工作吗？你隶属于什么组织吗？”

“目前就是我一个人。”她一边说，一边不停手里的活计。

“那你是一个科学家吗？还是植物学家？”

她笑起来，“不，都不是。我认为自己是一个环保主义者。我希望将来会有更多的人来帮助我从事这项清理工作。也许你们可以？”

我尴尬地笑，说道：“也许在不久的将来。祝你好运！”

我抱起撒娇的女儿，带着妻儿继续往出口走去。一路上，我们看到很多藤蔓缠树而生，我心里却再没有一丁点儿浪漫的诗意联想。我们回到车上时，暮色四合，那个妇人的车还停在原地。网上有关这次大选结果的争论乃至谩骂，依然如火如荼、铺天盖地。

有树

疫情至今，渐渐也习惯了混合型上班模式：每周有三天要去公司，其余两天可以在家。这周在家上班的时候，在卧室的电脑桌前枯坐久了，就转头看窗外。不经意间，那一棵大橡树的树尖上，已经变出了萧萧黄叶；风吹过，青黄相接的树叶们翩翩摆摆，仿佛在絮絮私语到底是夏装还是秋装的颜色更好看些。

细想起来，这可声可色的一棵树，确在疫情期间带给我不可比拟的小确幸般的心情抚慰。于我而言，说是在家上班，其实是在卧室上班。卧室虽然不小，但还是极有限的空间，从一端走到另一端，不过是十几步的距离。但这有限的空间里，也有我喜欢的大窗户，而窗外这棵引颈可目的橡树，就是疫情这两年多里最常见、最安静又最会提醒我四季变化、日月变迁的一个朋友。

这棵树不是最早通知春天到来的植物：往往要到了四月底乃至五月初，等春寒料峭里万木争春的热闹劲儿过了，它才无比稳重又无比确定地告诉我们春天来了。一枝一枝的树芽子爆出来，起初是嫩绿里透着绒黄的小叶球，然后像初生的婴儿张眼展眉，又像一只孵出的小鸟舒翅踢腿，不过一两周的工夫，就是一树活泼的春绿。这棵橡树也会开花，不起眼的颗粒状淡黄色花蕾一串串地如同流苏垂下来，往往比新叶还要长，也可以像毛毛虫一样令太太恐怖，或者让我这种过敏患者见之色变。有什么办法呢，即使朋友，也都有自己的个性，纵使有时候并不能令所有人愉悦？

一树的叶子，会演魔术一般在一两周里变长变宽发亮发绿，飞快地宣布夏天的到来。这棵树主干笔直，不歪不斜，一年一年地越发见其壮实。到了一人多高处，旁枝斜逸，纵横交错，夏日的骄阳下，如伞如冠，造就这条街上不多见的一片荫凉。不仅各种小动物们喜欢它，邻居们有时都抢着要把车暂停在这棵树下。暴风雨骤起的天气里，这棵树用尽它全身的力气舞动枝干翻飞叶片，让站在窗前的我见识自然界的巨大抓马。

到了秋天，色彩抓马开始登场，满树叶子经历从灿黄到金黄再到棕黄的神奇演变，晴朗的日子里，表现出油画一般的特质，而树下也常落满一地橡果吸引松鼠和小朋友的关注。大雪纷飞的冬天，这棵树又常变身成为苍茫天地里的一帧炭黑素描，孤立而坚韧，不畏风寒的气质让躲在温室中的我自愧不如。去年冬天碰到一次雾凇天气，又因这棵树而在家门口赏得多年不见的玉树琼枝之美景，比起当年初次在黑龙江大庆看到的雾凇景致，却算全不费工夫了。

我当然也不是这棵橡树唯一的朋友。两三只松鼠常年把它当作嬉戏的乐园：它们不仅在地上和枝上寻抢橡果，也会在主干和粗枝上追逐，有时更在树梢表演荡秋千或者蹦极的冒险游戏，看得我兀自惊乍。小鸟们也喜欢到这棵橡树家里做客：有时是两只谈恋爱的蓝松鸦，有时是一只不知是骄傲还是愤怒的红衣主教（北美红雀），或者是一群叽叽喳喳的麻雀。去年初冬，树叶落尽之际，忽然看见朝西的一根大树枝上挂出一只椭长的灰色灯笼；再仔细了看，居然是一只庞然蜂窝。想来是橡树下那一丛每到九十月就怒放的野菊花吸引了不少蜜蜂来，而蜜蜂们又就地取材，把蜂巢建在了几尺之隔的橡树枝干上，倒是省了它们好些通勤的辛苦。今夏北美多蝉，就又体验了一次被蝉鸣腻烦的日子。到了九月底，还有一种不知名的蝉类昆虫，每晚都在这棵树上嘶嚎。太太不胜其烦，有一晚甚至跑到树下去摇动树枝，终让它"噤若寒蝉"。只不知橡树先生有没有烦腻过这不知安静的朋友，又或者暗笑过太太的气急败坏。

植物学知识匮乏的我们，其实并不知道应该叫他橡树先生，还是叫她橡树小姐。最初，我们几乎以为这棵树是枫树，后来才弄清楚它其实是一棵橡树。这棵树长得身材挺拔，已经长到十几米高，虽然离"参天"还有些距离，但也因此更有寻常家树的味道。这棵树又几乎是门口这条街上硕果仅存的一棵大树。街上大概有二十户人家，每户都把临近街道的大树砍光（只留下或者再种上小株的观赏性花树），因为树根交错盘结，常常破坏地面；又因为夏雨冬雪，造成的破坏也可能很吓人。如此，这棵橡树在这条叫道卡斯的街上就更有独树一帜的气概。

去年初夏，丈母娘处理了橡树身上一些低垂的枝干，包括锯断一枝颇粗的分干。令人惊奇的是，被锯的断面，居然渗出血红的液汁，让我们大感不解，只能作"树犹如此"的感叹。

说起橡树，其实最不能忘的是诗人舒婷的名作《致橡树》，里面有这样的句子："我们分担寒潮、风雷、霹雳；我们共享雾霭、流岚、虹霓。"联想到自己更早时候因为疫情居家、几乎天天面对这棵树、和它一起经历各种季节与天气的日子，倒越发觉得这诗的好处了。近日在朋友的文章看到橡树可以活到几百岁甚至上千岁的文字，忽然令我对窗前这位树朋友有了更多的敬畏之心。

　　想来，窗前有树是好的，心里有树更是好的。倒想起"有书"和"有数"这样的词汇。"腹有诗书气自华"，有书自然是好的。很久之前，跟一位相近的朋友聊天，记得他提醒我提防什么人或者事，殷殷切切；我说了一句"我心里有数"。如今想去，这"有数"，竟是像"有树"、乃至"有书"一样，可以给人微小的、却又不可或缺的人生慰藉。在疫情年代里，这小小的慰藉，更是可诗可文的小确幸。

三棵树

新居的院子里有三棵大树：一棵樱花树，一棵枫树，还有一棵松树。说来有趣，当初看房子的时候，这座房子赢得丈母娘、太太和我的一致喜欢，原因之一就是后院树不多，看上去十分清爽光亮，似乎也可省却一些秋季清理树叶的麻烦。

古人说"不可居无竹"。我们没有时间经营那样雅致的生活，但是既然搬到"乡下"居住，自然认定"不可居无树"。但是有什么样的树，却似乎不是自己能决定的。所幸的是，这后院的三棵树都还颇得我们的眼缘。

最初吸引我们眼球的是靠近厨房的那棵树。太太在谷歌地图上看到这座房子的旧日影像资料，其中一幅图片就是这棵树满头繁花的样子。她顿时连连赞叹"好美"，又疑惑这是一株什么树。

搬进来的时候正值四月，这棵树又开了满树粉红色的花朵，且枝条纷垂，宛如杨柳之姿。一阵风过，粉红的花朵随风飘落，点缀在碧绿的春草之间，颇有"落英缤纷"的意境。这棵树虽然花美枝柔，树干却粗砺沧桑，大有饱经风霜之后的闲淡和超然。

在房屋过户那日，一直疑惑此树何树的我们，开口请教房屋的买卖经纪。卖房经纪毫不犹豫地脱口而出道："这是一棵粉红狗木（Pink Dogwood），我小时候就认识的。"我听了却有点失望。对于狗木，我最早看到一位台湾作家在文章里说："因为这开满了花的树叫狗木，虽然美丽，我却因此不喜欢。"我也因此对狗木这名字有点讨厌。

但我又不甘心。自己上网看，知道其实中国人把狗木叫做"四照花"，亦说就是山茱萸。四照花的花瓣多是四大瓣，或白或粉，美丽端庄。更重要的是，这些花朵们盛开时，都像浮在树叶上一般，叫人联想那平展向上的枝叶构成了一片绿色的河川，无怨无悔地簇托起这一群群若漂若流的花朵。

我们后院这棵树开的花，都是粉红色，有多重花瓣，且花瓣略小巧，枝条婆娑下垂，盛密处几乎如瀑，完全不是一般四照花的样子。我又在网上仔细搜索，且多方请教朋友，最终认定这其实是一株垂枝樱花。垂枝樱花也称丝樱、垂彼岸樱或垂枝大叶早樱、八重樱等等，属于落叶大乔木，常有大枝横生，伴以直立或下垂的小枝。更准确来讲，我们家的这棵应该是叫"八重红枝垂"。树，一直还是那棵树，静静开落红花，悄悄长叶子，我们喜爱的心情却无端深了一层。

位于后院东南角的那棵树很好认：它长得伟岸挺拔，又四季常绿，毫无疑义地是一棵松树。初看这个房子时，还是秋天，孩子们看见树底下一片荫凉，且落满松果，早就兴奋地满地跑着捡了松果来玩。如今春天，它依然绿得舒展逍遥，枝枝遒劲，叶叶如针。遥想冬天的院子，因了它而不会太萧瑟，心底就油然先生出几分感激来。

到了晚上，在二楼盥洗间，远远隔窗可见这棵松树的黑影。它比周围的树色更浓墨重彩，也比其他树形更高直巍峨，颇像手心里捧着一朵开向天空的花簇。中国人喜欢以松喻人，如今能这么近距离地和一棵松树相看两不厌，倒让我有些感恩造化之功了。

更令人惊讶的是，仔细巡查之后，在这棵高大松树的庇阴之下，我们竟然发现有几竿青翠的竹子将将长到一人多高，纤纤细细，令我喜不自胜，原来"不可居无竹"也可以这么"得来全不费功夫"呢。

还有一棵是枫树。它其实不完全长在我们的院子里：它被铁丝网的篱笆夹住，有一小半长在邻居的院子里。它的树干，虽然被铁丝网穿箍，依然不屈不挠，仿佛那一点伤害从不曾阻碍它长高长大的决心。

春日的阳光里，它不像樱花树那么早、那么妖娆地开满花，也不像松树那么长青永绿，只由着自己的本性，循着时序和气温的变化，等着季节演变，不娇不躁地举出一片片柔软、嫩绿的、恰如手掌大小的叶子。

树形日复一日地变化，在五月初的日子，也终于渐渐如盖如冠。风来了，它似有舞蹈。小鸟来了，它也似有歌唱。常说"一花一世界"，一棵树又何尝不是一个更大、更丰富的世界？

早前有新闻说，耶鲁大学的中国留学生的父母们经常在一地聚会，或者聊家常，或者逗弄孙辈，乃至一起垦地种菜。他们聚会的地方，有三棵巨大的、枝条垂地的欧洲山毛榉，因此老人家们十分亲切地唤之为"三棵树"。看着我们院里的樱树、松树和枫树，我笑对太太说："我们也可自称住在一个叫'三棵树'的地方呢！"

倒想起从前家人种树。苏北人家的房前屋后，栽种的多是泡桐树，为的是十年或者二十年后可以锯了来盖房子或者打家具。古谚又云："前人栽树，后人乘凉"，甚至有"十年树木，百年树人"的宏伟比喻。树，在我们的中国式生活里，总是担任着实质性的、延伸性的功效。想去，大约也是蛮累的吧。

如今，我倒欣慰，我们对树不需要有那么直接、赤裸的功利关系。我们更像朋友，彼此陪伴，一起生长，共同经历四季变幻和阴晴雨雪。我们在阳光下看树，树在风里看我们，何尝不是最美的互动、最给人哲思和启迪的一种风景？

咖啡的颜色

后疫情时代，我也跟大多数人一样，渐渐习惯一周两天在家、三天去办公室的上班模式，并以此来安排自己的生活和作息。

要说在家和在办公室的一大区别，那就是在办公室上班的日子要喝咖啡。每次到办公室，登陆上网后的第一件事情，就是去本楼层的小厨房，用那看上去很摩登先进的咖啡机磨一杯咖啡，加了奶，搅拌均匀了，捧着咖啡再回到自己位置上坐下来。看着杯子上方袅袅而升的香气，时不时呷上一口，心理上就感觉已经可以迎接一天的工作和挑战了。

我对咖啡其实没有太多的苛求，完全就是为了提神醒脑，免得午饭后在办公桌上闹出打瞌睡的洋相。但是每次看到公司小厨房那个咖啡机给予的各种选择，也会犯起选择困难症，比如有黑咖啡、低因咖啡、拿铁、浓缩咖啡、卡布奇诺等等。第一次用这咖啡机的时候，我几乎有点不知所措。

尝试了几次，我最终选定、并一直持之以恒的，是菜单上名叫"绿山早餐"（Green Mountain Breakfast）的一款咖啡。"早餐"的定性之外，更让我神往的是"绿山"之意境。而这两个字里头，"绿"当然又是更让我心动、心定的颜色，仿佛在这颜色寡淡的公司小厨房里，也可以想象"悠然见绿山"，或者至少"悠然品绿山"。

　　说来似乎有点不合情理，咖啡的颜色人尽皆知，偏黑近褐，或红或棕，苦涩里传香气，暗黑里提精神；但偏偏这一款"绿色"咖啡让我情有独钟，提神的同时，还觉得它会有安心的功效。

　　"绿色"并不是唯一能增加咖啡品牌魅力的颜色。在纽约大街上一走，咖啡店俯拾皆是，很多也喜欢用颜色来招徕贪咖啡的人，比如分店随处可见的、来自加州的蓝瓶咖啡（Blue Bottle），来自澳大利亚的蓝石路咖啡（Bluestone Lane），此外还看到过白桦树咖啡，黑狐咖啡等等，似乎都喜欢用颜色来做营销策略。

　　仔细想想，纽约街上咖啡的颜色如此"五花八门"，或许也是因为受到茶和酒的影响。同属饮料类，茶和酒都在颜色上大做文章。比如，虽然茶水的颜色最终脱不了暗黄的底色，但光从茶叶上大家就可以分出绿茶、红茶、白茶、黄茶、青茶、黑茶等等品相。酒也一样，白酒、红酒、黄酒、清（青）酒之外，据说还有紫酒、橙酒、绿酒、灰酒、黑酒等。又听说评价葡萄酒的时候，专业酒评家们会有更细致的色阶划分和描述，比如金色、青柠色、琥珀色、石榴红、宝石红之类。套一句网络流行语，光是想想这些炫目的颜色，"我也是醉了"。

　　人类当然从来就是颜色控。"见色起意"，细究起来，这个成语并不是说看到美色而起歹意，其实可以是一针见血的心理学总结。每一位饮者，对着每一种饮料，显然都有自己心仪的颜色，饮料的品牌之外，它们的颜色也似乎能决定一个人的心态、身份和喜好。

　　说回咖啡的颜色，"绿山咖啡"当然不是绿色的咖啡（虽然据说有绿色咖啡豆可食用），而不过是一个招牌，用来给予饮者各种心理暗示的营销策略罢了。其实公司大楼一层就有更高级一点、但并不免费的星巴克咖啡。星巴克最早的商标是一个黑色的双尾赛壬，后来加上绿底白字的圆形边框，但从2011年起，就是纯粹的绿底白妖造型，简洁又鲜明，具有世界品牌的辨识度。看上去，他们也是意识到了绿色对于咖啡的重要性和咖啡饮者的吸引力。

只是对我这样不求甚"品"的咖啡饮者来说，永远记得的也许是《纸牌屋》里面的一个小人物曾经握着一杯星巴克咖啡说：好久没享用过这么美味的咖啡了。

想起去年夏天在伦敦玩。每天在外面跑，更需要咖啡提神助力，同时也觉得一个城市的咖啡店似乎也会给人机会来品尝这城市的风情。

伦敦的咖啡店倒不是以色诱人，却也常有令我莞尔乃至瞠目结舌的名字。比如他们有一家叫"请改变"（Change Please）的咖啡连锁店，而在金融区附近看到一个小小的店，赫然就叫"改变生命的咖啡"（Life Changing Coffee）。初看之下，觉得是个耸人听闻的"标题党"，但回头想想，谁又能否认，一杯咖啡、乃至一杯咖啡的颜色、甚至只是咖啡名字里的颜色，往往就能改变我们一早、一天的情绪乃至生活呢？

斜坡节

　　助教培训的课上有一项是总结技巧的训练：读一篇文章，然后到课上给学生讲这文章的大意。我当时选的主题是"美国学生的俚语"，大致有三个部分：教育界专用语言，大学生通用俚语，康奈尔大学特有俚语。说到俚语，首先想起在科大时的一些"黑话"："裤子大"是鼎鼎有名了，那"我死（洗）了，你还没死（洗）"立马就把三孝口四牌楼和合肥的人群拥到我面前来，而"巨恶心""N酷""狂牛叉""萎得一屁"让我想起那东区西区匆匆奔走的一个个身影，再把偶像叫"恶心"，把"打的"叫"打得"就是我所在班级的专用语言了，想起这些叫法的时候，就有一张张鲜活的面孔浮上眼前来。

　　言归正传，且说我给人讲美国学生俚语的课，课后又去跟主讲老师加瑞谈我的"上课技巧"问题，照例是纠正我的发音，不过这回那愈老愈酷的美国人说：你很有些做老师的天分嘛！听得我心花怒放。收拾书包的时候，加瑞说：过几天就是斜坡节，你可以去亲眼看一看了！所谓的"斜坡节"就已经是康奈尔大学特有俚语了。

　　在康奈尔有名的尤里斯图书馆西首是一坡大草地，大约有万把平米的样子，碧绿的草坪上长了几棵年代久远四季常青的松柏枫桉之类的大树，所以无论什么时候从什么角度来欣赏这个大斜坡，都是一番绝色美景。

上学期，我有三门课都在文理方场附近上，因此经常就在尤里斯图书馆里自习：这图书馆原本有些年头，是康奈尔十九个图书馆里较有资历的一位，本科低年级的学生用书大约多些。要是看照片，尤里斯图书馆金碧辉煌，几乎是美轮美奂。自修室临西，顶上是玻璃，透进一片日光到自修室的阶前。带玻璃顶的自修室从颜色和形状上看又像个"大鱼缸"，因此康奈尔人有时用俚语"鱼缸"代称此地。自修室里有宽大的桌子，舒服的沙发，可坐可卧能躺能睡，自然更加吸引人一些。图书馆的走廊里放了些有关该馆的资料逸闻等等，最有趣的是玻璃柜子里冠冕堂皇地放了一些照片和文章，大意是说某年某月康奈尔的一对男女学生在尤里斯图书馆自修室相遇相悦最后结成伉俪，流传一段佳话——图书馆颇有以此为豪的意思，想去和中国大学里面对待恋爱的"两不"政策相比又别是一番风味了。我喜欢这个自修室，除了这些因素之外，再就是因为图书馆外面的那个大草坡，人称 " 尤里斯斜坡 "，隔着玻璃看去，碧绿如茵，又像一瀑绿毯流淌到底，直达坡下的西大马路。斜坡上的几棵松树，伟岸挺拔，四季常青，常让我联想起一些广告招贴画里面的美景来。

我在课上给人解释，斜坡节是指每个春季学期授课的最后一天，康奈尔大学的学生集体逃课：大家聚集到尤里斯斜坡上，纵酒放歌，狂欢派对，表达又一个学期结束的欢欣狂喜……许多教授也知道这是康奈尔近百年的传统，因此往往提前宣布取消最后一个星期五的课程。

做惯了乖学生的人也总会有一些出轨的冲动：自从知道了这么一样活动后，我就一直自觉不自觉地盼着这斜坡节的到来。甚至跟实验室的台湾出生加拿大长大在美国读书的启哲打听往年情形，启哲笑着说他去过几回的，不过是人望我我望人，大眼看小眼黑眼看碧眼的热闹。我却不大信：他们待久的人自然不好奇，我却是新来的。于是星期四那天，实验室的美国人克里斯说第二天要去斜坡节的时候，我就和他约好了明日一起去。

五月七号，星期五，1999年的斜坡节。这天我有一节工程数学课，教课的印度教授却不解"节情"，要赶着最后一节课讲高等微分方程的求解，——我到底还是有贼心没贼胆，不敢逃这最后一课，决定下课再去看热闹，央了克里斯在何氏广场等我。心不在焉地听完课，托中国同学帮自己把书包带回，迫不及待地穿过工程方场，走过十字路口，到了何氏广场那儿，一眼看见克里斯站在显眼的位置等着我。何氏广场是康奈尔的一个中国校友捐助建成的，西面是威乐德·斯拽特楼——本科生常开Party和吃饭的地方，东面是学校商店；何氏广场则多为学生集会所用：平时走过，老看到那儿热热闹闹的，有时候是学校音乐系的男子乐队在唱歌，有时候是素食主义者们在那里发放他们的宣传品，有时候是学校的同性恋组织在那里大声疾呼些什么……让我想及北大的三角地那种地方。记得去年刚来的时候也曾经看到中国人在那里为国内的大水灾募捐，春节时纽约来的舞狮队也是在那儿表演的。

我和克里斯从何氏广场转上往西北方向的一条下坡小径，再抬眼就是尤里斯斜坡。一壁和克里斯说笑，一壁举头观望：斜坡上早已经人头攒动，人声鼎沸，白男黑女，莽汉娇娃，占满了尤里斯斜坡的每一寸草地。

我们和克里斯的室友悌姆一处站了，克里斯从书包里取了啤酒散给我们，就开始"看人"：有人戴了巨大的斗笠样草帽，有人顶着顾城式的圆柱型纸帽；有把头发染成彩色的，有在脸上画了稀奇古怪图案的；许多女生自然机不可失地穿了深低胸大露背的夏季衣服，有些男生则不甘示弱地露着上半身；有的套了床单裁成样的怪服，上面隐约画着些八卦样的图案，也有趿拉着拖鞋来去的，倒有些科大学生的风采……

我们三个一边喝啤酒看人，一边说些闲话。说了天气好，克里斯就说他自己过去几年每年必来的，有一年下雨，他还是来了，结果和另外两个跌得满身泥泞的学生拥抱致意时自己也成了泥猴子。克里斯又问我中国大学可有类似的活动，这倒让我难答，想了半日道：也许学生运动的时候会这么热闹的，平时倒难得这么多人聚集一处的——感觉美国人真是会过节的，造了母亲节父亲节等等不说，在大学里逃课也要造了斜坡节来合理地美化和放松。说毕自笑，他们也笑。

克里斯在康奈尔已经待了六年，研究生的两年又一直做助教，因此倒看着不少熟人，时不时地过来跟他行吻颊礼拥抱礼的——看了几回克里斯优雅地弯腰行礼，也就转头再去望人，倒远远看见实验室的日本人松本龙生，韩国博士后李锁宇和台湾学生启哲，算是比较少见的亚裔面孔，挥手招呼，他们却没看见。

有些学生像我们一样站在一地看人看风景的，也有许多学生是来来回回走动逗乐寻热闹的，每人手里举着啤酒果汁矿泉水之类的饮料；不时有人把大气球往天上打去，每落到一处人头上，大家就继续拳击维持气球的全场运动；偶或有学生振臂高呼，顿时应者云集，几千男女的声音汇成一腔，若狼嗥似虎吼，端的有震天动地之势；已然有些醉意的人开始互相往身上倒矿泉水等饮料取乐，淋得头发湿漉漉地披散开，湿潮的衣服紧贴着身体，男女学生们兀自哈哈大笑着——我倒不时挪一挪，避着些饮料雨。

克里斯和悌姆一罐接一罐地喝啤酒，然后就开始频频如厕，自己只喝一罐，却觉得脸上热辣辣起来。一些穿着警察样衣服的医护人员走来走去，以便及时发现和抢救饮酒过度的学生——克里斯说这种事件每年斜坡节都要发生好几起的。还有一些穿黄衫的学生，专门拾捡地上的易拉罐矿泉水瓶等等，克里斯说这是志愿服务人员，负责清洁工作，又缀一句道：千万千万不要去做这种志愿工作，吃力不讨好的。自己笑起来，谁说美国人都是"傻乎乎"地乐于公益呢——有时候我根本不觉得克里斯这个美国学生跟我这个中国学生有什么本质的区别。

耳朵里除了鼎沸的人声喧哗，也有鼓声时时穿人山渡人海地传来，自己好奇地想去瞧瞧。于是两小时后克里斯和悌姆要回去的时候，自己就留下来循着鼓声往草坡下首去。大约在草坡的中部，在人群的南边边缘，十几个男女围成一圈，打鼓跳舞。看那打鼓的：有置在地上用槌打的，也有夹在掖下拿棒敲的，也有停于胯间以手拍的，鼓鼓有震耳之声；看那跳舞的：有长发的黑色女子闭着眼睛走着巫女的步伐，有休闲穿着的白人男女技巧地跳跃腾挪，也有长裙的亚裔女子轻轻旋转飘移的，人人有乱目之型……

自己听了半日鼓看了半日舞，又绕着斜坡巡视了一圈，看人们开颜欢笑，搂搂抱抱，感叹着他们的热闹和欢乐，却又知道毕竟这是不属于自己的。回去路上，倒想起张楚的那首《孤独的人是可耻的》，觉得稍改无妨：这是一个逃课的季节，空气里都是啤酒的味道，上课的人是可耻的；这是一个逃课的季节，大家在草坡上相互微笑，搂搂抱抱，这样就好……

已经下午三点了，自己腹饿难耐，想大学城的中国餐馆也必关门了，下午又没有什么特别重要的事情，就坐了班车回来。一路昏昏沉沉地想着周末要洗衣要买菜要给家里打电话要给好久没写邮件的朋友发邮件要啃书准备期末考试，有一丝丝的悔意袭上心头，——再次觉得，这斜坡节的热闹竟真地不属于我这个看客和过客的。

晚上吃了晚饭，室友说：中国大使馆被美国和北约炸了。于是忙着电视和网络两头看新闻……几天后，我在电视里看到康奈尔大学的两百多名中国留学生聚集在何氏广场，举着标语进行示威活动，——在同一个校园里，在尤里斯斜坡附近的何氏广场，在美国学生寻热闹的地方，我们以另一种方式向世界表达一群中国人的心声……

1999年7月

第五辑　可爱的美国人

碰上王渝

2016年3月，我去参加纽约华人作家协会的新春活动。活动结束时，我们几个相熟的朋友合影留念。这时一个个子小小、满脸笑容的老太太，也挤进来和我们一起照相。照完相，她又问："你们谁知道怎么在微信上联系陈九吗？我要找他来主持一个诗歌朗诵会。"我们都认识陈九先生，也知道他当时正在中国大陆旅行，因此告诉老太太原委。结果，老太太指着我说："要不你来帮我主持这个纽约四五六画廊举办的诗歌朗诵会吧！"我吃了一惊，又不好拒绝，正在犹豫之际，老太太又问我叫什么名字、住在何处。因此聊起来，这才知道我们都住在皇后区的雷哥公园一带，相距不过步行五分钟的距离。互报了姓名，我因此知道她叫王渝，是重庆出生、台湾长大、久居美国的一位诗人、编辑和作家。临别之际，我们相互加了微信，王渝又说："过两天我请你吃饭！"

到了下一个周末，春寒还料峭，王渝老师果然约了我在雷哥公园颇不错的"天一居"吃饭。相谈甚欢，我也知道了她要举办的诗歌朗诵会是怎么回事。要说主持节目，我只是在中学时代主持过班级里的联欢晚会，后来就再也不曾这么"抛头露脸"过。这么多年来，我偶尔写诗，多是孤芳自赏，或者流散网上，甚少在现实生活中和人讨论、朗诵诗歌。对于王渝老师的委托，我颇诚惶诚恐，但是她的信任，终让我无知者无畏，最后"恭敬不如从命"地主持了那一次春天里的诗歌朗诵会。效果尚好，自己也多少可以欣慰"不辱使命"吧。

因为这个"碰上的缘分"，我和几个纽约的写作者倒和王渝成了不错的朋友。我们曾一起去石溪大学听她的诗歌讲座，也约了她到我们的长岛新居吃饭，自然也时时互传诗歌作品，去年底还一起合出了一本诗集，前不久又一起去访美国诗人惠特曼的长岛故居。今年初，先在网上得知王老师的新书名字叫《碰上的缘分》，我就不禁心领神会地笑起来：要是用它来形容我和王老师的来往，再贴切不过。

拿了王老师的书，每日翻看几篇，总是要忍俊不禁，倒不自觉地想到"文如其人"，乃至"人如其文"来。王渝在现实生活中是喜欢玩笑、时不时幽上一默的人。记得去年八月初我们约了去新泽西听诗人严力的讲座。我微信她说：天气预报说明天比较热，注意防暑哈！她回了我一句：一定的，会穿比基尼去！听了讲座回来，我们走在纽约街头，说起各种市声嘈杂，她又道："我们以前常常说这就是'美国之音'！"因此上，每每在《碰上的缘分》里读到幽默调皮之句，我总会想及王老师是在纸上和我们谈天说地一般。

这本书的第一辑是"人物篇"，收录了王渝和许多文学界名人的"缘分"。记得十多年前，北京的文友问我：你人在纽约，可否认识或知道木心其人及其文？我孤陋寡闻，只回道：纽约有八百万人口，华裔亦有七十万之众，你为什么觉得我会认识木心呢？读了王渝的书，才晓得木心的文字最早乃是她发现并介绍给台湾文学界的。我若是早几年"碰上"王渝，大概也不会给我那位朋友一个失望的回答了。王渝任职《美洲华侨日报》副刊编辑期间，发掘和鼓励过的作家其实远远不止木心一人。散文家刘荒田先生就曾撰文说，王渝最初回信"点拨"过他的诗歌创作。王渝在《他又迷路了》提到的程奇逢先生，也在某次聚餐时跟我们说，他当初投诗稿给《美洲华侨日报》副刊，没想到被采用，并收到编辑的回信鼓励（那时候还没有电子邮件等等）。前不久科罗拉多的华文作家沈宁先生来纽约座谈，席间也特别谈到王渝编辑曾经编发他的早期作品，并站起来向王渝鞠躬致敬，让听讲座的廿余人不由跟着鼓掌致意。

王渝也很早就去大陆联络作者，而其中名声赫赫者大约要算钱钟书夫妇和沈从文等人。这些文字和故事，于个人而言不仅有"碰上的缘分"，更有"留下的意义"，对文学史研究来说或有不可估量的价值。

写人之外，王渝的这本书也写了作者和各种文字"碰上的缘分"。王渝是诗人，曾说诗歌是她的最爱。我很好奇她对诗歌的见解，也很欣喜在她文章里发现她自然流露出的诗歌观，比如她在《告别好诗》里提到："台湾的新诗，最初形式口语化，但是仍不乏含蓄、典雅、浑成、意在言外的诗质。"一句"意在言外"，倒是点醒我这些年来在混混沌沌之中孜孜以求的一种诗歌境界，读来不免甚感"戚戚焉"。王渝所读甚丰，涉猎也广，在写下自己读书体验的时候，也开拓了读者的眼界和心界，更透露她本人的点点滴滴真性情，读来总有叫人或捧腹、或莞尔、或细思极喜的时刻。她对侦探小说的偏爱，乃至在生活和写作中的各种"侦探"时刻，大约可算令人难忘的一例。她对王鼎钧等大家文字不遗余力的推介，不仅让我们了解她的阅读品味，更可洞见一位作者和编辑的心中丘壑。

阅读《碰上的缘分》，更多欣喜来源于那些"原来你也在这里啊"的感叹时刻。世间人事，很多时候不过是英谚所云的"曾在那里、曾做那事"（Been there， done that）而已，而先行者给我们留下什么样的体验、情感和智慧，往往就是文字的意义。当我读到《那两只石狮子》的时候，这样的感觉尤其浓烈。我几乎每天上班路上都经过曼哈顿第五大道的纽约公立图书馆门口，那两只雄伟的石狮子也就渐渐吸引我的注意，并最终去网上查阅了各种资料和文献，甚至为它们写了一首诗。看得王渝曾经向她的儿子胡诌，说那两只石狮子分别叫"东东"和"西西"的时候，我恨不得要立即给她微信：您怎么可以这样"误导"孩子呢？好在到文章末尾作者自认"吾道不孤"，我也只好点头自谓"然也，然也"了。书中还有诸如此类的育儿、旅游、交友、过年、闲谈、购物还价等等逼真的生活情节，行文清简，不枝不蔓，意境淡泊，无怨无嗔，又时时有豁达和智慧之语，竟是得了小品文的真义了。

《碰上的缘分》里收录了大约一百五十篇曾经发表于香港《大公报》的小品文，每篇都短小精悍，不过五百字左右的篇幅，却往往在幽默之外又直抵文旨，乃至留下耐人寻味的隽永回声。春天里读这本书，抬眼就能看到自家后院那棵樱花树。樱花树颇有些年月了，树干粗粝，年轮沧桑，然而四月的春光里，每一枝每一丫都开满了粉红的花朵，在春风里美丽地摇曳着。于我而言，王渝的人，王渝的文字，在最好的人间四月天，亦有了最好的比喻。

我的老师们：月亮教授

Professor Moon，我喜欢在心里把他想成月亮教授。月亮，该是阴性的词汇吧，可是我们的教授是个可爱的小老头：放在亚洲的土地上，月亮教授也算个矮个子了。好玩的是他留了花白的山羊胡子，每每上课捻须而问：人家公司以 5 万美金的年薪雇佣你们这些研究生，难道是让你们碰到问题时就这样沉默吗？他自己得意地笑起来，于是给我们讲某道题的解法。

申请的时候，就看到月亮教授的资料，是工程院的院士，曾经做过这系的主任，照片上也是山羊胡子，微笑着，亲切的老者形象。月亮教授的方向和我的相差太远，所以压根就没套他近乎。谁曾想，老板给我选的唯一一门系里的课就是月亮教授的应用动力学。第一堂课，月亮教授精神焕发地走进来，手里抱着教材和一大堆"玩具"。上课就给我们发课程安排表和一学期的作业题，给我们他秘书的电话，Email等等，让我们有事找他、务必先和秘书联系。然后给我们讲所用教材，那是一本教授自己写的由John Wiley & Sons公司出版的近五百页的教科书。月亮教授说：我很抱歉，价格是将近九十美元，虽然我一再嘱咐出版商降低书价……然后他自己无奈地耸肩。

此后每次上课，月亮教授就不停地将各种玩具带进教室来演示，告诉我们某诺贝尔奖获得者正是通过观察儿童玩具受到启发而提出量子电动力学的云云；除了课上演示各种机械装置，月亮教授还积极鼓动我们每人亲自触摸装置获得感性认识，同时要求我们去博物馆参观更多更精密的机械和仪器。

月亮教授的第二次作业吓我一跟头，要用到许多数学和力学知识，可怜我这么多年早已经忘光，生怕自己要得很低的分数，结果却比自己想象的要好一些。后来渐渐发现月亮教授并不注重你得到了某一个具体的答案，关键在于你努力了，尝试了，应用所学知识了，倒跟想象中的美国教育有点像——当然，月亮教授大多是个例外。

月亮教授很忙，这门课又没有助教，作业考试都是他自己改。学期中间，月亮教授或去德国开会或去华盛顿鉴定什么，于是就补课，征求学生的意见，学生齐声抱怨加课时间和晚饭时间冲突。月亮教授就说请我们吃披萨喝可乐，众皆大乐。于是上课的时候，教授拿着披萨在上面讲，学生在下面边吃边喝地听，风味倒也独特。

那回课后，我第一次问教授问题，教授正在收拾披萨饼盒和喝空的饮料罐子，耐心地解答了我的疑问。我问他要不要我帮忙收拾，他倒拿起最后一块披萨问我要不要吃，我连忙说已经很饱了。临出门，教授在我身后用中文说道："再见！"我大吃一惊，待要转头细问，又怕误了回家的班车，心里却疑惑不定。

月亮教授的作业题总的来说颇有难度，有时根本无法得到最后的解答，常常星期三晚上赶第二天要交的作业到凌晨三四点还未完工。但是月亮的考试却非常合理：既不会像作业那样让人无法求解，也不会让你太过轻松。月亮教授发完考卷，让大家在试卷上签字（以表明自己不会作弊），他在黑板上画一钟表，加了时针分针，就忙他自己的去了；然后每隔一段时间，他跑回来改变黑板上的时间，乐此不疲的样子。

月亮教授的课本几乎包罗万象：不仅有传统的理论力学内容，还包含了天体力学，机器人学和电磁机械力学，叫我学得又喜又怕，喜的是什么机器人手臂力学，什么哑铃式卫星运动方程，什么磁浮高速列车原理，听了直让人热血沸腾，再看看那基本的数学和力学方程，又不禁望而生畏——或许这正是教育的意义所在，激发兴趣，富有挑战精神。月亮教授还专门在课上幻灯演示计算机辅助设计，又另辟机房实践课时，亲自演示指导，那份耐心、负责和能力确是我在国内不多见到的。

跟月亮教授再次直接接触是为我这门课project的事情，自己初次做这玩意儿，教授又让自选题目；自己先前一拖再拖，终于没法子，找月亮商量自己拟定的project内容。教授先是连说这是一个好课题，然后告诉我可以引申到何种程度，给我一下子推荐了另外两本他写的教科书，只说得我心中小鼓乱敲。我说自己刚到美国，口语听力都有问题，更是首次做project；月亮听了，就给我用笔写了报告的格式内容，特意放慢语速问我是否全部明白了。

末了，月亮教授问我是哪国人，我说自己是中国人，月亮教授笑起来，说：中国人分别时说"再见"，见面时说"你好"……听他的腔不成腔调不成调的发音，真是忍俊不禁，同时也明白了上回他的的确确是跟我说"再见"了。月亮教授想了一会，问我"你会了"，自己一时不明白，他说"Do you understand？"，并问我中文怎么说，自己忙给他说"懂，明白"，听得教授直摇头，说中文是唱的语言（sing the language），因而太难。这下我倒有些糊涂了，自己从来没觉得中文美丽到像唱歌一样的程度啊，教授就说：你们中文有四个声调，可不就像唱歌吗？我们英语中没有的；这才恍然大悟，也亏他想得出来。

两人聊得兴高采烈，月亮教授又说他共带过七个中国学生，六个台湾人，一个大陆人，西安的；六个台湾学生全部回台湾了，西安的留在了美国。我脸上有些讪讪的，教授却毫无恶意，又说：台湾的经济好些，所以学生都回去了，大陆的经济差些，不过我相信会越来越好，中国是个巨大的潜在的技术市场。我忙展颜附和道：当然当然。月亮说去过亚洲的许多地方，香港，台北，东京，我热情邀请他将来到中国大陆旅游访问，并建议他比去北京看长城和故宫，教授却笑起来：我最想去的城市是西安，最想看的是地下秦俑。想必他的中国大陆弟子鼓吹了不少西安这文化古城。

做project时到图书馆查资料才发现月亮教授的专著就不下十来本，他的研究兴趣和领域更让我惊叹不已。我在最后一周好歹把project的结果和报告赶了出来，前两天教授秘书给我们用email发了成绩，我居然得了个A+，真是喜不自禁，心里又把月亮教授称赞了几个来回呢！

我的老师们：黛伯拉

老板要我选英文写作课，秘书说选英文课的要先到现代语言系和主管国际学生英语教学的老师谈一下。于是，我就硬着头皮去现代语言系，准备用自己学了十四年却在到美国的第一周内把我打击得信心全无的蹩脚英语和本土的英语老师谈一谈了。

第一回看见黛伯拉的感觉是她很胖，肥硕的身躯陷在椅子里，一头白色的头发，短短的，看她的脸颊有些老气了，两颗门牙之间的缝隙稍微大一些——五十多岁的妇人先前正在和人谈话，看我犹疑地站在门口，手臂一扬，展开笑脸，就跟我"Hi"起来了。

黛伯拉问了我的托福成绩，表示很为难，说我的托福成绩较好，不用再上英文课，关键还在于今年要上这英语课的人太多了。我结结巴巴地说了我老板的意思，她说老板当然是不能得罪的，然后跟我说她知道托福成绩高低和英语能力并不存在绝对的线性关系，最后她要和我的老板交流交流，问我老板的名字。我忙到书包里去找老板的姓名，电子邮件地址，电话等等。黛伯拉哈哈大笑起来，问我怎么可以不记得老板的名字，我很不好意思地告诉她我老板是意大利人，姓名都很怪异——我现在也不知道老板的全名如何发音，好在老板年轻，不要我"教授""教授"地称呼，直接称呼他的nickname也就是了。

　　黛伯拉根本没空和我的老板谈话，于是第二回看她时，她就让我参加英语考试以决定我适合上口语还是写作。考试是在晚上，要到九点以后才能完，我住的地方离学校很远，班车又稀疏，于是说了自己的顾虑。黛伯拉想了想就说实在不行，考完后她们找个人开车送我回家。幸好后来查班车表，近十点时还有一班车。黛伯拉连连说那她就放心了，搞得我心里头不住地感动。

　　后来就稀里糊涂地上了黛伯拉主讲的写作课。这课每两三周就要交一篇跟自己专业相关的小作文，大致分对比、过程描述、因果等几类主题，自己感觉并没什么特别的意思。一开始也并不喜欢黛伯拉，因为她对我的选课其实是一种不了而了的方式。

　　交了作文以后，要约时间和老师面谈。黛伯拉改得很仔细，每个词的用法她都会拿字典来查了和你一起研究，和以前在国内学的写作课又是一番不同。看黛伯拉的日程表上每周从早到晚排满了和两个班二十余名学生每人半小时谈写作的计划，不觉对她的敬业精神慢慢敬重起来。

　　中秋节的前一天吧，给黛伯拉送自己改后的作文，她正在给另一个学生讲作文。见了我，叽哩咕噜说了一段，我没听懂，她无比吃惊地问我：你不是中国人吗？我只好说我当然是，她说：那你怎么不知道中秋节？我笑起来，忙说自己没听懂她问我怎么过节的话。接着，她拿出一罐她以前的中国学生送她的莲蓉月饼，问我上面中国字的含义，我一个一个地解释给她听，末了，黛伯拉就谢我的翻译，又说"You are so nice"，心情无端地欢快了。

　　每次上课，黛伯拉自己都会先讲上一大段不要紧的话。有一回不知怎么说起克林顿的事情来，黛伯拉先是对小克表示无比同情，因为美国人在追查他的私人生活和隐私权，接着又对莱温斯基进行谴责，说这小妞没事找事等等，岔着岔着，说她自己干过所有女人该干的职业，又扳着指头数道：女儿，妻子，母亲，护士，教师……突然想起什么，叫道：当然妓女除外！一个班的人跟着她一起大笑起来。

我们一个班十一二个人，除了一个巴西女生，另有四个台湾人，韩国日本学生各俩，我和另外一个大陆学生，后来知道他是科大毕业的，而且跟我同级，激动得不得了。亚洲人居多，于是常常黛伯拉提出一个问题后，大家全部低下头来作思考状。黛伯拉经历了数次，先是常常擂桌跺脚地激励我们，后来有时就自我解嘲地说我们又上无声课了。不过一个学期下来，因为黛伯拉频频敦促我们参加课堂讨论，甚至建议我们常常更换自己的座位以便了解更多同学，大家渐渐也熟悉起来。课堂气氛最好的是最后一堂课后，我们六七个亚裔学生商量怎么搭车去黛伯拉家参加聚会的事情。大家的共同口语是英语，共同书面语就是中文啦。

还有一回，台湾男生说自己会玩什么乐器，黛伯拉兴奋地说她父亲也会玩。我们亚洲学生都忍不住笑起来，搞得她莫名其妙，我们费劲给她解释亚洲人的想法，她还是难得甚解。黛伯拉在课上除了经常提她的父亲外，还经常说起她的孙子。她引用的那小孩说的趣味英语我们这些人大概一辈子也讲不出来的。

黛伯拉跟所有的美国女人一样，喜欢打扮自己，她们倒不定是涂粉抹脂，却在于耳环项链上面。我们可爱的写作老师常常更换她的项链和耳环，大大的物件又招眼又滑稽；有一回巴西女人戴了一件新式的发卡，黛伯拉看、摸、说了半日，几如青春少女之态。

黛伯拉容易激动，有回一上课说她多年的牙医死了云云，然后趴在桌上作痛苦状，搞得我们一班亚洲人不知如何是好；一会儿她自己说起孙子来，又哈哈大笑一阵子。我因为中午有两节数学课，上她的课在下午三点半到五点，经常犯困硬撑着，黛伯拉就会冷不丁地问我"Are you OK？"我当然OK了。后来一回她跟我谈作文时说：过了一个学期，学生们老了十岁一样，神情很是关切同情，再以后我上课的精神也好多了的样子。

起初不觉得黛伯拉的课好，渐渐地却感到她的语言知识和能力，原是极简单的词汇，她却可以讲出许多细微的用法来；更何况，她教我们活的语言。她在课上表示愤慨处来上一个"Shoot"，外面雨夹雪时她说"Raining snow or snowing rain"，端的奇妙；还有一回两个女生胳膊无意碰了一下，黛伯拉问我们英语怎么说，大家混乱猜测了半天，终是黛伯拉给了一个最贴切的词。

学校要解散现代语言系，黛伯拉跟我们说起时很是忧伤，最后一课提前结束，她匆匆忙忙参加这个讨论会去了。第二天我看到她们系楼上高高悬挂着"保留现代语言系""和校长斗争到底"的标语，想来必有黛伯拉的心意在内。

最后一回看黛伯拉是在她的家里，她和两个儿子忙着招待我们这些学生，带我们看她养得肥且壮的猫和她家的钢琴，又不断夸我们带的食品精美可口。临走时，她送到外面，嘱咐我们上路时小心。夜色寒冷，我们挥手跟她告别，听她喃喃地说着再见的话，一学期的相处化作想起时心底的一道暖流，正如在这个渐寒渐暮的午后……

我的老师们：卡尔

那是去年秋季学期的事情了。因为老板钦定的课只有一门，另外要做一门课的助教来讨生活，起初感觉不会太重，因此想旁听些别的课程来丰富丰富自己。当时对着课程表看了许久，在英语系开的好几门课上画了圈圈，比如《莎士比亚戏剧》《美国文化入门》《小说阅读》《中文小说赏析》之类的东西。开学初的几天，就每日兴冲冲地在校园里跑来跑去，结果却很沮丧：一些课程的教室有变化，害我干坐半天，却不见一个人影；有些课程的选修人数太多，我在门口看看也就却步了。最后去听一门给大一新生开的写作课，课程名叫《诗歌、散文和扯淡》，颇让我琢磨了一阵子。实验室的美国学生听了这课名，也不禁笑起来。

去了那教室，学生陆陆续续来了，统共也就十来个人，正好是我喜欢的那种人数，可以有一定的发言机会，同时也没有被老师一眼认出的危险，正所谓"可攻可守"的绝佳战略形势。起初还说在等教授出现呢，却不想上课时间到后，在前头坐着的一个二十来岁的男青年就站起来，说他是这门课的授课老师，名字叫卡尔·卡朴尔，是英语系的在读博士生。

卡尔中等个子，戴着一副茶色眼镜，因此有些色迷迷的样子；引人注目的是他的头发，油光锃亮的，前面往后梳，后面向前梳，两股头发在头顶汇合，却又不着痕迹，倒也入目得很；卡尔脖子上缠着贝类项链，手腕上也是链子，手上则套着好几个戒指，一副"时髦青年"的架式。

第一节课先是大家互相介绍，有一项是你为什么来选修这一门课程。一时有说喜欢诗歌的，有说喜欢写作的，有说为学分而选课的，也有说只是来听听看看的。轮到我，只好说自己只是来旁听，因为我导师根本不可能让我选择这样的文科课程；而我本人一直对文学颇感冒，特别想知道美国大学里这种课程是怎样教与学的；我希望大家能不介意我坐在教室里听听你们精彩有趣的讨论……卡尔频频点头，连声说"没问题没问题"。介绍完毕，卡尔讲了这门课的两本教材，一本是《诺顿诗歌导读》，一本是《文本写作》，而教学方法则是每周阅读定量的诗歌，课上针对某一主题进行集体讨论，课后每人再写一篇相关的诗歌评论……果然任务繁重。

第一节课留的作业就是每人写一篇散文，散文主题把自己比作某样东西，并陈述相像的理由。第二次课，大家就先朗读自己的散文。一时有说自己像棵小树的，也有说自己像脚上的靴子的，不一而足。我英语不好，好多听不懂，也只得满面微笑。人笑着叫好时，自己也忙着满脸堆笑。后来轮到自己发言，我结结巴巴读了自己的小文章：《墙上的另一块砖头》，大意是说自己如何随着时间流逝意识到自己最终不过是芸芸众生里的平凡一员，就像一块平凡的砖头，在墙与墙之间流浪……却不料读完了，众人赞叹不已，那个胖女孩Tracy谦虚道：我都不好意思读自己的了。卡尔带头鼓掌，后来又时时提到这篇小文，搞得我常常不好意思得很。卡尔却笑道：我不会轻易放过你的！听得我既不好意思，却又满心得意。

我最终选择了旁听这门课，大概跟第一次的作文成功不无干系。但是更重要的还是后来自己跟卡尔的课后交谈。常常谈到一些中英文诗歌方面的东西，我本是一个门外汉，卡尔鼓励的态度、明确的兴趣和少有的耐心则坚定了我将旁听进行到底的决心和信心。

最初的一堂课上，卡尔让大家讨论华莱士·斯帝文思的诗《瓶之佚事》。我发言时就提到了卞之琳的《断章》，认为两首诗在角度的切换和对比方面有异曲同工之妙，而卡尔则叹服于《断章》的哲学意义。第二堂课大家集体讨论的诗歌中，第一首就是庞德从日文翻译过去的《长干行》。老实说这首译作并不完美，甚至有错失之处，而美国大学的新鲜人中就有人明确表示这首诗不知所云。课后我跟卡尔交谈时，就把自己对这首古诗的理解用蹩脚的英语反复陈述，卡尔一边听一边点头，并不时提出疑问，自己也满心愉快地回实验室去。

卡尔不仅关心中国人的诗歌，也很关心中国人知道、喜欢哪些英文诗歌。记得有一次是学生互相改习作，因我没有写，就有些无事可干的样子。卡尔却走过来，送了一本小书给我看，原来是惠特曼的《草叶集》。课后聊天时，卡尔就问我是否知道惠特曼。我说当然知道，又指着那本小书里惠特曼说美国是一个充满诗意的国家的部分跟他讨论。我说：一般人的印象是美国是每个气体分子里都充满金钱和商业气息的国家，而惠特曼却认为美国的一草一木都充满了诗意。卡尔不以为忤，却也笑起来，说我讲得很对，然后大谈了一通惠特曼诗歌里满溢着的热情和力量，还不时把他看过后认为精彩有趣的段落指给我看。以后的日子里，我当然给他说在中国被介绍得比较多的莎士比亚、白朗宁夫人、爱米莉·狄金森等人的诗作。他听说"垮掉的一代"的作品在中国也多有译介，倒是很感兴趣的样子。

　　因我是旁听，学期开始又有很重的助教和助研的活儿，卡尔这门四个学分写作课的作业对我来说是额外的负担，因此我只是力所能及地完成阅读部分，至于写作就常常省略过去了，卡尔则也一直给予我这个编外学生以特殊照顾。我倒觉得他布置的诗歌评论之类的作业很有意思，有一次还写了一篇，卡尔自然也鼓励了一番。

　　如今想去，卡尔一来通过课堂布置的阅读内容，二来通过跟我的交谈，在潜移默化中，教了我许多欣赏现代英文诗歌的方法和技巧。我也因此不仅似懂非懂地阅读了大量的现代诗歌，还对美国诗歌乃至英文诗歌的创作和全貌有了较新的认识，比如原来似乎只能阅读也只能理解那种国内出版的《英文诗歌一百篇》中的一些经典作品，如今却也经常能从一些颇"朦胧"的当代诗歌中体会英文之美、英诗之妙了。

　　和卡尔更多接触和聊天却还是因为自己的写作引起的。卡尔在闲谈中听说我用中文写一些诗，就鼓励我翻译成英文来给他看。自己也就不自量力地挑了几首，查了字典翻译出来，给他批评。记得第一回翻译的是自己去年写的《致芳邻》，还有一首顾城的《在海上》。卡尔仔仔细细读了我翻译的"Sister Neighbour"，说他很喜欢这首，尤其是结尾几句十分有力，且和开头呼应得美妙。他指出了两处轻易瞧不出的语法错误，还给我说四川的英文拼写似乎有中文拼音Sichuan之外的另外一种拼写：Szechuan，又告诉我他是多么喜欢Sister Neighbour这个语汇，搞得我几乎得意忘形了。卡尔对顾城的《在海上》当然更是赞扬有加，在页边空白里写道：That is amazing， beautiful， and strange。待我说到顾城的"黑夜给了我黑色的眼睛，我却用它来寻找光明"以及顾城杀妻自杀的生平，卡尔连连道"疯子、天才，天才加疯子的诗人"，听得我不禁莞尔。

后来陆续翻译出来给他看的有《故事》《纽约午夜即景》《山中感悟》等，每首诗卡尔都认真地看了，并在页边给了许多文字和思想上的参考意见。意见里褒贬俱有，足见他的认真和耐心。比如《故事》里，他建议我可以省掉几个不必要的主语 I，又说他喜欢结尾的一句：And how would you walk around the pond/Full of beautifully fading lotuses，跟我说它的音韵之美。老实说，我自己并无那么强的语感，因此倒有受宠若惊之感了。《纽约午夜即景》中，他说我用的Middle Night应为常规的Mid-night，却劝我别改，说这么着倒别有风味的样子，一般的以英语为母语的人倒写不出来的；又对那句I lost the freedom of getting lost大加赞赏。《山中感悟》里，他则批评说许多词用得大而空，比如"爱"和"信仰"等字眼的频繁出现，却也大大夸奖了一番我从"前不见古人，后不见来者，念天地之悠悠，独怆然而涕下"改编的"前已有古人，后又有来者，面对迥然不同的诗境，先人，我们的孤独却一脉相承"……

卡尔后来还邀请我去参加校园诗歌朗诵会。这是半月一次、沙龙性质的文学聚会，康奈尔的学生或者邀请来的作家们在大红仓那儿当众朗读自己的诗歌作品。我因为平时很忙，另外到底有些怯场，却没有真正参加过，遗憾了许久。卡尔又说我这么喜欢诗歌，旁听他这为大一新生开的写作课不是很适合，倒可以考虑旁听别的教授开设的比较专门的诗歌赏析课程，并准备跟主讲的老师说了，后来也因种种事情而没有做成，也是憾憾的。

　　卡尔是个烟民，每次上课前后，都可以看到他在教学楼外的台阶上大过烟瘾。班上的学生也就时常那时候找他说话。我跟他说话一般都是课后，他憋了一个多小时，正好到外面"放风"，因此跟我谈话，也不算特别占他的时间，叫我心里到底感觉舒服些。

　　平时除了谈诗歌，也谈别的事情，比如一些翻译问题。他说看我把自己中文写的诗歌自己翻译成英文，总是很特别的感觉。还记得有一次我向他请教英语里可有"放风"一词，两个对证了半天，却到底没有找到一个相应的词表达出中文里丰富的语义来（后来，终于找到了 yard time 这个勉强可以接近的词）。又有一次说到我常签的英文名字Echo　Ying，我告诉他我用这个名字是因为跟我中文名的发音含义都很接近等等，卡尔一边道"beautiful"，一边又把我的名字写成Echoing，笑道：这不又多了一层含义嘛！一次课上卡尔说他三四天检查一次电子邮件的事情，学生都哄堂大笑，卡尔倒觉得我们莫名其妙。课后我告诉他，我几乎每隔一小时就检查一次电子邮件，而我老板觉得我应该时时检查，不至于漏掉他常爱写的"Please come see me asap"之类的邮件，卡尔听了，就"Geez"个不停了。

　　本来一般都在教学楼台阶上说话的。后来冬天到了，气温慢慢低下来，雪也一场一场地落下来，卡尔和我的课后谈话，也就转移到他的办公室去了。我记得最后一次说话，我调侃他裂着口子的皮鞋，卡尔就又指着自己少了纽扣的皮衣，自嘲了一番。我跟他说，我们两个不仅是班里年龄最大的研究生，而且只有我们两个是戴眼镜的人，卡尔连说"我怎么就没注意到呢"，一边不停说道"有趣，有趣"。出来时，卡尔去图书馆，我去自己的实验室。两个在乍起的黄昏风雪里，互道再见和保重的话。

寒假后回来，自己倒给他发了一封邮件，却一直没有收到他的回音，也再没有在校园里遇到过他。细想想，卡尔于我，更像一个朋友，而不像一位老师。我时常怀念那些和他谈论诗歌的下午：在写作和阅读诗歌的过程中，在国内时，我很少在身边遇见这样有趣的人和尊重的态度，在异国他乡与卡尔的这一段经历就愈显得弥足珍贵了。虽然萍水聚散，我还是想，不管怎样，卡尔这个风趣、热情、开放、乐于助人、念着英文博士的美国年轻人，应该是一切都好吧！

2000年7月

我的老师们：夏奇教授

在微信的朋友圈里，最近时常看到朋友们晒自家儿女收到的各类大学录取信，倒勾起我的回忆来。记得十几年前的春天，我也收到过这样一封来自大洋彼岸的录取信，而且是常青藤之一的康奈尔大学，自然兴奋不已。我记得自己不仅关心信里许诺的奖学金数额，更为信中的遣词造句折服：一所大学求贤若渴的心情表达得既谦逊真诚，又神圣庄严，且有商业合同的尊重与严谨。这一封信，我读了又读，几乎把那每个字都记下了，包括最后的落款签名。

那封信上落款签名的就是夏奇教授。到这边才知道，他是当时系里研究生事务的主管，当年的录取信自然都是他签发的。我获得奖学金的条件之一就是第二年要担任助教一职，为此必须在第一年就参加必要的英语口语、英语讲课之类课程培训，而这些事都要和夏奇教授商量。

夏奇教授那时留着浓密的八字须，大有不怒而威的严肃。可是系里组织第一次研究生迎新会的时候，我们的第一印象就被彻底颠覆，认识到夏奇教授原来还是个不折不扣的、亲切随和的居家男人。

那次是在校外的一个公园举办披萨聚会，各位教授的家人也来凑趣助兴。让我们一班中国学生目瞪口呆的是，夏奇教授一家来了

九、十口人：他太太之外，他们家的孩子们也全都来了，而且大小不一，最大的已经上高中，最小的还在襁褓之中。一行儿女鱼贯而过，个头挨次递减，跟在父母身后的老大还帮着抱了一个小弟或小妹。我们一班中国学生惊讶得几乎合不拢嘴巴，然后就叽叽喳喳议论开了，奇怪美国大学里还有这样不主动"计划生育"的大教授。后来知道夏奇教授是犹太裔，奉行不节育的教义，因此生了这么一堆儿女，而且还会继续生下去。

轮到选课的时候，我才意识到夏奇教授的认真和麻烦。他的一个博士生和我在一个实验室。那个博士生是韩国女生，名唤丁姬（Jung Hee）。有一次夏奇打电话到实验室找人，我接的电话。他说找"Jung"，我以为他找"John"，只好告诉他我们实验室没有叫"约翰"的男生。教授急了，电话里跟我纠正说"不是John，是Hee。"我还是没反应过来，告诉他说："实验室另外只有一个女生，是she，不是he。你是不是打错电话了？"他在那边几乎恼羞成怒，最后Jung Hee在旁边听明白了，主动接了电话，才算解了围。

因为这件事情，夏奇教授大约对我的英语很不放心。选课事情上，他对我询三问四，叫我尴尬不已。比如他忽然问我"你有未婚妻吗？"我不知如何作答，他以为我不懂未婚妻（fiancé）这词的含义，就又要给我解释。我忙告诉他自己是单身汉一个。他就笑起来，说道："这样也好，你可能会觉得孤单些，但是你不会到家就和家人讲中文，多看电视，多和室友讲英文，你的英语就会进步得更快更好。"我听了，颇有些哭笑不得，倒不敢跟他说我室友也是中国人、我们一般只用中文交流了。

到了第二学期，上了夏奇教授的课，发现他教学还蛮有一套，作业、考试也十分认真。不过最让我大跌眼镜的却是第一堂课。他兴致勃勃地告诉我们他自己也做了一个个人主页（那时候互联网还处于幼儿期，个人主页还是流行事物），欢迎大家课后去浏览。

下了课，我们自然忍不住好奇去看他的主页上都有啥内容。不看不知道，看了吓一跳。夏奇教授不仅在主页上放了他的简历、他的研究兴趣、课程介绍和实验室简介，还放了一些他早期的照片以及一篇文章。在文章里他说自己曾经是个"罪人"，在普林斯顿读书期间，和一个有夫之妇发展了一段不伦之恋。那时候的他酗酒、旷课，不明白人生的方向和意义。有一天他在普林斯顿大学所属的卡耐基湖上划船，却不料忽然雷电交加，风雨大作。夏奇教授差点被雷电击中，死里逃生之余，却也忽然如雷灌顶，警醒自己不能再这样"混"下去。

夏奇教授在普林斯顿大学从本科一路读完博士，先后有十多年；后来又任职于同是常青藤院校的康奈尔，教书育人至今也二十多年，早该是桃李满天下。那学期的课程结束后，我跟他的接触并不算多，大约也因为我的英语不是糟糕到经常要被他约去谈心吧。

读了两年博士课程后，因为各种因素，我转读硕士，着手计划当年秋天毕业、去试试找工作的运气。我去找夏奇教授办手续的时候，他大为吃惊，一边表示遗憾、给我签字，一边关切地问我打算怎么办。说老实话，当时我也一点头绪没有，因为所学的专业对于不是美国公民的毕业生来说并不是很好找工作。我自己的导师也从来没表示过什么，夏奇教授却表现出发自内心的遗憾和关切，让我蓦然感动和温暖，也由此明白夏奇教授在教学、科研任务之外担任研究生事务一职，大约也有他愿意帮助人的天性在里头。

　　如今十七八年过去了，我却依然会不时想起夏奇教授来。他似乎严肃到不怒而威、却又处处给人充满温暖和人情味的惊奇，想去还是源于他本性里的真诚和勇于分享的慷慨，并以此来影响学生和后辈，如此也难怪十多年后我还能记得他和他的几件轶事。算去，夏奇教授也该近花甲之年。网上看，他依然活跃在教学和科研岗位，想必也有更多学生如我，从他那里学到专业知识、乃至专业之外的东西吧。

我的老师们：安妮

安妮是我的法语老师。那几年，我年少浅薄，自以为是个"恋法癖"（Francophile），认定一切有关法国的人和事都是浪漫的代表，而法语更是世界上最美丽的语言之一（如果不是看在中文的面子上，这个"之一"大约都要省略掉的）。单身汉的口袋里有几个闲钱的时候，我就想去法国旅游。为了最大自由度地体验法国式浪漫，自然要学法语。于是我就报了名，参加纽约城里法国文化协会FIAF（The French Institute Alliance Francaise）办的法语学习班。学了两年法语，经历了好几个法语老师，有法国南部来的年轻的嬉皮女士，也有象牙海岸来的非裔女教授，最让我念念不忘的却是安妮，那个巴黎来的"老"太太。

安妮那时已经有60岁，但是每次上课必定浓妆淡抹，口红鲜红，耳环摇摆，且脚蹬高筒皮靴，身穿俏丽、正式的裙装。她向我们印证有关法国女人的一切传说，不仅看不出年龄，又风趣幽默，成了我最喜欢的法语老师。那时节，安妮随着以色列籍的丈夫来到美国"陪教"，赋闲在家无事，就出来教法语，与其说是挣点零花钱，不如说找点和当地人相处的乐子。

安妮的第一课就与众不同。她要大家介绍自己，却不是三两句话就完的，而是打破砂锅问到底的、中国式的"查户口"，让大家充分用法语表达自己。结果呢，第一次课、三小时里的两小时就在大家的互相介绍中过去了。

安妮也介绍自己，说她是个巴黎姑娘，却嫁了个在巴黎求学的以色列人。她先生最初要来美国教书，可以选择的学校里就有在中西部的普渡大学。普渡的英文名叫"Purdue"，这个词在法语里是个动词，是"遗忘""忘记"的意思。安妮道："我老公问我去普渡怎么样。我说，那是个长玉米地里、四面不靠的大学城。如果你要去那里，你就'忘记'我和我们的婚姻好了。不过我劝你啊，还是最好忘记普渡吧！"言毕，她先是挤眉弄眼，继而哈哈大笑，感染得我们一班人也笑得前仰后合。安妮却又拿起粉笔开始板书，要给我们讲"purdue"这个动词的若干变形。

为了鼓励大家法语发言，安妮每次上课都"自由散漫"地东拉西扯，到最后我们那学期的课程比规定的进度落后一大截。安妮就主动说要补课，问大家在哪里补课为好，因为她家里略小，也不近便。幸好班上有个在出版社上班的女士，说她们的大会议室可以在晚上用，而且离我们通常上课的曼哈顿中城不远。麻烦的是班上有另一个女生人住费城，每个周末她都不远百里地从费城坐火车到纽约来上法语课。在星期中间补课，对她来说实在是勉为其烦，包括住宿的麻烦。她委屈地说自己准备缺一次课。

安妮细心听了那个女生的解释，忙说："我们一个都不能拉下！你来吧，当天晚上也不要找旅馆了，就住我家好了。我们住在罗斯福岛上，环境还不错的！"那个女生感激不尽，表示可以考虑。到了那天晚上，她果然拖了个行李箱、风尘仆仆地赶来上课。安妮看到她，也喜不自禁，给她一个拥抱，又说："我太高兴了！

你真的做到了！"我们一班人都不由鼓起掌来。

每学期结束，我们也要考试，考试成绩决定大家是否可以进入下一阶的法语学习。安妮教的学期结束那天，她比我们还兴奋，不停说"大家都很努力"。我们临走时，她又道："每人都需要一个拥抱和一个亲吻！"说到做到，她给每人一个大大的拥抱，又在每人脸颊上啄一个响亮的吻。她鲜艳的口红几乎在每个人的脸上都留下了一点红印，惹得大家彼此相觑之际既不好意思，又忍俊不禁。

因为喜欢安妮的课，我后来又续学了几个学期的法语，期间也带着一本法英字典去了一趟法国，算是圆了一个"恋法癖"的梦。结婚生子之后，万事分心，又搬离万事方便的曼哈顿，倒渐渐万般无奈地放弃了法语学习。

经过这么些年，当时所学的法语，大半已经还给安妮和其他老师。但也有几句话记得清楚，大约终生难忘。比如打招呼用的"笨猪"（Bonjour，你好），口语里打招呼或者告别时用的"杀驴"（Salut，再见），还有表示感谢用的"没戏，不哭"（Merci beaucoup，十分感谢）等等。每每想起这些搞笑的中文翻译，我就会想起安妮，这个到60岁却依然风趣、有情调的法语老师。想起她，我就会想：世界上有那么多"恋法癖"，倒也不是毫无道理的。

我的老师们：皮特

第一次上皮特·赛尔金（Peter Selgin）的英文小说写作课时，那开课的破冰形式几乎有点巫术表演的意思：他鼓励大家都从座位上站起来，走到教室的中间空地围成一圈，然后让大家跟着他一起，一边向上向下甩动双臂，一边深吸一口气后慢慢呼出、并随心所欲发出"哇啦哇啦"的古怪又可笑的声响……大家一面跟着做，一面不由自主地笑，确实达到了亲近和放松的目的。然后他让大家回到自己的座位，写自己来上课路上遇到的人或者事情或者冒出的想法，大概半小时后，每个人都念一下自己写了什么……

记得那是个夏天感觉还没完全过去的日子，因为去上课的路上遭遇一场特别的"热带风暴"（Tropical Depression），我就写了自己路上遭雨的尴尬、进而对于这个词组的好奇，并把意思"曲解"为"热带忧伤"……皮特听了我的朗读，十分赞赏，说因为他们的英语是母语，对这类词汇熟视无睹，而我给出了焕然一新、令读者眼前一亮的陈述。

因为这样别开生面的形式和他让人备受鼓舞的称赞，我喜欢上了赛尔金老师的小说写作课，并连着上了两次他的写作课。他对我后来提交的几篇小说也大加赞赏，不仅用各色铅笔细细标出每一处需要改正的错误或者改进的用词，也标出他喜欢的段落、句子或者词汇，又另写一封整整一页纸长的评论，并以极其郑重亲切的"Dear Aiguo"开头，让我受宠若惊。当然最令我鼓舞的是他不吝赞美的评论，他说"在还没看到你的作品之前，我就有一种感觉，你不是一个写小说的新手"（我后来告诉大家我曾经在中国出版过一部长篇小说《有女知秋》）；"祝贺你又写了一篇出色的小说，而且很优美……你对于这种微妙情感的描写和把握，会让许多作家嫉妒，他们也应该嫉妒"；"我们应该讨论讨论你该如何进一步修改你的小说作品，并把它们投出去发表。我真还有些建议。"

近20年过去了，每当我在写作路上迷茫或者疑虑的时候，我就会想起皮特·赛尔金这样一位良师。因为喜欢，有好几个学写作的朋友跟我一样，上了至少两期赛尔金的小说写作课。我们后来还自发组成一个虚构写作小组。有两三年的时光，我们每个月聚一次，一起互相阅读和评论小组成员的最新作品……

皮特是个多才多艺的意大利裔美国人。他毕业于纽约的一个艺术学院，曾经赖以谋生的职业是在各种聚会和邮轮上为客人们画肖像。他的画作曾出现在《纽约客》等著名杂志上，文学方面他迄今已经出版过散文集、小说集、长篇小说、剧本、儿童绘本、写作工具书等等，并曾获得各种大大小小的奖项，他也曾编过文学杂志，并且担任插画师。他是我认识的美国人里头少有的艺术家和作家，不仅一直更新自己的网页，还有专门的维基页面介绍。

皮特更是个有趣的人。曾经读他的散文集《一个左撇子的自白》，因此知道他用左手画画写字而这只左手又曾经被房东的大狗咬伤，差点毁了他的职业生涯。他高中毕业后迷茫于人生的意义，因此没急着上大学，反而去开了一阵子大卡车谋生。他有一个双胞胎兄弟，兄弟俩小时曾经一起玩火、把自己的家烧成灰烬。兄弟俩的爱好更是大相径庭，他是作家和艺术家，而兄弟乔治则是一名经济学家，曾是乔治亚大学的经济学教授。皮特曾经有过一段婚姻，却因他执着于完成自己的第一部长篇小说而和太太P选择了离婚。他曾经着迷于泰坦尼克号，并在家里开了一场以泰坦尼克号为主题的画展。皮特喜欢游泳，也不讳言自己人到中年遭遇前列腺肿大的尴尬和痛苦……

曾经年轻英俊、潇洒不羁的皮特，在年近半百之际，为了更稳定的生活和医疗保险，选择了读一个创意写作的MFA学位，并希图以此来谋一个更稳定的教职。维基页面说2021年时他是乔治亚学院和州立大学(Georgia College & State Univeristy)创意写作项目的副教授。

我很欣慰皮特的才华和坚持终有回报。想起那一两年跟着皮特上课的日子，他略带沙哑的嗓音浸满意大利式的热情和坦诚，在课堂上用各种小技巧启发大家互动和发言，课后在咖啡馆的小聚里他更是毫无老师或者长者的架子，会跟我们说起各种生活琐事。对于学生的优秀作品，他总是不吝夸奖；对于需要提高的作品，他也从不虚与委蛇自己的观点，而是直接指出不足，并给予具体的改进意见。他让我们对小说写作的技艺着迷，并且信心高涨，认为发表乃至成功的那一天就在不远的前方。

让我一直记忆犹新的一件事，是皮特对于自己美国人身份的审视。他在一篇散文里说他曾参加一个美籍意裔作家的研讨会，结果会上多数作家在那里诉苦，说身为意大利裔在美国成长过程里的艰辛和饱受歧视。皮特感到深深的不适和难以苟同，他认为自己就是美国人、美国生活和美国精神的体现，觉得那些作家的委屈姿态十分可笑。作为一个中国人，一个生活在美国的亚裔，读到这种文字和现象，忍不住要哑然失笑，也不禁要审视自己：我们自我感觉作为少数民族的"悲惨"到底是不是真的，或者只是一种心理上的暗示？也许，我们从来不曾真正懂得在美国成长和生活的含义。

最后一次见到皮特是参加他和当时还没离婚的太太P主编的杂志首发会。他穿着西装，意气风发，亲吻每一位来宾的双颊，叫我这个中国男性简直不知如何回应。他给我们发邮件通知他散文集出版消息的时候，我回信祝贺，并问他还记不记得我。他说"当然"，还有"你那个关于波士顿和纽约之间的长途汽车的小说"。说得我很不好意思。这辈子也许只有皮特这样夸过我，"You are too young to be so talented。"

有时我觉得，自己跟这个所谓的"天赋"也许正渐行渐散，但离那个"年轻"的区段，毫无疑问的，是距离越来越远了。但偶尔想起如今应该年近70的皮特、这个美籍意大利人的时候，看见他网页上的笑意盈盈的个人肖像，总会有暖意和笑意自心头升起，想着某一天我也许还会有机会告诉皮特自己写作方面的最新消息。

一个恋家的卡利亚里人

马可是我以前公司的意大利裔同事，姓名常让我想起他们那位叫马可·波罗的先祖。大约十年前，马可加入我们公司的伦敦分部，和我同组共事。因为经常讨论编程问题，一来二去地就熟悉起来。

中间因为业务关系，马可有几次来纽约出差。见面之后才更具体地感觉到马可：三十不到、长得很帅的年轻人，一头浓密的黑发，两腮浓密的胡须，两条浓密的眉毛几乎连成了一条线。马可虽然个子不是特别高，却拥有意大利特质的热情。他长着两颗雪白而略长的门牙，笑起来的时候流露出一丝未泯的童真。

在现实中见过面、喝过咖啡之后，我们就更熟悉了。在公司网上再碰到时，我和马可不仅聊正在做的项目，也会时不时地聊些生活琐事。

有一次，马可忽然说："女人真麻烦。"我忙问为何。他说他老婆要买伦敦郊区的大房子，他以后下班要准时回去，因为通勤时间变长了，而他的女人是这一切麻烦的开始。我忙劝慰他说这是好事，因为女人总是更照顾家庭的一方，她们帮助男孩们成长为男人。

马可又说："不光是房子。她还要生孩子。"我听得不由狂笑，又道："那就生呗。都结婚了，不能不让女性满足做母亲的愿望和需求啊。"马可就道："可是很困难啊。"我就很奇怪，觉得他们年纪轻轻的为什么会很困难，但还是很礼貌地问他困难在哪里。马可说："我老婆已经四十多岁了。"

作为一个中国男性，听说三十不到的帅哥马可娶了位四十出头的老婆，我惊讶得差点从座位上跌下去，却又觉得自己可笑，心想这年代，这种五月九月的关系，即使男人在五月女人在九月，又有什么好奇怪的呢？

我只好又劝慰他要有耐心，实在不行，还可以考虑试管婴儿，并讲了自己一个朋友试管婴儿怀孕的例子。马可十分感兴趣，又查问了许多医疗保险方面的细节。

后来上了脸书才知道，马可娶的是一位菲律宾女人。政治不正确地说实话，他太太也就是中人之姿，当然也有着亚裔女性在西方人眼中通常更显年轻的优势。却因此，我也更佩服马可的真情和勇气了。马可说他当初刚到英国时，没有事情做，就贴广告开班教意大利语谋生，而他太太就是他的学生。这么说来，马可的爱情和婚姻却也是别具风格和味道了。

后来马可又来纽约出差，我们在公司的大露台上闲话。马可倒说他和太太背景、年龄差距很大，因此生活中也有很多分歧，我倒不知道说什么好了，只好敷衍了几句所有婚姻都有问题的泛泛之语。

马可话锋一转，问我人在美国想不想中国的那个家。十五岁离家读书，高中、大学、研究生、留学美国，然后到纽约上班，家于我而言，倒真不是那么牵肠挂肚的地方。马可却不然，他伤感地告诉我，他真地想家想病了（really homesick）。他来自意大利的小岛卡利亚里（Cagliari），他这个卡利亚里人每天每夜都想念那个有着蓝天白云和碧海细沙的故乡，还有那里人口众多、关系密切的家庭成员们。

回到座位上，马可又自告奋勇地用谷歌地图向我展示他的家乡。卡利亚里是位于意大利自治区萨丁岛（Sardinia）顶南部的首府城市。萨丁岛本身是地中海里第二大岛，可是在谷歌地图上看起来已经小得楚楚可怜，而卡利亚里只能无穷放大之后才慢慢显示出真面目。当那个城市一点点在蔚蓝色的地中海背景里渐渐放大，马可也渐渐喜形于色，眉飞色舞地跟我讲那里的人多么淳朴，生活多么悠闲，他多么想某一天再回到那个小岛去无忧无虑地过日子。马可的恋家，叫我这个"因为旅行而忘记回头"的人几乎自惭形秽。

一直也没听说他们生孩子的消息。倒是有一次开视频会议开到半途时，马可忽然说要赶到儿子学校去，因为他十几岁的继子在学校惹了点麻烦。那是第一次听说他老婆还有过婚姻和小孩，而马可三十不到就做了一个十五六少年的继父。吃惊之余，愈发佩服和赞叹顾家的马可。

后来公司在瑞士洛桑开了分部，马可迫不及待地申请内部调职，因为瑞士毕竟离他魂牵梦系的家乡更近了一些。我不久也离开了那家公司，却还经常在脸书上看到马可贴出的照片，有他和妻子去各地旅行的照片，还常常有他的兄弟姊妹们用意大利文写的评论等等。相片上人物的满脸笑容，文字里的感叹号和笑脸符，都常常让我会心微笑。平常不怎么爱点"赞"的我，也总忍不住要为马可、这个恋家的卡利亚里人真心点个"赞"呢。

树林深处有人家

　　圣诞时候，老朋友邦妮在网上问我要不要去他们位于纽约上州宾汉顿附近的农庄见见面叙叙旧。我们正好计划要去宾州滑雪，离那里不远，于是就欣然应允。为此，我们临时更改计划，准备提前一天从家里出发，到邦妮她们的林间农场，和斯蒂夫一家人一起用餐，顺便以他们的仪式庆祝一下圣诞节。

　　邦妮是我十多年前在康奈尔读书时结识的一位美国老太太。她当时学中文，而我刚到美国需要恶补英文口语，于是参加了她组织的语言交流小组。后来我到纽约上班，邦妮则远赴中国厦门教英语，但我们一直断断续续保持着联系。近年她年岁渐高，不再教书，天气暖和时旅居在云南丽江。这个冬天她回来探望住在缅因州的一双儿女，我们又在网上取得联系。说起来，距离上次我们在厦门鼓浪屿见面，已经八年过去了。

　　邦妮说的林间农场，是她和几个朋友合资买下的一块山中林地，还有几经修葺、有一百多年历史的一座老房子。常住那里的却是斯蒂夫和瑞吉娜一家。十多年前的感恩节，邦妮第一次带我们去这个林间农家，见识了特立独行的斯蒂夫一家人。他们一家六口人的生活态度与生活方式叫我念念难忘，因此这次再访，我亦很迫切地想了解他们现在生活得怎么样，同时，也十分好奇我们家的两个小朋友会不会喜欢这树林里的人家。

去的路上，我忍不住再给妻子讲以前去拜访斯蒂夫一家的情景。那个冬天的傍晚，邦妮载着我们到了树林里。出来迎接我们的四个少年孩子，其中两个居然光着脚丫子在外面跑来跑去，看得我们几个中国人面面相觑。但是少年们身体结实，面色红润，散发着异于常人的质朴和活力，跟我们在象牙塔里见到的学生人群是完全不一样的了。

邦妮给我们做介绍：三个女儿从大到小分别是仙迪、汉娜和卡拉，唯一的一个男孩叫诺阿，和汉娜是双胞胎，但是两人长得并不相像。他们显然不疏于接待生人，掩饰不住地兴奋，却又保持着礼貌和分寸。他们的父母就是斯蒂夫和瑞吉娜，奇怪的是孩子们虽然叫瑞吉娜"妈妈"，却一口一声"斯蒂夫"地叫父亲，让我们不禁私下里窃窃耳语：难道美国真有这么现代开通的家庭，孩子可以对父亲或母亲直呼其名？

当天晚上，斯蒂夫和瑞吉娜在门外空地生了一堆篝火，一群人在清冷的冬夜围着篝火吃饭聊天数星星，倒是别开生面。吃过饭，他们一家人各自拿出乐器，有拉小提琴的，有吹笛子的，有弹吉它的，一时间大家吹拉弹唱，为我们表演了一首又一首乐曲。瑞吉娜还是主唱，带领全家人，拉着来访的客人们，在熊熊的篝火边又唱又跳，叫人好不兴奋。音乐和舞蹈或许也罢了，只是一个普通的六口之家就能开出这样一场有声有色的音乐会，我们不仅眼界大开，耳界也大开了一回。

回去之前，我们又在他们四壁皆书的屋内逗留了一会儿，这才注意到他们家没有电视机，唯一的一台收音机也是限时打开，且只广播国家公共电台的节目。斯蒂夫给我们解释，他们家的孩子都是home-schooled，最大限度地接近大自然，所以家里尽量不置备现代化的电器。他和瑞吉娜教孩子们阅读、音乐和绘画，每周会带他们去一次镇上的图书馆，借书读书，必要时候也会使用图书馆的电脑。数学方面，孩子们每周去边上的牧场打工一次，主要是挤牛奶，不仅换回零花钱，买回鲜奶，也同时将书本上的数学概念学以致用。孩子们每天在自家农场里干些轻便农活，在林子里奔跑、散步、骑车，或者到湖边钓鱼，偶尔骑马，所以体质都非常棒，鲜有生病。我们一行人听了，恍然有不知今夕何夕、此地何地的感慨，既赞叹他们的"疯狂"与大胆，又敬佩他们的独特和执着。

我和身边的诺阿聊天，问起他的理想，他倒有点腼腆地笑起来，说他很想做音乐，但是也知道这将是一条异常艰辛的道路，所以他不是很确定。听一个十四五岁的孩子如此平静理智地谈论理想和现实，我不由对他刮目相看。

回去路上，邦妮一边开车，一边给我们解惑。原来，快五十的斯蒂夫和近四十的瑞吉娜是有故事的人。这四个儿女都是瑞吉娜和前夫所生，而那个丈夫和父亲也叫斯蒂夫，由此我们恍然大悟孩子们为什么对养父直呼其名了。生父斯蒂夫是个天才加疯子般的人物，最后天才发疯，到了会伤及家人的地步，只好住进了疗养院。于是瑞吉娜一人带着四个孩子谋生，她的职业就是钢琴调音师，师傅则是她现在的丈夫斯蒂夫。他们虽然早就认识，却只是朋友；直到瑞吉娜艰难生活的岁月里才相知相爱，并最终生活在一起，和几位朋友一起买下并住进了这个树林中的家。

第二年春天，我随着邦妮又去拜访过他们一次。温暖的下午，怀孕三四个月的瑞吉娜小腹初隆，坐在满院阳光里，教孩子们画画。她三笔两笔，就勾描出一株摇曳生姿的美国水仙，然后给天真烂漫的汉娜和卡拉讲解构图上色的要领和诀窍。那时为了全家生计，斯蒂夫以五十出头的高龄刚刚读完建筑学的学位，谋划着成立自己的建筑事务所。为了不给人老迈不可靠的印象，他在名片上印了一张自己儿童时期的照片，照片里的小朋友挈斧拖绳，倒也叫人忍不住要笑。仙迪已经考完了SAT，递交了大学申请，正在等待消息。而诺阿忽然对中国的弦乐器感兴趣，让邦妮在康奈尔的中国留学生电子邮件列表里发信，看有没有人愿意教他拉二胡。

这十多年来，因为邦妮常驻中国，我一直没得机会再拜访斯蒂夫一家。在厦门和邦妮会面的那个十月，我陪她一起去她寄居的鼓浪屿岛上的邮局寄东西。瑞吉娜和斯蒂夫最小的儿子约翰尼斯，就要过五岁生日了，邦妮给他买了一个很具中国特色的小礼物。这次网上聊天，邦妮也说他们家的四个子女都已经不在家居住，如今常住的也只有斯蒂夫、瑞吉娜和已经十三岁的约翰尼斯。

在两个小朋友不停不休的"我们到了没有"的追问中，我们转离高速，开上了乡村小道。路上、山间、林里的雪迹，越来越大片，越来越厚重。到了后来，路上的雪和冰白白一层，竟然是入冬后从未清理过的样子，也看不到双向道中间的黄色分界线，让我们开得胆战心惊。好在斯蒂夫他们所居林屋前面的那条路更开阔一些，也曾经扫雪，天色虽晚，却不像前面那段路吓人。

此时此地，雪也越下越大起来。开到斯蒂夫他们林中小屋前，地面上早已是没踝探膝的雪。邦妮也刚从缅因州赶回来，正往家里搬东西，车灯还没完全灭。我们家两个小子下了车，就高兴地在雪地里踩走，享受头上雪落的"扑簌扑簌"和脚底踩雪的"咯吱咯吱"。

三岁的老二干脆仰面躺在雪野里，兀自"哈哈"笑，表达他对雪天雪地的喜爱。

斯蒂夫和邦妮迎出来。十来年的时光过去，我成了中年人，他们却也是实实在在的老年人了。斯蒂夫说："你们是纽约来的贵客。这个冬天一直没有下大雪。这会子你们来了，却忽然下了这么大，积了这么厚！谢谢你们的到来，请进屋坐！"

我这算是第三次拜访他们的林中之家了，心里暗笑，想这是不是也可以勉强算"三顾茅庐"？而风雪漫天的夜晚，走进点着炉火、亮着灯光的林中人家，给我更多"风雪夜归人"的温暖和怀旧之情。

进了屋子，见到约翰尼斯，虽然只有十三岁，却像十六七岁的少年了。他光着大脚丫子在家里走动，一如他的哥哥和姐姐们十多年前在外面光脚来去，而他说话的用词、神态，同样表现出超出年龄的成熟，对我们带给他的一袋巧克力，一再表示感谢，并说是他的最爱。

一时瑞吉娜也从外面进来，跟我们打招呼。分完礼物、寒暄过后，我和妻细细打量他们的室内布置：客厅一角站着一座老旧而沉着的钢琴，钢琴边上是一架简便的纺车，墙上挂着吉他等乐器，再高处则环墙摆放了一圈、约有几十个之多的装饰用花盘子，沙发是竹制的底座，墙边也放了数盆还绿意盎然的仙人掌等植物。妻不禁感叹道："他们这家像个小博物馆啊。"

我们家两个小子一眼看见小几上的玩具：木头做的小房子、小狗、小马、小鸭子等。我们叫小孩子不要碰，斯蒂夫却鼓励他们去玩，又帮着把小木房子拿到地毯上。两个孩子就把小动物们在房子周围搬来搬去，居然也玩得不亦乐乎，大大出乎我的意料。

走到另一个房间，四壁是书架和书，宛如一间图书馆。我也注意到他们添置了一台液晶彩电，桌子上还放着一台手提电脑。约翰尼斯说他正在自学编程序，向我请教一个C++程序的编译问题，问题简单，但十三岁的孩子学习最难的计算机编程语言之一，让我又一次震惊了。

大家一边准备晚饭，一边说些别来长短。先说起约翰尼斯，他虽然只有十三岁，但聪慧过人，在父母教育下早已经修完中学课程，如今在当地的社区学院选修大学课程。因为年龄太小，他母亲瑞吉娜只能陪着他上课下课，我们因此想起盛行中国的"陪读"现象，不觉哑然失笑。

最大的女儿仙迪现在密歇根州的外婆那儿，打点零工，同时照顾瑞吉娜年迈的母亲。诺阿几年前结婚，居住在新布什维尔州，新近刚生了第二个小孩，和诺阿是双胞胎的汉娜如今正在哥哥那儿帮忙照料新生儿。最小的卡拉刚刚大学毕业，过去一年游历了欧洲，计划明年去南美洲旅行。瑞吉娜说："她是个吉普赛女儿，全世界流浪，靠音乐为生。"斯蒂夫这些年专门给各种建筑设计残疾人通道，瑞吉娜则做各种各样的手工品，家里的纺车就是用于此业。对妻子送她的一套迷你唐装，她连连赞叹，表示感谢后又说，可以将它改装成一件充满异国风情的小狗外套，一定会有主顾很喜欢。

一时开饭。斯蒂夫和约翰尼斯品尝了我们带来的粽子和花卷，连称好味道，还说是"美丽的食物"，我们也应要求讲了讲粽子的来历、屈原的故事。斯蒂夫做的是典型美式晚餐，烤猪肉一碗，西兰花、青豆、玉米等蔬菜各自一盘，再加上一挂葡萄，每人按需而食。对这些"美"食，我尚可接受，妻子却只能"强颜欢笑"了。瑞吉娜和邦妮因为过敏和生病，吃东西十分小心，大部分时间只是边看我们吃，边说闲话。我们家两个小子的心思更不在吃上，玩过了古朴的木制玩具，又不停地一会要去按钢琴的键，一会拉纺车上的线头，还时不时要去看望一下安居一隅的苏菲——斯蒂夫他们养了十二年的一只黑犬。

吃过饭，我们被引进客厅。客厅一角立着一棵高及房顶的圣诞树，树上挂满饰物，却又不像是平常商店里能够买到的：有水晶的小兔子，铁丝折成的小马，也有神态逼真的绒布麋鹿，自然还有各式各样的圣诞老人以及精美的贺卡。瑞吉娜因说这些饰品都是家人和朋友从世界各地带回寄回、长年收集下来的，每一件都有一个人、一个地方、一个故事和一份情谊。

更与众不同的却是他们给圣诞树点"灯"的仪式：严格来说应该是点蜡烛。他们的圣诞树上并没有缠绕现代化的电子彩灯，却上上下下放置了几十个特制的小烛台，上面立着阿米什人制作的蜂蜡。约翰尼斯一边跟着母亲唱歌，一边用火钳子把圣诞树上的蜡烛逐次点亮。渐渐地，缓缓地，整个圣诞树和屋子都明亮了起来，映出众人脸上喜悦的光辉。

瑞吉娜此时换了大家耳熟能唱的《铃儿响叮当》，邦妮和我们一家也跟着他们一家三口唱了一曲，大人小孩都因这别开生面的仪式而兴奋不已。唱完了歌，斯蒂夫拿出一本似乎很老的《格林童话》，给我们念了《小精灵和鞋匠》的故事。我竟不记得自己以前读过这故事，两个孩子也听得入神，直到斯蒂夫说了"The　End"，他们两个才满足地叹了一口长气。

再回到饭厅，我们一边等斯蒂夫炉子里烤着的南瓜饼，一边闲聊。两个小朋友则屁颠屁颠地跟着约翰尼斯，看他修理他六辆自行车里的一辆：他酷爱在林中骑车，而来访的朋友客人也因此经常给他送脚踏车，他顺便也成了修车高手，还拥有一整套修理工具。我们家两个小子只骑过儿童自行车，如今看见约翰尼斯把大高个的自行车玩弄于股掌之间，早就成了惊呆的小伙伴们。

我因问起诺阿什么时候结婚生子的事情，瑞吉娜兴奋地回忆起诺阿的婚礼，说他们在夜间的树林里举行仪式，小道两旁插满火把，新郎新娘一身白衣，头上仿印第安人插着羽毛，在池塘边交换了誓言。瑞吉娜说诺阿现在是三个孩子的父亲了：新娘比诺阿大六岁，结婚时也带来一个六七岁的孩子。我略表诧异，瑞吉娜却丝毫不介意，自豪笑道："我想他们是找到彼此的真爱了，别的都不重要了。他们的婚礼，是我见过的最美、最浪漫的婚礼。现在我又多了一个小孙子。他们相爱极了！"

我问诺阿现在用什么养活一家五口人。瑞吉娜说他本来在外面唱歌，现在暂时不做了，因为也挣不了多少钱，他正在想新的一年能做什么可以多挣点钱。因说起医疗保险等事，邦妮说她很幸运，拥有不错的保险，多年来方能没有后顾之忧地游走于中美之间。瑞吉娜说她没有保险，买起来太贵，又笑道："我们这一家子人，学的做的，都是不挣钱的行业。你说，我可以学个什么专业、多赚点钱呢？"我笑道："你跟着儿子上大学课程，觉得自己喜欢什么科目吗？比如计算机，出来做系统管理员，收入应该还不错。"瑞吉娜道："我跟着约翰尼斯上课，感觉我很年轻，喜欢学很多东西，能学会很多东西，比如学乐理、编曲、写歌，以前从没系统地学习过这些音乐理论。不管怎么说，我们希望约翰尼斯能做点不同的事情，最好是能挣钱的职业。"

听瑞吉娜如此说，我心中不觉涌起一些淡淡的忧伤。我们希望的那种无拘无束的理想田园生活，仿佛早已经在斯蒂夫和瑞吉娜他们不懈的努力中实现，可是他们毕竟也有过怀疑和挣扎吧。看着约翰尼斯时不时拿出手机来发短信，我笑问他跟谁交流呢，他赧然一笑，说和他大姐仙迪还有一些同学朋友。平日做惯手机族、低头族的我们一家人，也跟着笑起来。

不觉近十点，我们起身告别。临出门的时候，我注意到头顶门楣上刻了一句话，"go bless the world"，而不是一般人理解或期待的"God bless the world"，一个字母之差，却信人不信神，从等待到走出去，变被动为主动，其中似乎蕴藏了太多太深的涵义，倒让我私下里玩味不已。

邦妮表示歉意，说仓促之间未能给我们准备睡觉的地方，又热情地问我们第二天要不要来吃午饭。约翰尼斯说他可以带我们去林中散步，也可以去结冰的湖上溜冰，或者带小朋友们拉家制的雪橇。斯蒂夫和瑞吉娜商量第二天葬马的事情：他们一匹三十二岁的小马驹刚刚老死了，他们请了人第二天来安葬它。小朋友们也似乎恋恋不舍，我们答应第二天早上再打电话联系。

离开他们的林中之家，我从车中回头望去，他们房子的光亮渐去渐弱，最终被虽然光秃却依然密集的树林挡住。我感叹了一句，"真是'树林深处有人家'啊。"妻子说："其实，他们也不算完全住在树林深处的人家吧。"

我想起英文短语，"out of the woods"，想斯蒂夫和瑞吉娜的孩子们其实都已经走出了这片林子和这个家，而我对这片林子和这个家却一直充满好奇和了解的欲望。想及"围城"，而对于住在树林里的这户美国人家和远离故乡的、我们这样的中国人家，这一片山林，是不是也充满"走出来"和"住进去"的矛盾和挣扎？

去宾汉顿旅馆的路上，妻问我："明天还来吗？离旅馆蛮远的，也不顺路。"回头问儿子们，他们已经双双睡着了。我轻轻道："再说吧。"宾汉顿这城市就在不远的前方招摇着了，路上的灯光也渐渐明晃晃地亮起来，而我们以六十迈的时速驶向几天前预订好的旅馆，这世界上千篇一律的、无以数计的、不可以算作家的一种居所。

堪萨斯来的戴先生

十年前的春天，还是单身汉的我报名参加了一个欧洲旅行团。说来惭愧，虽然平常羡慕向往背包客游走天下的潇洒，事到临头，胆小图省事的我，还是选择了旅行团。跟旅行团，少了很多意外和刺激，但也可能认识一些有趣或者有故事的旅伴或团员。那次旅程里认识的戴先生，就算是一例。

我从纽约旅行社买的票，落地巴黎，一切事务就被转"卖"给了当地的旅行团。跟我全程同房的旅伴戴先生，也是纽约旅行社定好的。巴黎那边接机的中国小伙子，接了我，又举牌等着了戴先生，才把我们一起载往市区的旅馆。

初见戴先生，我不由得失望，旅途或有良伴的幻想彻底破灭。我本来看他的姓拼写作Day，完全不是大陆的拼法，心想也许是位久居美国的华裔。见了本人，才知道是一位十分中国的老人家。目测他应六十出头，耳听他一口国语全不脱大陆口音，叫我好奇心大减，只剩下对他姓名拼写的困惑。

既来之，则安之。当晚，在巴黎的小旅馆里，我和戴先生同房睡觉。等他洗漱完毕，我拿遥控器指挥了一阵各种法语电视频道之后，也去洗漱，猛然看见卫生间的台子上有一只玻璃杯里泡了一堆红红白白的物事，似乎有肉，又似乎像牙齿。差点失声尖叫之际，我强迫自己冷静下来，觑着眼细看了一回，闹明白那是戴先生的一副假牙。回到房间，却见戴先生早已梦会周公，呼噜响大，且连绵不绝。

前面两天是在巴黎的自由活动时间。我一早对着地图打量，计划了凯旋门、卢浮宫、艾菲尔铁塔、巴黎圣母院等景点。戴先生就表示要跟我一起进市区游览。我只好警告他说，我是个暴走族，到了哪个城市，都喜欢到处走走看看。戴先生说："没问题。我跟着你走就是了。"如此，我也不好意思甩了他独行。

路上闲聊，才知道戴先生已经七十有四，倒让我感叹他身体和精神面貌的年轻。戴先生说他住在美国堪萨斯州的堪萨斯城。他老伴儿几年前去世。他趁着身子骨还硬朗，把经营多年的中国餐馆和洗衣店盘给一对子女，自己报名参团来游欧洲，且准备着将来环游世界。

第二天我和戴先生去近郊的凡尔赛宫，一路上戴先生又给我断断续续讲他的身世。他原生在上海近郊，家里穷，没怎么读书，十几岁时就参加了国民党的军队，只是还没来得及打枪，也来不及跟爹娘兄姊告别，就被迫跟着撤退到了台湾。到了台湾之后，他退伍、结婚、生子，干各种杂活养家糊口。困顿之际，戴先生偶然听说一条跑世界的轮船上要水手，二话不说跟着上了船。

货轮整日价在海上航行，水是寂寞的，船是寂寞的，人也是寂寞的。寂寞之余，戴先生倒学会了做饭，成了大厨的下手。后来轮船停靠纽约港口，戴先生跟着同伴上岸，见识了一番美国的花花世界。船离开港口的时候，却发现有人上了岸没回来。船长也不介意，说每年都有人跳船黑在美国的。说者无意，听者有心，戴先生在回去的水路上，就起了将来跳船留在美国的主意。

我很快发现有戴先生同游的好处，除了可以听故事外，在陌生的巴黎，我们还可以相互给对方照相。为那次出游，我带了一只用了多年的傻瓜相机，又带了一台新买的数码相机。我不喜欢到处留影以证明自己到此一游，但也不能免俗到一张照片不留，于是每每请戴先生帮忙。戴先生没怎么操作过相机，双手颤巍巍，照出来的人像常常掐头去腿，却让我想起自己父母初执相机的囧态。我和戴先生走在巴黎街头，偶尔问路，还有人以为我是带着自己老父亲出游，迫不及待地伸出大拇指，倒叫我不好意思一番。戴先生没有相机，偶尔叫我帮他在重要景点处照一张，十分礼貌克制。

我们的旅行团号称"十六天游览欧洲九国"。在巴黎呆了两天，我们就和一群从欧洲各地来的中国游客坐了大巴去意大利、德国、荷兰、比利时以及摩纳哥的蒙特卡洛等地。旅行团里男女老少都有，戴先生也很快找到几个和他年龄相仿、兴趣相近的老年人。他和其中一对来自西班牙巴塞罗那的老年夫妇特别聊得来，因为对方在西班牙是开餐馆起家，而戴先生当年再次随货轮到纽约，舍得一身胆跳船留美后，先也是隐在纽约唐人街的餐馆里讨生计的。

那年，第一次当水手见识美国纽约后回台湾休整，戴先生就和太太说了想跳船留美的计划，且专门进修了厨艺。等他再次随船到纽约上岸，戴先生把自己的有限行李随身带上，然后悄悄地黑了下来。凭着一手过人的厨艺，戴先生不久就在纽约的唐人街站稳脚跟。几年后，省吃俭用的戴先生把夫人和小孩都从台湾接来，又辗转到堪萨斯城开了自己的餐馆，并在那里把业务发展壮大，拥有了饭馆分店和洗衣店等产业。大陆改革开放后，戴先生衣锦还乡，见到姐姐和外甥。不想外甥从此不断来信要钱，倒渐渐绝了他回国的心思。

团里还有一些老年人，因为语言不通，每到一处景点就紧贴在导游前后，生怕走丢，而戴先生却显示出早年走码头、闯江湖的勇气和自立，深得导游赞赏。在德国科隆街头，有小偷偷袭戴先生的钱包而以败露告终。戴先生嘲笑道："这小毛贼，想在我这里偷东西！世界各地哪个地方的小偷我没见识过！"

在欧洲，尤其是在巴黎、罗马、佛罗伦萨等地街头、园中或者博物馆里，少不了会看到各种各样的艺术雕塑，而且多是裸体的。有一次，戴先生忽然开口评论道："这些肯定都是石匠们在大夏天刻的吧？所以才没穿衣服。"我听了，忍俊不禁，心想他是不是有大智慧的人。

在意大利途中，一位年轻人受不了一路同房的老人家，说他打呼噜、磨牙等等，而老人家也受不了这位年轻人，说他每夜迟睡、搅得他失眠。于是，他们就央了导游来找我们换房：两位老人家一间房，我们两个年轻的一间房，倒也似是两全其美之事。

我本是不善社交的，和戴先生共处一周多，习惯了他的呼噜和假牙，倒是可换可不换。不想戴先生态度坚决地表示不换，说我是难得的好旅伴，不多嘴不闲话，且一路帮忙，因此要和我一直同房下去。倒让我有一种意外的、被肯定的喜悦和安慰。

游了水城威尼斯之后，一部分欧洲的团友就和大家作别。戴先生和西班牙来的那对夫妇恋恋不舍地互留联系方式。陪同那对老夫妇一起出游的是一位年轻姑娘，因她芳名叫"亮"，一路上大家都叫她"靓妹"。靓妹和我站在马路一旁，稍有些不耐烦地等着三位老人交换号码，又以看透世事沧桑的口吻嘀咕道："瞧他们这架势，好像以后还会再相逢似的。"

那天晚上临睡前，戴先生忽然说："其实靓妹挺喜欢你的。她人长得漂亮，心肠好，在老王夫妇的大儿子开的餐馆里打工，自愿带了老王夫妇出来玩。你要是也喜欢她，我可以帮你要她的电话号码！"

我一时哑然失笑，不想靓妹有城府，而戴先生是个有心思的老人家。可是我在纽约，靓妹在西班牙，这样的长线距离对我来说，实在是有些超出想象和承受能力。我委婉地谢绝了戴先生的好意。

离开巴黎时，还是当初接机的那个留学生送我们去机场。我就和戴先生商量给他个什么小礼物以表谢意。我正发愁，谁知戴先生从行李箱里掏出一张纽约地铁图来，塞给那个学生道："你要是来纽约玩，这个图最有用的！光看看，也可以了解了解纽约的！"我知道纽约的地铁图册是免费索取，在一旁看着戴先生夸口，笑他蒙人，又佩服他的急智。

回到纽约之后，我洗出来的照片里，有十来张是戴先生的。我按他给的地址寄了去，收到他一个感谢电话，之后再无来往。

说起来，我和戴先生年龄相差四十多岁，生活背景迥异，阅历天差地别，三观之类大约几无交集，我们却又因缘际会地同室而眠了半个月。多年后说起想起，也没有什么不好的记忆，这大约也算陌生人萍水相逢又失散之后的最好状态了。

这些年，我时不时会想起戴先生，不知他有没有实现再次环游世界的梦想。偶尔听人提起我从不曾去过的堪萨斯，那个陌生的地方，因为戴先生，竟无端地有亲切的味道。

可爱的美国人

周末在朋友家吃饭，因问起他每天的通勤情况。他住的地方离火车站很近，步行也不超过七八分钟，因此他通常是选择走路去火车站。可就是短短的一段路，也每每发生有趣的情形：很多开车路过的美国人，会好心好意地停下来，问他要不要搭一程路。他有时候摇头摆手，解释说自己住得很近，马上就到。可还有热心人，尤其是中年女性，不由分说地打开车门，邀请他进车，非得把他捎到火车站才肯"罢休"。

我们听得莞尔，一边跟朋友开玩笑，一边感慨道："美国人有时候也还真挺可爱的！"我们自己也好几次碰到类似的情形，却都是跟照相有关。

夏天时候，有一天我们全家出动去后面离家不远的可乐娜公园玩，租了一辆多轮自行车，骑着到处兜风。我们刚骑上不久，就遇着一位犹太妇人，问我们要不要拍照。我们愣了愣，她又解释说看我们一家六口人玩得欢乐，想给我拍一张合影。我们没有自拍杆，自然求之不得，把手机给她，请她拍了好几张照片。

还有一次在植物园，我和太太带着两个幼子在园里略带坡度的草坪上打滚玩。一位美国妇女见了，就问我们可不可以拍照。我们先以为她要拿她的相机拍我们一家人，不禁有点犹豫，想到肖像权之类。不想她又道："我看你们一家人玩得太可爱了，觉得你们应该照张相留念。我可以给你们照的。你愿意吗？"我们这才恍然大悟，太太忙不迭地把自己的单反相机交给她，请她给我们留影。那张合影拍得非常不错，人物的神情捕捉得很专业，背景剪裁取舍也十分得当，后来还被太太放大了挂在家中。

两个小子小的时候，太太常要在周末去上学。我就喜欢带着他们去中央公园玩，一来因为他们喜欢坐地铁，二来中央公园各种儿童游乐场颇多，他们也比在家里快活得多。有一次在中央公园的东南角池塘边他们看几只鸭子看出了神，我就给他们兄弟俩照相。不想边上一位老人家颤巍巍地走过来，说要给我们爷儿仨照合影。我恭敬不如从命，把手机给他操作。可是老人家居然没用过智能手机，我只好又教他几次怎么在屏幕上按钮成像。虽说啰嗦了点，但是老人家乐于助人的可爱劲儿还是叫我多年难忘。

对人友善热情之外，美国人的可爱也常常表现在对动物的爱护方面。当初刚到美国的时候，我们和美国老太太邦妮组织了一个语言互助小组，因为她在学中文，而我们很多初来乍到的留学生要大补英文口语。学习语言的聚会常在邦妮家里进行，而刚到美国的我们大多还没车，邦妮就又包下接送任务。

有一次邦妮开车带我。到她住处附近，她忽然小心翼翼减速，然后停靠在路边。我正吃惊，却见她下了车，对着一只正在过马路的小乌龟又挥手又说话。我也下车观看，只听得邦妮喃喃叨叨，让小乌龟不要着急，说我们一直会守候到它安全过了马路为止。

多年后的初秋，我去厦门的鼓浪屿岛拜访在那里教英语的邦妮。她给我整理客房时，忽然有一只好大的蜘蛛从久未启用的床底下疾疾爬出，却匆忙不知何处去。邦妮忽然问我："你介不介意和它共处一室？"我听得哭笑不得，只好老实承认我很害怕和那么大一只蜘蛛共处一室。邦妮于是小心呵护，指引蜘蛛往门口爬去，看得我倒暗念了几声"善哉善哉"。

不过我见识的最可爱的美国人，大概要算在某个旅游景点纪念品商店外面看到的一个小男孩。当时不知道因为什么，这小男孩大哭大闹，他父亲便让他在外面的长凳上坐下来冷静冷静。就听他一边哭，一边发狠道："我以后再也不会这么可爱了！"（"I will stop being so cute from now on！"）那发狠的可爱劲儿，让我至今想起都要忍俊不禁呢。

Q的移民路

  周末从健身馆回家，看到门口停了一辆陌生人的车，车牌号不是纽约州通常的三个字母加四个数字，而是一个字母Q，后面加了56789五个数字。我心下奇怪：这几年时常注意到各种各样稀奇古怪的车牌号，但这一个却也是特立独行，而且就停在我家门口，应该是太太的某个朋友。我一边开门，一边听到里面某位女士的爽朗大笑，忽然间明白过来，一定是太太的朋友巧燕来了，门口那辆豪车就是她的，一个Q就是她名字"巧燕"里"巧"字的拼音打头，自然也有Cute的意思。

  这三四年，太太和巧燕比较熟悉，顺带着两家人也渐渐熟悉起来。前年，她们一家从皇后区搬到我们所住的赛奥赛特小镇，两家走路相距不过十分钟；她家也有三个小孩，又是跟我们家一样的哥哥、弟弟和妹妹的顺序，而且小朋友们年龄相仿，因此我们走动得就更频繁了。

  更有趣的是巧燕这个人。她是福建长乐人，在外面帮老公开酒庄做生意，在家里带孩子、养兔子、建鱼池、种花、种菜；平常到她家，又能袖子一捋，就和男士们喝起威士忌，吹牛聊天甚至嬉笑怒骂。如此这般的说话做事，几乎叫我想起史湘云的"英雄阔大宽宏量"。巧燕却又有一股子女人心思，在朋友圈里不但晒花、晒娃、晒美食、晒闺蜜相聚好时光，还时常来几句"早安，纽约""晚安，纽约"打头的鸡汤文字。她最近又开始晒她学习水彩画的作品和心得，越来越叫我对她刮目相看。

有一次我们聊起各自的来美经历，巧燕却又吓了我们一跳：原来她是偷渡来的。说起最近很多人从南美走线进入美国的事情，巧燕就绝对是他们的先行者了。她的家乡长乐是个侨乡，村人素来有出国淘金的传统。巧燕高中毕业后，就在村邻的鼓动和撺掇下，给蛇头交了钱，准备来美国。

她第一次准备"润"美国是跟团去西藏，然后计划从那里翻越雪山进入尼泊尔境内，再跟着蛇头飞美国。巧燕一个十八九岁的小姑娘，虽然不娇气，但是到了西藏就有高原反应；咬着牙跟人爬雪山，爬到半山腰就因严重缺氧而呼吸困难，乃至晕倒在地。幸好带着他们翻雪山的人还有良心，安排人把巧燕送下山再送回家，好歹捡回一条小命。

这一遭爬雪山的经历对巧燕来说绝对可算是大难不死。一般人可能"一朝被蛇咬，十年怕草绳"，巧燕却不是一般人，甚至更相信"大难不死，必有后福"的人生转机。她从西藏回家，休养生息了不到一年，就又凑足了钱，再次踏上"润"途。这一次她办了新马泰的签证，跟团去泰国旅游。当然不是旅游，到了曼谷，巧燕就和一大帮人被关在一起，每天无所事事，但是也没有行动自由，翘首以盼等着蛇头安排下一步。而最终蛇头帮她做好了假护照（据说是把她的头像巧夺天工地贴在别人的护照上），然后就直飞美国了。

巧燕的移民故事有个幸福的结尾：她到纽约后，联系上了早期移民来美的初中同学阿松。两个同在异乡的老同学，性格互补，结婚成家，辛苦打拼，如今在华人聚居区开了两三家店，又投资房地产之类，经济上倒比一般的中产还滋润。经过几年辛苦，他们也终于拿到绿卡，巧燕也得以挈"夫"将雏地衣锦还乡，和她母亲重聚之时，自然是又哭又笑，感叹移民路上的大悲大喜。

好玩的是，巧燕的英语不算好，时不时闹点笑话，比如前两年她有一次去做新冠检测，回来得意洋洋告诉我们说"医生说没关系，我是阳性的！"我们听得面面相觑，问了半天，才闹明白她想当然地以为"阳"比"阴"好，"positive"比"negative"好，而医生实际上只是说她没感染。因为英语差，她考了两次公民都没能通过，正准备再接再厉考第三次。但这丝毫不影响巧燕的衣食住行：我们最近一起出门玩，偶尔需要英语问询之类的场合，巧燕就直接让两个儿子上前，倒比我这个有时还不好意思问路的书呆子更加灵活变通一些。

昨儿和太太聊起巧燕的车牌，我玩笑道："Q其实也可以让人联想到鲁迅笔下的阿Q。不知道巧燕有没有想过她可能成了阿Q姐姐？她倒是有那份自信和打不败的精神。"太太笑回道："她那么自信自强、天不怕地不怕，一定自以为是电视里的'大女主'才对！人家那个Q，是Queen，是女王，好不好？！"听得我也不由拊掌大笑起来。

他的名字叫辉

　　每个人的一生中，大概都会遇到几个叫"辉"的朋友。太太花友雅敏的丈夫叫倪辉：福州人，清俊聪明能干，帮我们家装过抽油烟机、换过厨房到后院的小楼梯、修理过浴室的电线等等。雅敏更送他一个昵称，叫"灰太狼"。大学时有一个上下铺的兄弟叫熊辉，南昌人，典型的O型血，不想后来读了博士做了教授，之前被评为美国工程院院士，今年更被评为人工智能协会会员，成为我们大学班的骄傲。

　　让我难忘的还有一位工作中认识的朋友，叫曾辉，四川人，老实中透露着狡黠劲儿，为人善良热诚，相处起来让人十分舒服自在。人到中年，渐渐会知道知心的朋友越来越难有，相处之中叫人舒服自在的更是可遇难求，而曾辉就是这样一种人。

　　那时候我们都在彭博社做程序员。我早几年入职，曾辉是读了计算机博士来做程序员的。我们供职于同一个大组，偶尔会有工作上的交流，不时一起去底楼午餐。然后发现我们上下班常常在一趟地铁上，因我们都住在皇后区的雷哥公园和森林小丘那一线。再后来，在法拉盛街头、华人超市等地方的拥挤人群里也能偶尔发现彼此的身影。那时候，我们都是快到四十不惑的中年人，每家各有两个年纪差不多的小孩，于是就开始约周末带小孩一起玩，一起吃饭。后来又发现我们分别是在上州相距不远的"伊的家"（伊莎卡，Ithaca，康奈尔大学所在地）和"冰寒屯"（Binghamton，宾汉姆顿大学所在地）读书，也都曾去彼此的学校探访过……于是，就这样渐渐熟悉了起来。

熟悉了，才知道曾辉的履历很有趣，并不是像我这样的一路傻兮兮读书、找工、养家糊口的。他本科时读的是民航学院，毕业后成为一名民航客机飞行员，认识了当时身为空姐的美丽太太，求学、立业、成家，都十分顺理成章。但是，曾辉是个有想法的人。做了十年民航驾驶员、机长、这种对于常人几乎可以算是光鲜亮丽的理想职业之后，他忽然想：我这一辈子就要这样度过吗？说是机长、飞行员，但大多数时候不过是在起飞和降落之间、睁大眼睛盯着飞机自动驾驶的仪表盘，力求不打盹、不出错而已……一直记得当时曾辉跟我讲述他当时的思路："我也有一个聪明的大脑。难道这个聪明的大脑就要这样麻木地过完剩余的一生吗？"

有志者，事竟成。曾辉为出国准备的英语考试很顺利，最终辞去飞行员的舒坦之职，选择到纽约上州的宾汉姆顿大学攻读一般人认为苦哈哈的博士学位，读的是计算机硬件专业。他美丽的太太静也夫唱妇随，辞去国内空姐职位来美国陪读，并按照当时陪读太太的流行做法，花一两年时间读了个会计学位出来。博士毕业后，曾辉顺利入职彭博，带着太太和孩子在纽约皇后区的森林小丘租了一个公寓安居下来。

彭博公司有自己独树一帜的企业文化，比如我们刚入职时就被"洗脑"：公司有最好的医疗保险等福利，公司从来没有裁过人，公司所有经理都是内部提拔，年终总结基本上就是"你好我好大家好"……我们曾经都是安居乐业的员工，以为自己会在公司一直干到退休。大家的关系也非常融洽，记得当时一位印度女同事阿帕娜跟曾辉合作颇多，但她发不准中文Hui的音，每每会断成Hu-i，于是就喊成"胡依"，常常引得我发笑，并常常也拿"胡依""胡衣""狐疑""互译"来叫他。记得我还自作聪明、自告奋勇地跟阿帕娜解释，其实"辉"，相当于英文里的Beacon，你叫曾辉Beacon就好……当然，他们对我中文名字爱国的拼音Aiguo的叫法也是五花八门，听上去最像"艾古奥"，似乎也无端地添加了些异国情调。

工作舒服，儿女成长，我们周末的聚会也常喜气洋洋。记得当时因为曾辉的缘故，我们和另一位也住在附近的同事张燕一家熟悉起来。张燕家也有两个小孩，大女儿稍大一两岁，但小儿子和我们两家的大儿子同龄，三四个小男孩到一起，尽可以玩得不亦乐乎。那时三家人聚会，往往轮流做东，最常吃的就是四川火锅。吃饱喝足，小孩玩小孩的，大人玩大人的，异乡的日子充满烟火气，也充满了希望和憧憬。

记得有一次下班回家，曾辉本和我同行，到了地铁站最下一层，一起等回家的R线地铁。不想他却突然想起什么，又急匆匆往地铁站的上层跑去。我问他干什么，他说突然发现自己包里有几块钱零钱，要上楼去送给那个地铁站里无家可归的黑人……我觉得自己也是良善之辈，但像曾辉这样善良的中国男人，还真是不太多见。

闲聊之中，曾辉听说我有写作的爱好，还在国内出版过长篇小说，就夸赞我说："你毕业于中国和美国名校，人又长得帅，还会写作。太太漂亮，两个儿子又那么可爱（当时我们家还没有生小女儿），人生不要太完美了！"不知道为什么，听眉长嘴阔、看着几乎老实憨厚的曾辉笑意盈盈地说出这种夸奖的话，我竟不觉得肉麻，而是接受得坦诚舒服。甚至，一向不习惯、不会夸人的我也"回敬"过去："你不是也一样嘛！还曾是机长，还娶了曾经是空姐的美丽老婆呢，还生了一儿一女凑成个'好'字！"

彭博公司的创始人彭博先生后来做了纽约市长，公司的日常管理也就交给了所谓的"职位经理人"。这些职业经理人大多在华尔街服务多年，也很快带来了不一样的政策和作风，其中就包括引进更为严苛的绩效考核制度，并以此来决定员工的年终评估等等。我们当时算是年轻人，眼看周围一批老员工被逼着重新培训学习，不能过关之后就常常主动辞职或被解雇。记得阿帕娜当时就说过："以前听说这家公司可以养老，进来后却发现它三天两头地在裁人……"

有人管理，就有主观、偏见和个人喜好掺杂进来，在公司里自然就有更多的政治斗争参与其中。我当时的小老板从一个一直在彭博上班的美国人变成了一个从外面来的印度人，日子不好过。曾辉的小老板虽然一直在彭博上班，但他是一个口碑很差的巴基斯坦人，常常对下属大呼小叫，甚至恶语侮辱。曾辉是计算机博士，业务能力很强，小老板对他还不错，但是他却看不惯小老板的待人方式，也很失望于公司文化的转变。

我们开始讨论跳槽的可能性，常常也是在上班或者回家的地铁上。曾辉当时飞到加州硅谷面试了一家公司，感觉还不错，因为那家所做的产品属于计算机硬件范畴，跟曾辉的博士研究方向十分契合，这家公司甚至还有两三年里上市的可能。曾辉问我如果那家公司给他工作机会，他是去还是不去。我问他："很显然，去有很多理由，现在彭博环境不好，加州四季好阳光，硅谷又向来是创新之地，又能学以致用你的博士专业，公司上市意味着一夜暴富、及早财富自由的可能……留在这里，有什么理由呢？"曾辉犹豫了一下，语气低沉地说："我就是觉得，去了加州，可能再也遇不到像你、像燕这样的同事和朋友了，再不可能有我们这样三家欢乐的聚会了……"

做朋友，我很少被人这样当面"表白"过，尤其是在离开校园之后。感动之余，我还是真诚地劝他有机会去加州："你也知道，你现在的小老板不是善茬，你成天看不惯他，他哪天看不惯你，你再行动就迟了，就像我现在的境地。像你们夫妻这么好性格的人，我坚信你们到哪里都会交到新朋友的。我也在找工作。说不定，运气好，哪天也能找到加州去呢。你就先去打个前哨吧！"

曾辉全家后来搬去了加州。那时候还没有微信，我们在开始的几年还保持联系，说着要在硅谷或者纽约重聚的话，知道他太太当时经营一家旅游公司，曾辉的工作很不错，但似乎最终并没有上市，他说硅谷的房子很贵，感觉不容易交到新朋友……后来在微信上有了联系，但也只是年关岁尾打声招呼，渐渐甚至这种招呼也忘了打，因为尘事纷繁，常常打开微信对话框，却不知从何说起。

岁月如梭，我不知道我的劝说和鼓励对他那次换工作和搬家之举有多大的促动成分。但过后的许多年里，我有时想想，我是不是做错了一件事情，从某种意义上来说，在日常生活中失去了一位可信可亲的朋友和很多人生不可或缺的小小的喜悦与乐趣。在不怎么用的谷歌相片簿里，偶尔看到十多年前我们相聚给小孩过生日的照片，笑叹当初我们多么年轻多么快乐的同时，我不由叹口气，转念却又这样想：像曾辉那样聪明、性格好、经历有趣的人，到哪里还是应该能交到新朋友、在生活中发现很多乐趣的吧？

就像我在曾辉之前之后都曾有过其他叫"辉"的朋友，或许，我们生命中都会遇到几个叫"辉"的朋友。他们的人，跟他们的名字一样，带着光辉，照亮自己的、也照亮朋友们的生活和路。

我们仨

　　在康奈尔读书两年，认识一批中国来的留学生朋友。毕业后，大家风流云散，散居世界各地，很难再聚，但这几年拜微信等社交媒体之赐，偶尔也能通通信息，了解彼此近况。总体而言，在校时跟美国人虽然有交往，但毕业后就大多再无联系。当年实验室却也有两个亚裔，这么多年过去了，还时不时互相联系一下，甚至可以有在纽约城里聚餐话当年的奢侈。

　　这两人一个是韩裔孔勋，另一个是日裔松本龙生。说起来，这两个家伙当年都是实验室的研究生，我当年本是博士在读，既批改理论课程的作业，也要帮助实验课程的教学。某种程度上来说，算是他们的"老师"了。

　　我们三个年龄相仿（他们比我年轻三四岁，但也都是70后），脾性相近，文化背景上有相通之处，甚至家庭背景上也有共同话题：我们各自都有一个兄弟，而且那个兄弟目前都是单身狗状态。这些年我们先后成家，纷纷生儿育女，小朋友们年龄相仿；要说起育儿话题，更可滔滔不绝。

　　在校时，我们就常一起吃饭聊天，还有一起观看日本动漫的有趣经历。至今记忆犹新的话题，大概是我们在背后对于我们共同的导师R教授的抱怨。松本曾说"每周一次和R教授约谈之后，我都感觉像屎一样"，可谓是通俗又精准地描述了我们所有人的感受。

孔勋和松本毕业后都在纽约上班。松本本是纽约皇后区人，找工作并不是什么费心事情。毕业后先是去东京工作几年，然后又回国找了个薪高事少的政府职位。孔勋的经历就复杂了：他是韩国出生，美国长大，但没有绿卡，按道理成年后需要回韩国服兵役。好在他有一个不离不弃的女朋友、塞尔维亚人桑尼娅，在美国政府几要强制孔勋回韩服兵役之际，跟他果断完婚，让他得以美国公民身份合法居留下来。

我刚到纽约时，孔勋和桑尼娅住在新泽西，曾邀请我去他们的住处过周末。在纽约上班，自然饱受通勤之苦，我们一度讨论在城里合租一套大公寓的计划。

计划赶不上变化，我很快结婚，而孔勋夫妇也下定决心搬离纽约，搬去了西雅图。以往每天赶火车转地铁、单程一个半小时的通勤噩梦，进化为可以步行三十分钟到公司的轻松写意。他们长舒一口气，向我"炫耀"终于可以"享受"生活。在那里，他们两次经历婴儿早产的痛苦和恐惧，万幸的是，两个女儿玉娜和嫦娅如今都健康可爱。

上班几年后，我还先后参加了孔勋和松本的婚礼。孔勋和桑尼娅的婚礼，特意选择在康奈尔的植物园举办，只邀请了双方的至亲和好友，统共不过十来人。作为被邀嘉宾，我从纽约坐灰狗赶回学校，见证了他们人生中重要而神圣的一刻。

松本和斯特芬妮的婚礼就在法拉盛的一家大酒店举办，筵开几十席，热闹非凡。因新娘子是华裔，还有相当于改良版的"闹洞房"

节目，跟孔勋与桑尼娅的近乎西式的婚礼很不一样，也和我参加的许多中国朋友的结婚仪式截然不同。

我是回大陆把太太"搬运"过来的。太太到美国不久，我就带着她去认识这两位亚裔朋友、和他们的太太聚会，算是踏进我为数不多的国际友人朋友圈。

初到纽约，单身的我也曾受邀去松本的家里作客。那时他和斯特芬妮刚刚成婚，又邀请了另外几个朋友一起在家里吃饭、玩游戏。他们都是在美国长大的亚裔后代，和我这样的第一代移民，语言、思考和行为有不同之处，但更多是人性的互通和对友谊的珍惜。等到后来我们都有了小孩，还去他家参加过小孩的生日聚会。

我们这一帮人里，桑尼娅是最有心的，至今保持每年给大家寄一张自制贺卡和全家福的习惯，还会附写一封长信，详细告知一年里家里成员的变化和成长。我每每也只能化繁就简，回一封长长的电子邮件代劳。

新冠病毒肆虐全球之前的秋天，我们又因孔勋一家来纽约探亲而难得一聚。不约而同，我们每一家都倾巢而出。当年只是四个康奈尔的学生（桑尼娅也是康奈尔毕业），如今演变成三对夫妇、六个大人和七个小孩的庞大亲友团。

孔勋高大，但也一直虚胖，不想这次回纽约，瘦了一百多磅。惊讶之余，大家纷纷向他请教健康减肥的秘诀。松本留起一缕山羊胡子。他在政府公司做得太轻松，干脆自己出来成立公司单干，经济宽裕之余，连太太也辞掉了公校老师的教职。他们夫妇继承了父辈留下的房产，从没有按揭之忧。工作和育儿之外，龙生喜欢打高尔夫，斯特芬妮喜欢购物，比我们日常接触的美国中产生活更为惬意舒适。

那个中午，我们在雀儿喜一带吃了简单的披萨午餐，然后在高线公园一路北行，一边欣赏秋日风景，一边谈笑风生，度过一个美好的下午。傍晚时分，在哈德逊广场的小食店里，我们不得不告别，一一拥抱，一一握手或者吻颊，一如从前的恋恋不舍。

记得上一次在纽约聚会，孔勋对我说："我们的聚会必须三人都在。上次龙生来西雅图，我们一起吃饭聊天，可是总觉得少了谁，少了什么。后来意识到：是因为你没有跟我们在一起呀！"

平常话语，却叫我感动莫名。康奈尔校园里三个背景迥异的亚裔学子，到如今三个年近半百的美国亚裔男人，我们仨的交往和友谊，在这个歧视亚裔事件层出不穷的疫情时代，每每给我带来些些慰藉和感念。

看过许多地方的云，走过许多地方的桥，遇见几个留下美好回忆的朋友。这大约也是人间值得的一个重要因子吧。

会做饭的男人

　　周六下午，偷得一会儿闲，在楼上看电影，太太在楼下给我发微信："下来聊天，吃饭。阿松在做饭。"

　　阿松是太太的"肉友"晓燕的老公。所谓"肉友"，是她们一群喜欢种养、欣赏多肉植物的朋友，其中几个更比一般人亲密，几乎每周要聚上两三次，或是你家，或是她家，就是令人心慌的疫情也未能阻挡她们的热情和对彼此的信任。

　　这一天轮到他们在我们家聚会，但没想到阿松也来了，且又下厨做饭烧菜。第一次领教阿松的厨艺是去年夏天在他们家后院吃烧烤，那其实也是去年一整个夏天我唯一一次出门在别人家吃烧烤。那天有三四家朋友与会，阿松几乎凭一己之力搞定近二十张嘴的需求，只偶尔让太太晓燕或者两个儿子拿盘送碟而已。在他们家有多肉也有松有竹有柳的院子里，阿松不亦乐乎地烤牛肉，烤鸡翅，烤秋刀鱼，烤大虾，烤蔬菜，吃得我们应接不暇，每样尝一点，很快也就饱了。

　　这一晚，阿松在我们家主厨，我和太太另一位肉友的老公灰太狼（因为他的名字有个"辉"字，他太太就给了他这么一个昵称）和几个女眷围坐在厨房岛桌边，一边喝点小酒，一边享用阿松源源不断烧好的各式菜肴。吃的人多，阿松却不慌不忙，一只锅里盛出了大盘西红柿炒鸡蛋，另一只锅里烙出一张又一张海鲜葱油饼，再加上冷拌的北极贝，炸好的春卷和花生米，烧好的豆腐，微波炉现热的猪肉叉烧等等，竟丝毫没有慌和等的意思，反倒是我们三下五除二地就填饱了肚皮，不过因为贪嘴而继续又吃又聊了半天。

说起来，灰太狼也是会做饭的男人。早些年，他和太太雅敏在南卡开餐馆，生意做得风生水起。阿松和灰太狼又都是福州人，显而易见的好性格；虽然都会做饭，却都不胖，又比实际年龄显年轻。

在长岛，我还有一一位写诗的好朋友，我们如今都跟着他太太称他为"岛哥"，因他喜爱野生摄影，几乎每天都在长岛野外出没，用他的高级摄影装备捕捉各种野生动植物不为人知的瞬间。岛哥碰巧也是福州人，碰巧也做得一手好饭。前年夏天，带孩子们去他家玩水，近距离地感受了一下他的厨艺，果然身手不凡，食品丰富，且活色、生香、多味，一展他当年开餐馆积攒下的技艺底蕴。岛哥写很多好诗，却又如此接地气，不惧也不拒生活里的烟火气，确是给我很多启发。

子曰："君子远庖厨。"我不能自认为君子，但是"远庖厨"却是板上钉钉的。但父亲和爷爷也都曾经是方圆几里有名的大厨。想想有意思，虽然在农村家里做饭的多是女人，而重要的宴席又往往是男人来掌勺的。我家太太原也烧一手好菜，这些年却渐渐懒惰下来，到了周末，更愿意给我们爷儿四个买温蒂（Wendy's）或者多明诺披萨（Domino's Pizza）的外卖来充饥。她的手艺据信传于孩子们的外公。外公是南京人，好心情时制得南京盐水鸭，端的是好滋味。

太太一度有在美开餐馆的想法，因为自诩厨艺过硬；后来却打了退堂鼓，说害怕举不起那些沉重的锅具。看来，会做饭的男人，力气大也是一个根本原因。

近来还认识一位上海来的小说家。他最喜欢做几样江南小菜，比如炒螺丝、煎河虾、煮蚕豆之类，且晒在朋友圈里。三四盘菜，色相清爽又鲜明，他每每还配上一句"小落胃时光"，倒也十分惹人馋兴。有一次去他家做客，因我迟到一会儿，他连催"怎么还没来，菜要冷了。"我说："微波炉热一下不就好了"，他嗤之以鼻道："从来不用微波炉！"惊得我开始深度怀疑自己的饮食品味。

又有报道说，爱做饭的男人更容易长寿。但想到我们家爷爷会做饭也确实长寿，父亲也是好厨子但是却只活到六十岁的例子，自己深深怀疑这是女性作者糊弄大多数喜欢在自家客厅沙发上表演"葛优躺"姿势的男士们的。

知乎也有专栏文章列举男人做饭的种种好处，比如可以增进夫妻情感、给孩子树立榜样等，又进一步说还有活动筋骨、防止痴呆、缓解压力和防止忧郁的奇效，看得我跃跃欲试。可惜，每每在灶前，或是忘了放盐，或是加多了油添多了醋，还常常因为一边看手机一边烧菜而屡屡酿制烧糊烤焦之类事故。

不多几次，我也就又灰了心，宁愿吃超市买回的简便色拉或者三明治充饥。虽然味同嚼蜡，不过一时想起身为美食家、又写出畅销书《厨房机密——烹饪深处的探险》的安东尼·伯尔顿（Anthony　Bourdain），最终却因忧郁症而自杀的事情，忽然就又有些释然。也许，世界上有会做饭的男人，自然就有不会做饭的男人；顺其自然，大概才是最重要的。

不会做饭的女人

最近喜欢在油管上看国内的一档脱口秀节目。表演者们大多是年轻人（似乎更以东北人居多），让人眼前一亮的是，女性也不少；更让人惊诧的也许是，居然还有性格特别内向的女生上台说脱口秀。

这里面就有一位叫鸟鸟的女士，据称是社恐（患有社交恐惧症的人）代表，还有北大中文系硕士的学历。最近看她说的一个段子，是讲自己不会做饭的各种尴尬，尤其是在上海疫情最严重的时候，快递也停止运转，很多人不得不自己下厨填饱肚子，鸟鸟女士也是其中一位。

鸟鸟女士自我调侃说她勉强做出来的饭很难吃，人家是"拿手菜"，她做的是"烫手菜"和"切手菜"。她每次做饭，要花一个小时洗菜择菜，再花一个小时烧炒煮烹，最后再花一个小时洗锅抹碗，而吃饭的时间可能只有十分钟，而且很难说是"享受"的十分钟：因为做的饭菜难以下咽，有时还煳了焦了，或者里生外熟，等等。对她来说，下厨房简直就是下地狱，因为这两个地方都有刀、火、油锅……她也因此深刻理解为什么这两个地方都需要动词"下"。

一个几分钟的段子，却也听得我莞尔几次，一个大概是因为由人及己，想到自己也一度是个社恐人士，另外就是到现在也厨艺不精（虽然我是个中年男子）。

更让我有所思有所想的是，现代社会里会做饭的年轻人确实越来越少，大家对于不会做饭的男性往往还有一种包容，但对女性就可能比较苛刻，不仅要求能"上得厅堂"，还往往要求"下得厨房"。

记得当初我和太太相亲，介绍人说她很会做饭。我看着这二十出头的俏丽姑娘，很是将信将疑，甚至脑里有个小人想跑出来说：好，这里就是厨房、厨具和食材，你现场做个饭给我看看！当然，太太后来证明她确实是一个好厨子。我也常常自诩"傻人有傻福"：小时候有爸爸这个大厨保证不挨饿之外还能时不时品尝家乡美食，成年后有太太照顾越来越刁钻的舌尖和胃口，夫复何求呢。

由此，也想起很多年前朋友说的一个"笑话"。朋友家要雇保姆，来应征的保姆说得头头是道，能带孩子，能做饭，还能教孩子学习等等。朋友心里疑惑，知道对方是刚从大陆来探亲的知识女性，大概率是因为干呆在家里无聊而出来找点事情干干。朋友也促狭，就说家里正好买回了一条鱼，请她帮忙把那条鱼清蒸了。女士装模做样，可是刀也不会拿，鱼鳞也不会剃，盐也不会抹……这场面试自然以极度尴尬收场。

因此想起越来越多知识女性不会做饭的问题。感觉跟我同辈的理工科女生，真是很少见着能做饭的了。当年初到康奈尔留学，我们同机来美的七八个人在国内就联系过。一个江西来的女生带着菜谱书籍来美，颇有灵气的她在繁重博士课业之余喜欢照葫芦画瓢地做点冷碟、小炒甚至卤牛肉之类，一时美名远扬，她的公寓就成为我们这一帮留学生逢年过节的聚会之地。她后来成为我在康奈尔最好朋友周公辅的太太，这厨艺一项对于老周（当时还是小周）的诱惑应该是大大的。

这些年认识不少海外作家，尤其是女作家。她们的朋友圈也精彩纷呈，会吃会晒的不少，但要说晒自己做的美食，大概只有屈指可数的那么几位。要说不会做甚至不喜欢做的，就能一抓一大把。

我们最喜欢的王渝老师，从小在有佣人的家庭长大，自然是会吃不会做，一般聚会时也喜欢请我们下馆子吃饭。有一次北岛来纽约推广新书。他们都写诗，当年又一起编辑《今天》杂志，因此北岛来了纽约还特地去王渝老师家做客，王渝老师也特地在家设宴招待，又特地亲自下厨做了个家乡的扬州炒饭。结果，家里请人做的或者外卖叫的饭菜都被吃得差不多，只有王老师的炒饭让大家面有难色，"顾炒饭而言文学"。记得自己自告奋勇，扫荡余饭，让王老师很感激。

我母亲虽不是知识女性，但也不会"做饭"。作为一个生于五十年代初、又有两个弟弟和四个妹妹的老大姐，母亲自然是会做家常饭菜的。但是跟父亲这个大厨一比，母亲在家通常就只能退居二线、在灶下烧火（在农村还没用上煤气之前）的份了。记得有一年夏天，母亲在家包韭菜饺子给我们弟兄吃。对苏北人来说，饺子并不是常见食物，很多人也不会包。母亲包出的饺子皮厚、色黑、个头大，被我们戏称为"水波波"。三个这样的水波波就可盛满一大海碗，吃饱一个十来岁的少年。那顿水波波叫我至今难忘，当然如今叫我难忘的也有母亲的红烧草鱼，浓油赤酱，虽然不精致、上不了台面，却无端有一种母亲和乡愁的味道在里头。

最好玩的是有一次在南京跟大学同学吃大排档。要米饭的时候，那个给我们点菜的女孩子说："对不起，没有米饭"。同学说："有米吗？"对方说"有"，同学就说："那你不会用电饭锅煮一点吗？"女招待诚恳地说："两位大哥，我就是不会煮饭。"听得我们哭笑不得。后来看到一个视频，讲一个不会做饭的女生怎么做"西红柿炒鸡蛋"：几个没切片的圆滚滚的西红柿和几只没打碎去壳的圆滚滚的鸡蛋，被她一起放在一只铁锅里翻来覆去地炒作良久……看得人真是要情绪崩溃，只希望那视频是纯粹搞笑的。

有时想想，越来越多的（女）人不会做饭，其实是因为社会发展而生活水平越来越好，大家都有条件叫外卖或者去饭馆里吃饭。当然，外面的饭毕竟没那么便宜，也没那么方便，家里"煮"妇还是有很大的需求量。古诗有云"三日入厨下，洗手作羹汤。未谙姑食性，先遣小姑尝。"已经把女性嫁人之后要做饭、要会做饭的形象板上钉钉了。在美国，更多华裔女性不仅要会传统的中国式饭菜，还要学会西方的、几如女红一般的烘焙技术。为了讨好女儿的胃口，太太如今也跟着女友和小视频学做蛋挞和杯装蛋糕等等，虽然离日常面包和蛋糕还有点距离，但精神绝对是可嘉的。

鸟鸟女士在她的脱口秀最后说她也找到了一个解决做饭问题的办法：中国的义务教育有个新要求，六年级的小学生们必须学会做几样菜才能从小学毕业；她因此想找人结婚生孩子、培养孩子做饭了。这个目标比较长远，对于社恐人士来说似乎也颇有难度。鸟鸟女士一本正经的说法和表情，却至少逗得台下的观众们哄堂大笑了。

新年以来，人工智能话题火遍全球，大家都忙着和它对话、让它画画和写作。也看到一则抱怨说，普通人类哪里需要这画画写诗的"雅"趣，人工智能真有本事，还是先去把人类从更实际具体的种种琐事里解放出来，比如做饭和工作。看了不禁捧腹，仔细一想：替我们做饭，是很必要；取代我们的工作，还是再等等吧。

第六辑　半个纽约客

纽约城里有园林

每次去纽约的大都会艺术博物馆，我总喜欢去中国馆溜达一圈，而到中国馆，肯定又要在那极其袖珍的、仿真的中国园林走上一番。仿佛唯有如此，才算又来了一趟大都会博物馆。

大都会博物馆里的中国园林，其实很小。一方不过几百平方英尺的庭院，紧挨着一个明代家具的展厅；院子的两边是回廊，另两侧则是粉白的墙。墙的顶部装了一排小黑瓦做的古式屋檐，墙中则又开了一些有格的方窗。走到回廊尽头，是一扇圆形的月门。回廊有木质的圆柱支撑，也有约尺宽的廊栏相围，可供游人坐下来憩息片刻，或者更好更久地观赏园林。

园林的主角是靠墙而起的半只亭子，亭顶有半翘飞檐，亭之左右植了些常绿的小树和芭蕉，亭中立着一块雕琢过的、略呈红色的花岗岩石头，亭前则错落有致地摆了几块有孔有型的太湖石，稍远处还有一洼象征性的流水。

"麻雀虽小，五脏俱全"，大都会博物馆里的这一庭中国园林，可算是尽得这句中国老话的精髓。然而看多看久了，心里头又总觉得缺了些什么，仿佛有什么不对劲。

这园林展厅的头顶是玻璃幕墙，蓝天、白云和日光被隔在玻璃之外，被隔在外面的还有风声、雨声、鸟鸣声以及四季的温度变化，难怪这芭蕉和树似乎一年四季总是绿的。介绍的小册子上说它是"墙内风光"（Nature within the Walls），因为中国园林就是一种以墙围风光的艺术，而博物馆又加了一层墙，倒是"墙内的墙内风光"（Nature within the Walls within the Walls）了。

我恍然有所悟，想一想，却又释然。博物馆到底是博物馆，是动物变成静物的地方，生活变成展览的场所。更广了说，是万变成不变的机构，亦是生过渡到死的空间，具体到这一方庭院，是中国文明变成美国物产的所在，好则好矣，却又总觉得缺了点什么。

又早听说纽约的斯坦顿岛上另有一家中国园林，面积更大，细节更逼真，环境也更优雅，且相对而言是活的园林。朋友邵仁诗要为我们合写的电影剧本先拍一些宣传短片，又不能去中国，偶然间听说这个位于斯坦顿岛的中国园林，就决定拉两个演员、摄像去那里，以假乱真拍几个相关场景，又邀我同去观摩。我本就记挂着这园林，挈妇将雏，欣然前往。

斯坦顿岛上的这个园子有个英文名字，叫"Chinese Scholar's Garden"，直译起来就是"中国学者花园"，颇有些不伦不类的感觉。不过它也有一个中文名，唤作"寄兴园"，不知是否受无锡寄畅园的启发。

我们去参观寄兴园的时候，是个五月天，天气方热起来，花粉乱飞。在斯坦顿植物园里绕了几次弯路，才最终找到静立园中东南角的寄兴园。到了门口，却看见一个白人男子，一桌一凳，坐在那里卖票收钱，像几十年前去中国的公园一样。我倒觉得有趣，男子兜售的口气也好玩："中国学者花园，想进去玩吗？大人五块钱，小孩十二岁以下免费。"交了钱才知道是没有票的，我和妻面面相觑了一刻，也只好进门入园去了。

入园，首先入眼的却是一池碧水，且多少看出有活的水源，顿时让我在心底把她和大都会博物馆中的"墙内风光"判了高下。围着这水池，东面是带门的入口，北面是一所房子，南面是墙和长廊，西边则是一道嵌着一扇圆门的墙，既隔开另一半园子，又让人可以远远观望，颇得借景、隔景、藏景、叠景之妙。

沿着南面的长廊往前走，行至中段，发现墙边放置了一条案几，案几之上有一扇大窗，窗外有红藤绿蔓攀进窗景。窗上并未安装玻璃，窗之四周则雕以如卍如花的木格。其时正值中午，不骄不奢的五月阳光穿窗而入，把窗影花形一清二楚地投射在案前地上。长窗两侧又挂着楹联，其词曰"水清石出鱼可数，竹密花深鸟自鸣"，仿佛雅，仿佛俗，却到底是完完全全的中国风味，叫人伫立良久，沉吟良久。

南廊尽处，往左一拐，就出了院子。迎面是开阔的数亩林地，脚下则是一溪流水，潺潺有声。水边长了一丛竹子，青绿细高。尽头却是一座小亭，也写着中文名字：爽台。这飞檐翘起、廊杆四围的亭子中，又有一张石桌，数只石几，想来在此下棋、吹风或者看风景，都是令人神清气爽的美事。

从亭子的另一个入口走进去，就是和主院之间有一扇圆门相隔的、这寄兴园的别院。院子里却是小桥、流水、人家的一间，四周则是粉墙起伏，尽得婉转之妙。院中还有几株开花的植物，花朵粉红，如杏如桃，艳丽了这个五月天。

从别院再回到正院，就是客厅所在了。客厅前，不出意外地看见假山。几块太湖石，临水而堆，而水平如镜，映出绝对对称的假山、植株和房子的倒影。有一位中国妇人，打着一把花阳伞，在假山边弄姿摆pose，请友人给她拍照，倒看得我几乎更有身在中国的感慨了。

介绍的小册子说，这园子于1999年6月正式对外开放。在此前半年，所有建筑材料都从中国运来，而屋顶、粉墙等处所用小瓦，更是在中国重启十八世纪的砖窑而专门烧制的。与建筑材料同来的，还有来自苏州的40位中国艺术家和匠人。他们花了六个月的时间，在纽约斯坦顿岛的植物园里力图打造出一个完全中国风味的雅致花园。

小册子还有一些条目颇开人眼界，比如它说"中国人认为石头是'土地的骨头'，因此园林好以假山为饰。"我是第一次看到这种说法，确也新奇有趣，让我想起少年时跟着父亲出门，第一次走出苏北平原而看到山，父亲说了一句："我们家那地方不长山。"我至今不忘。

册子里又说："园林里的家具装饰被视为'园林的内脏器官'"。这寄兴园里的大房大厅之内、廊中墙角树下，也确实放置了些家具，比如座椅、八仙桌、石凳，却明显地因为不实用不常用而寂寞寥落，倒有些内在气数坏了的意思。反过来一想，总还是比空落落的样子要好吧？就像我们的心情和日子，我们拒绝空白恐怕更胜于拒绝糟粕。

不知为什么，徜徉在寄兴园里，怜惜着它的一木一石，抚摸着它的水榭亭台，体会着它的小小轩窗，我不时想起大都会博物馆的那一方袖珍的中国园林，且想到"庙堂"和"江湖"。大都会博物馆里的园林一角仿佛"居庙堂之高"，斯坦登岛的寄兴园稍远略偏，却又像"处江湖之远"。说远了去，这两处园林的境地，竟像是那些不能两全其美的人生境界，就比如永居家乡必不能体会乡愁的滋味，而远游之人又只能常常痛饮漂泊流浪之酿。

这些日子，纽约城里的这两处中国园林，竟是勾起我点点滴滴的乡愁了。我不自禁地想起少年时去江南的那场春游，想必是去了无锡的寄畅园的吧；想起十年前回国，专程跑到苏州，拉着表弟陪我看了拙政园和狮子林；前年回去，住在南京丈人家，更抽空一人去了瞻园，在细雨里独自来回走了半日。仔细想去，所有这些园林，都不可能再是寻常人家、寻常生活的一部分了。那么于我而言，身在纽约，能时不时来看看这两处中国园林，是不是也就不必太多遗憾、甚至要感觉颇为幸运了呢？

那一日在寄兴园里，等朋友来拍完了片子，我们流连在水边长廊里看那一池绿水。五月天气里，不时有蜜蜂等虫类落入水中，不知道是在水边花枝上采蜜过于忘我，还是迷恋水面上的些许落花。它们甜蜜而沉重的肉身在水面上挣扎，双翅挣扎，挣扎成一扇扇美丽的弧形，看得我不由万分感慨起来。终于起身要走的时候，对面的花树荫里，却有一位老先生吹起笛子来。他的身形在树间若隐若现，而笛声时而悠扬，时而呜咽，听得我们又浑然忘我，不由停了疲累的脚步，而恍惚中又多了几分如同真正回到中国、回到中国园林里的感受呢。

地下通道

　　这个冬天漫长而寒冷。上班的路，从皇后区到曼哈顿中城，出了地铁，还要走六七个街区，又要和寒风、冷雨、飞雪以及一路闪烁的红绿灯勾心斗角。于是，有时候索性坐另一班地铁，到离公司稍远一点的前一站下车，但是可以在地下通道里走长长的一段路折回来。因此，门到门的总通勤时间多了五分钟，但也省却了不少麻烦，甚至还有一些意外收获。

　　这段地下通道位于洛克菲勒中心的地下，曲折纵横地穿过三四个街区。最初的大发现是这地下通道里居然也是商铺林立，和外面五大道上外地游客居多、摩肩接踵的繁华喧闹相比，倒是别有一番风景。

　　尤其是在冬天的早上，出了地铁站台，绕过几个叫卖免费报纸的摊贩，忽然发现这地道入口处居然变成了早餐一条街，星巴克、赛百味、法国好面包、当今甜圈店等连锁店门口纷纷大排长龙。咖啡和面包的热气和香味四处飘逸，冲散了地下通道的空气原本特有的滞涩和陈腐，也让辛苦通勤的上班族为之心情一振，仿佛这一个工作日已经有了一个香气四溢的美好开始。

　　再往前走过去，许多店铺尚未开门，但也有跟早餐店一起做晨间生意的，比如书店、药房、理发铺和擦鞋沙龙等等，最吸引我目光的永远是那个擦鞋沙龙。小店的铺面并不大，常常看见五六个上班族坐在一字排开的高脚椅上，一边看报纸，一边啜咖啡。擦鞋的伙计们双手翻飞不停，或是上油，或是擦拭，或是掸刷。一双双黄皮鞋和黑皮鞋，因他们的劳作而愈发或重新光亮新鲜，而这个早晨，也似因他们的忙碌而拥有或者更富于活力和意义。

我最喜欢的去处，却是位于洛克菲勒中心正下方的洛克中心咖啡馆，还有咖啡馆对面的大海烧烤饭店。这两处场所，四壁多是玻璃墙，既隔开外面公共走道里川流不息的行人和公共休闲餐饮区域的游客，又如同伸展的双臂，围住中间一块四方的滑冰场。

一早经过，已经可以看见不少食客们在咖啡馆闲闲地落座用早餐，穿着正规而考究的侍应生煞有其事地穿梭来往，而外面白茫茫的冰场上亦已有三朋五友翩翩滑行。早晨的空气里，因为这些人物和动作，充满一种莫名的优雅和闲定。

角度合适的话，弯腰、低头、仰视，隔着饭店、人群和冰场，可以远远看见金光闪闪的、手持火种的普罗米修斯雕像。英俊非凡的神，腰间衣带飘飘，以近于侧卧的姿势轻巧灵活地降落凡间。而在冬天的早晨，他手里的那一簇火种，显然远比自由女神手里的火炬更接地气，更让人心生暖意。

每每走过这一段路，我也总会想起卞之琳那首叫《风景》的诗，人和风景的角度变换，主体和客体的位置交叉，在这地下通道边上的咖啡馆和冰场上，似乎可以有更完美的诠释和理解。

这段通道的最后，便是卖衣服的香蕉共和国了。虽然是冬天，但是颜色丰富、式样新颖的男女春装已经在临通道的橱窗里展出，让人惊叹季节不等人。从扶梯拾级而上，出了旋转门，就是第五大道，头顶眼前则是普罗米修斯兄弟阿特拉斯的雕塑。平常习惯了在街边看他的正面，偶尔从后面看厚实的脊背，却又是一番景象。而他被宙斯责令顶在头上的地球圈一样的苍穹，和街对面圣派屈克大教堂的两座哥特式尖顶，还有密密麻麻的脚手架，此时，在这个角度，居然相嵌互饰，构出一幅造型奇特的图案。

公司附近还有一条地下通道，长长的，直达五个街区之外的中央大车站。刚来这里上班时候，我趁着中午休息，下去探索性地走了一趟，却发现这一段通道在那个时段诡异地冷清，甚至有点神秘，让我不安地联想到凶杀案件。大约走了十分钟，才渐渐看见一两个行人闪进或者闪出边上的火车站台，而再往前，就到了大车站的心脏地带，店铺拥挤，人群喧哗，仿佛又重回人间繁华。

要说纽约最著名、最繁忙的地下通道，大约还得算四十二街附近，时代广场地下连接汽车总站和几条地铁线路的、犹如迷宫的、错综复杂的长长通道。而那条通道给我印象最深的却是它顶上的一首诗：每隔十来米，就有一句刷在顶壁凸柱上，每一句都简单直接，道尽通勤者的无奈和辛酸。

我每每经过，总是要抬头寻找诗句，总是会意地阅读和微笑，也总是下意识地试图把它们翻译成难以保持押韵的中文："睡过了头/真的好累/要是迟到了/就要被炒鱿鱼/何必呢？/这样的痛苦?/不如回家/重新再来。"而最后一幅图案，没有字句，却是一床揉得微乱的被子，叫人忍俊不禁。

如果说，这样的地下通道给通行者便捷、安全、温暖，或者意想不到的神秘，乃至猝不及防的诗意，另一些地下通道给它们的通行者和始作俑者们带来的，则还有希望、自由、贪婪，甚而铤而走险的疯狂。

前不久看新闻说，有人从深圳挖了一条地下通道到香港，为的是方便走私货物，当然很快就被警方破获。无独有偶，美国的圣地亚哥也曾传出类似消息，说是贩毒团伙挖掘了一条地下通道，从毗邻的墨西哥城市替荒那（Tijuana）机场附近直通美国的货场。只是毒贩们"出师未捷身先死"，工程刚刚完成就已经被警方识破抓获。希望和自由，有时就这么快地转化成绝望和不自由。

要说这样的非常规地下通道，恐怕没有人会忘记电影《肖申克的救赎》里面的情节。蒂姆·罗宾斯饰演的男主角安迪，含冤入狱，却从未放弃希望。他在狱卒和狱友的眼皮底下，花了漫长的十七年时间，从自己号子间的墙上，开凿了一条通向外界的地下通道，并最终从这条通道成功越狱，重获自由。爬出通道的安迪，在下水道连接的河里，迎头遇上滂沱大雨，而他脱掉上衣、仰身沐雨的场景，也早被视为这部影片最为经典的片段之一。

凡众如我，在冬天的早晨走出原本温暖安全的地下通道时，对着迎面而来的寒风、冷雨、飞雪和人流，亦只能耸耸肩，裹紧衣服，勇敢前行，去面对一个普通上班族的挣扎和妥协，欣喜和落寞，也许还有平凡和寻常之中，偶或灵光乍现的诗意和美。

指尖上的蝴蝶

搬到长岛之前，曾听说美国诗人惠特曼的故居坐落在长岛某镇。搬来后，时不时发现周围有不少以惠特曼命名的道路和学校。后来咨询了一下谷歌地图，得知惠特曼故居就在隔壁的亨廷顿（Hungtington），离我们家开车也就十来分钟的距离，几可算邻居了。今年六月的一天，我们几位文友约了长岛踏青，中午一站便是先去看惠特曼故居。

到了惠特曼故居，我们才后知后觉这地方原来是他的出生地，但是他四岁以后就随家人搬离此地（去了纽约市的布鲁克林），和真正意义上的故居似乎有所出入。我心里想象的故居，是诗人在这里度过生命中最长最重要的时光，在这里获得最多最美丽的灵感，在这里完成大部分作品的创作，但这个出生地显然和惠特曼的诗歌创作没有太大关系。

接待人员听说我们是一群写中文诗歌的诗人，连声说"太好了，太欢迎你们了！"得到这种热情的问候，我们也就"既来之，则安之"，登堂入室去参观这位堪称美国最伟大的自由体诗人在婴幼儿时期的生活环境了。一路参观下来，倒也颇有收获。故居庭院里一尊惠特曼的铜像，更给我意想不到的对于诗歌意象的感慨。

整个惠特曼故居占地约一英亩，分成几个部分。靠近大门口的是一个宽敞的展厅，里面按时间顺序陈列了许多和惠特曼有关的历史文物，一个重要而且反复出现的道具就是他的名作《草叶集》。玻璃柜里各种版本的《草叶集》叫人目不暇接，而入口处的收录机可以播放的一段录音，据说是惠特曼一百多年前朗诵他本人诗歌的录音，也让参观者的耳朵不由跟着激动一回。

跟着脸上长着青春痘的导游，从展厅和小书店之间的通道走出去，就是一片开阔的草地。往左百余步，可到惠特曼家真正的"故居"。这老房子保存至今、值得参观，自然也少不了各种修葺和维护的努力。小楼房里陈列了更多一两百年前的各式家具和用具，比如美国式扁担、厨房的火炉和汤罐、百余年前的纺车、摇篮和夜壶乃至纸牌等等。据说故居里存有二百余件物品，颇像一个小小的博物馆。

故居不算大，参观的人群亦是限时限数地进入。我们这一拨有十来个人，另有一位美国父亲带着两个六七岁的儿子，小朋友们也就不时成为回答导游问题的最佳人选。我们快出来时，不期碰到一群女学生，倒形成一波拥挤热闹的小高潮，让我诧异不迭。

小楼面前还有一口古井，井前不远处就是一幅巨大的诗人画像。画像里的惠特曼，戴着礼帽，须眉皆白，也皆飘飘，凝视着自己出生的祖居，不知有何感想。往回走的时候，我们注意到草坪另一侧还有一些雕塑作品。靠近房子的一边是用各色细铁丝和薄铁片组装出的一组几算彩色的阅读者群像，远看十分会意传神，近看知道阅读者脸上生锈、手里捧着的是假书，倒也罢了。还有一座雕塑就是惠特曼本人的全身铜像，站立在书店和围墙之间的小广场上。

这座铜像大约取型于诗人中老年时期，惠特曼虽然胡子老长，但梳理整齐。他穿着礼服，右手执一根拐杖，颇为神采奕奕。最让我惊讶的却是，他的左手指向天空，指尖上则雕了一只翩翩而飞的蝴蝶。我惊喜莫名，觉得这指尖上的蝴蝶，真是极美的诗歌意象，几乎可算是这一日旅程里最重要的收获。

这尊雕像所采用的这个意象，倒也不是完全空穴来"蝶"。据说，1883年的《迈阿密先驱报》曾经登过一幅惠特曼的照片。照片里，白须苍苍的惠特曼坐在藤椅里，微握的右手举起，拇指和食指之间就是一只蝴蝶。因为这张照片，有人称惠特曼也是"自然的孩子"，就像圣方济各因为热爱大自然（乃至向鸟类传教）而得此尊称一样。当然，后来又有人发现，照片里惠特曼指尖间的蝴蝶其实并不是真的，而是惠特曼本人画出的一只蝴蝶，他巧妙地把自己和蝴蝶合成进了一张相片而已。

蝴蝶本就是诗人乃至普罗大众喜欢的生灵，因为它们多姿多彩的美丽，因为它们能够翩翩飞舞的灵动，也因为它们能够以蛹化蝶的神奇而励志的蜕变。中国人有两则故事，一个是周公梦蝶，一个是梁祝化蝶，从哲学和爱情意义上，把蝴蝶早升华成最具诗情的意象。

没想到的是，惠特曼更进一步，以"指尖上的蝴蝶"让我再开茅塞，欣喜并思考。人常说"举重若轻"，我却深感这指尖上的蝴蝶大有"举轻若重"的效果，不但把诗人空灵的情怀表达得淋漓尽致，更似另有所指，譬如人生里一些重要而美丽的事物，是不是就像指尖上的蝴蝶，似乎触手可及，又似乎可以分分秒秒地飞到别处、变成可遇不可求的那一首诗呢？

想起前些日子，纽约的作家们在法拉盛开会，研讨华语散文大家王鼎钧先生的新著《灵感》给大家带来的灵感碰撞。石溪大学的李文心教授刚好举了鼎公说的这么一个例子：灵感就像眼前一群翩翩起舞的蝴蝶，而我们要伸出手去，努力抓住蝴蝶，才可以写出灵感沛然的文字。

由此，又想及一部以诗人为主角的电影《帕特森》。电影里的男主人公帕特森，和他所居住的新泽西城市帕特森同名。他是一名公交司机，有一个美丽活泼的太太劳拉，还有他每晚带出去散步的一条狗。帕特森的生活波澜不惊，每天重复着同样的公交路线和生活习惯。他随身携带着自己的诗歌笔记本，一旦得闲，就会记下自己想到的诗句。无论是一盒家常的蓝山牌火柴，还是那一帧他午休时常常独自面对的瀑布，都曾带给他如蝴蝶飞过的灵感。

这样一部理论上应该十分无聊的文艺片，却吸引我从头看到尾，并为电影里不时迸发的诗意和频频出现的诗歌意象而感动。故事的高潮应该是帕特森保存多年的诗歌笔记本，被他们的英国斗牛犬撕碎咬烂。这样一场戏，把帕特森努力经营了许多年的诗意人生毁于一旦，小小的戏剧情节几乎有催人泪下的功效。电影的最后，帕特森又意外得到一个新的笔记本，并继续记录自己脑海里时时灵感偶现的诗句。

在我看来，帕特森就是那个指尖上不时有蝴蝶翩翩的诗人，而这部电影也是我自己乏味的日常生活里翩翩飞过的一只蝴蝶。

记得那个六月的中午，参观临近结束时，我好奇地问那位一路跟着我们的美国父亲，问他怎么想起来带儿子们来看惠特曼故居。

　　他笑着告诉我：其实是因为女儿所在的女童军组织来参观，他就顺便带了两个儿子一起看看。他又补充道："我很高兴带他们来。一直听说附近有这位大诗人的故居，可是从来没来看过。今天看了、听了，觉得很有收获，生活也可以这样充满诗歌气息。考虑以后还可以带孩子们再来，也要推荐朋友们来看看。"

　　我听了，不觉又"心有戚戚焉"呢。

幸福堂和朱记锅贴

　　周末带大儿子和小女儿在法拉盛配眼镜。天气不好，冬雨淅淅沥沥下个不停，让人也跟着忧闷起来。办完事，虽然五点还不到，天色却已经全黑了。因为下一班火车还有大半个小时才来，就问两个孩子要吃点什么。在这阴雨天气里和烦郁心情中，"吃点什么"仿佛是最直接、最能信口说来的安慰剂。还有就是，来法拉盛不吃点什么，总感觉不大对。十四岁的儿子和七岁的女儿，对"吃"没有兴趣，对法拉盛的饮料却异常熟悉，这会子异口同声回我："珍珠奶茶！"

　　人到中年，深知"甜蜜的都是罪恶的"，又深知一杯奶茶至少是五美元，于是"耍奸使滑"道："我没带现金，也不赞成喝这么甜的饮料。"七岁的小孩还连声叹息，问我怎么可以不带钱，十四岁的少年却诡秘笑道："我有钱！"他有钱，他还愿意给年龄是他一半的妹妹买一杯。我也没什么更好的托辞，就领着他们一路找奶茶店。

　　没想到在法拉盛图书馆斜对面就看到一家卖奶茶的店：名字赫然就叫"幸福堂"。这个店址若干年前是一家名叫"潮坊"的粤式餐厅，过去两三年不知几经转手，如今分拆成好几家店。幸福堂是其中一家，紧邻着40街，和40街对面的星巴克对望（也似是屹立法拉盛最久的一家咖啡店）。这个阴雨的黄昏，幸福堂内人流漫涌，想来生意不错；一杯奶茶要七八美元，远超咖啡价格，看来他们的底气也足。我后来才知幸福堂是一个起源于台湾的手摇饮料连锁店，说是"引领全球世界第一黑糖珍珠品牌"，又被称为"奶茶界的爱马仕"等等。

幸福堂空间不大，只设外卖。老大拿了号，就等着取奶茶。我和女儿注意到店堂最里面放置了一个求签的装置：地上一只圆筒里放着长长的木制签条，顶端刷成大红色，模仿寺庙里燃烧的香条；签条上写着"第九十首"之类的号码，根据号码可以去墙上的百只小屉里查询每一个号码对应的问签结果。我长这么大，居然第一次看到这种装置，傻傻地陪着孩子玩了两三遍，抽了几个似白似古的中签。

孩子们得了奶茶，高兴异常，还很慷慨地问我要不要尝尝。我感谢了他们的好意，因为还有十几分钟的时间要杀，想起他们喜欢吃糖心麻球，就带着他们往前走了几步，看看那家"朱记锅贴"小店。

我在纽约生活22年，光顾法拉盛大约也有22年，很多饭店是铁打的营盘流水的兵，而这家朱记锅贴却一直在那里。店面只是一个窗口，外墙上的简陋菜单上标示着他们售卖的各种面点小吃，比如锅贴、煎饺、包子、麻球、春卷、麻花、饭团、茶叶蛋、豆浆、豆腐脑等等。这家小店最诱人的是它的亲民价，是2022年还可以用1美元25美分买到4粒生煎小包的地方。

刚到那里，就见一对父子在店外迫不及待地开吃刚买的包子、锅贴等食品。听他们说话，好像从远方来法拉盛，四十左右的父亲似乎很早之前来过，一直记得"朱记锅贴"的物美价廉，此刻不停询问儿子的吃后感。八九岁的小男孩倒也一边吃一边点头称是。

这买东西给儿子吃的父亲，不知为何让我想起朱自清的《背影》，和他父亲在南京火车站给他买橘子的情形。隔了将近一个世纪，又隔了一个太平洋和美国大陆，这铁道边上的父子亲情，倒有一脉相承的意思。

研究墙上菜单的时间里，也不时见人停下来买食品。一个老外要鸡蛋饼，锅贴店柜台后面收银发食的妇人一边用破陋的英文和他交流，一边用广东话向里面的厨子喊单，一边又用普通话抱怨鸡蛋涨价太多了，说从前40美刀可以买360个鸡蛋，现在则需要120美刀才能买到。太太有时说我不当家不知道油盐贵，不想眼前这位女士把生活和经济给我诠释到这样精确的数字里。

又见一位中年妇女拖着购物袋带着儿子路过。她一边拿出钱包找现金，一边先问十一二岁的儿子要吃什么。他们最终叫了韭菜盒子和锅贴，妇人想想又给自己加了一份豆腐脑。她把买好的放在塑料袋子里的食品包扎好，又仔细地揣放进购物袋里，然后和儿子一起在淅沥夜雨中慢慢地向西走去。不知为什么，我猜测这是一对相依为命的母子，"朱记锅贴"的几样吃食给他们这个凄风冷雨的晚上添增了一点快乐和暖意。

收银发食的妇人看我看菜单很久，到底张口询问我们要什么。我要了大麻花、豆腐脑和炸春卷，没想到她说炸春卷没了，却又道："可以给你们现做。要几个？"四个春卷倒是也很快就做好了。

出乎意料的是，小女儿很喜欢这刚炸出的新鲜春卷，一个人吃了两个，又夸张道："真的是太好吃了！好吃到我都要尿了！我尿了也不在乎！"七岁小孩的语言听得老爸我哭笑不得，又不知道怎样劝这天真烂漫的孩子可以更娴雅淑静一些。她却又发现新大陆似地问起来："为什么叫春卷？现在不是冬天吗？"这个问题，我竟不能回答，就像他们越来越多的问题，和这个世界上越来越多的问题。

吃饱喝足，我们也就去等即将到站的火车。在站台上，可以看见那个小小的社区公园。孩子小时，我们常带他们来法拉盛，购物吃饭之外，也在附近学过跆拳道、上过天才班的培训课、学了好几年中文，自然也在这小公园玩耍过多回。站台和公园之间的坡地上，无人问津和收割的一畦冬草，长长黄黄，在迷离的灯光和若断若续的冷雨里，舞舞停停，别有一种"野坡无人草自横"的疯狂和妩媚。

在火车上坐定，孩子们继续满足地啜饮幸福堂的珍珠奶茶，袋中打包的朱记锅贴食物逸散出的香气充盈鼻腔。望着车窗外渐渐退后的法拉盛夜景，我也不由自主地叹了一口气，却是欣慰和满足的了。想想幸福堂提供的是新口味的饮料，朱记锅贴则是多年如一日的怀旧滋味，可是给我们带来的却是一样的口腹满足的感受和心愉情悦的收获。冬夜冷雨里曾经惆怅的心情，因为这新与旧，竟也慢慢地暖过来，好起来。

图书馆的读书会

周三的晚上，照例赶进城去参加斯塔沃若斯·尼阿楚斯基金图书馆(Stavros Niarchos Foundation Library， SNFL)的中文读书会。因为中秋节刚过，读书会的主持人张鸿运先生叫大家接龙、按顺序念出苏轼写月亮的《水调歌头》，大家说着说着就有点乱了。不想座中有位南京来的女生，笑道"为什么不唱呢"，大家一阵鼓掌之后，她就落落大方地清唱了一曲，再度赢得大家的阵阵掌声。

张先生主持这个中文读书会已有一阵子，每月一次，星期三晚上六点半到八点，邀请大家来畅所欲言，分享自己最近读过的中文书籍。为了吸引人来参加读书会，他也是煞费苦心。比如，他不时在微信群里发通知，并把打印出来的读书会消息夹放在中文书架上或者夹在被借出的中文图书中。这样有的放矢，倒也常吸引一些新读者来参加。

在美国，参加一个读书会，好像是大多数读书人都会做、也都应该做的事情。许多书籍、影视作品直接以读书会为名，比如黛安·基登、简·芳达、安迪·加西亚等人主演的《读书会》于2018年上映，票房靓丽到他们在2023年又拍了一个续集。2007年有部电影更具体，就叫《简·奥斯汀读书会》，里面的人物都活成了奥斯汀小说里面主人公的模样。2018年还有一部英国电影叫《根西岛文学与土豆皮馅饼俱乐部》（The Guernsey Literary and Potato Peel Pie　Society），虽然不是完全关于读书会（原书和电影标题是书中人物为了回答德国士兵盘问而急中生智想出来的一个奇怪的读书会名字），却也跟写作和阅读相关，阐述了二战时期德国占领下的英伦小岛居民如何从书籍中汲取力量源泉并获得爱情和精神救赎。

在实际生活中，美国的各种读书会也是叫人目不暇接，许多名人倡导的读书会往往能够引导潮流，改变一本书乃至一个作者、一个出版社的命运，最有名的当属"奥普拉读书会"。因为奥普拉本人和电视平台的巨大影响力，不仅让许多名作重新走进大众视野，也让一些新作者们一夜成名，更直接引领了民众的阅读取向和审美品味。

对于我来说，疫情期间的一个小小收获大概就是加入了读书会。起初因为上班不需要每天通勤、生活中多了一些读书的时间，那阵子又碰巧看到康奈尔校友会的电子通讯里有个线上读书会的广告，就很好奇地加入了，并遵照指示跟读了两三本书。这个英文读书会有个线上论坛，主持人会抛出一些话题让大家各抒己见，每三个月就会阅读一本新书，而这本新书的选择是通过大家投票来决定。

康奈尔校友读书会的操作和书籍选择都十分"美国化"，我"跟读"了一年之后，觉得有点力不从心，因为要重新开始回办公室上班，也因为自己读英文书慢，更因为对选择的书籍可能不是特别感兴趣。现代社会诱惑和选择太多，读书也是如此，一个普通读书会让大家同读一本书、再来探讨各自的见解和读后感，变成十分具有挑战性的事情。

这时候，恰巧看到鸿运先生的读书会通知，地点离我上班的地方又不远，因此得空就去"考察"了一次。让我惊异和觉得珍贵的是，参加这个图书馆读书会的读书人很多是在曼哈顿上班的年轻人，他们在美国的年份或不太长，却难能可贵地依然保持着阅读中文的热情和信仰。当然，读书会也有不少刚来美国的新移民，他们初到异国他乡，渴望通过阅读中文来了解美国或者怀念故国的文化风味。也还遇到一些年龄较长的与会者，他们刚刚告别职场，重拾中文阅读的习惯，甚至也和我一样，十分好奇大家都在读些什么中文书。

想起自己初到美国的几年，周围中文书籍甚少，当时室友从国内搬运过来的一套《金庸全集》就成了许多人的精神食粮，而自己出国时带的一本《围城》和朋友赠送的席慕容诗文精选也曾经陪伴过自己年轻的求学岁月。如今人在纽约，在各大图书馆里几乎都可以看到大陆和港台等地出版的最新书籍和文学杂志，缺少的就只有读书人和读书的时间了。

SNFL图书馆的读书会还时不时吸引一些老外来参加。上周三晚上有一个叫奥利佛的年轻男生，说他在大学里选修中文，想继续练习，因此好奇来参加这个读书会。他的中文几乎算流利，让我很好奇他的阅读能力。前几次一直有个美女参加，她正在读严歌苓的小说，因为有一些关于"文革"时代的内容，她不是十分理解，也希望读书会能有所帮助。记得曾经还有名叫杰米、晓松的几个人与会，中文或流利或磕巴，发言却也总是引起大家别样的兴趣。

我也曾鼓动过几位作家朋友参加张先生主持的图书馆读书会，并在读书会上推荐他们自己的诗集或者小说。张先生本人在图书馆工作，又是纽约华文作家协会的会长，阅读甚广交游甚广，总能给大家带来不一样的视角。他也曾竭力推荐我本人去年出版的小说集《漂亮的人都来纽约了》，虽然年轻的读书会成员表现出审慎的热情；有一位丁女士买了书、还跟我探讨小说写作和投稿的艰辛和秘籍，倒让我觉得颇有些成就感。

在这个纷乱繁杂的世界里，能从手机和俗务中抽身出来，花一个多小时谈谈书、谈谈读书原是十分奢侈的事了，但阅读纸质书显然又对一大部分人群有着无与伦比的诱惑力。《纽约时报》去年有一则关于都市里年轻人读书潮流的新闻：很多年轻人宁愿花十几二十美元参加一场"集体读书会"，而这个集体读书会的组织者就是负责找到一个适于阅读的场所：明暗合适的灯光、舒适的沙发或座椅、一群在一起又各自安静读书的人。这种集体读书会每次大约一个多小时，中间有简短休息，大家可以简单交流，犹如参加一场音乐会。这种"集体读书会"深受欢迎，组织者们已经增加地方和场次，而很多阅读者们还报不上名，只能在等待名单上。想想，倒是十分鼓舞人心的潮流。

说来奇妙，这两天浏览手机上的小红书，赫然就见一个帖子，是纽约长岛的一位博主，说她参加的在我们隔壁镇上图书馆的读书会下期要讨论卡夫卡的《变形记》和加缪的《局外人》。周末去图书馆接孩子，顺便去中文图书架上找书，一眼又看到书架上有一沓本馆华人馆员李女士组织的中文读书会信息的单子，而下期讨论会就在下个月末。看来，入乡随俗的中文图书馆员和中文书籍爱好者们，也都在美国找到了寻找彼此和读书交流的渠道。我想，无论如何，我是要再来本地图书馆观摩观摩这个读书会的。

狮和诗

因为疫情隔了一年多又开始回城上班的时候，有兴奋，也有焦虑。算起来，自己在纽约谋生已有二十余年。这二十多年里，除去节假日，几乎每一天都要出入曼哈顿这座泱泱大城。对这座城市的复杂情感，更多在每天走过的路，遇见的人和看到的风景。

喜欢的风景之一，当是位于40和42街之间的那座纽约公立图书馆。这个地标性建筑，背靠树花葳蕤的布莱恩公园，面对车水马龙的五大道，内部阔大辉煌，外部坚实巍峨，无端给我一种"镇城之馆"的感觉。

每回有朋友来纽约玩，我也总要带他们去看看这个图书馆。看了图书馆的外部，还会带他们进去看看图书馆的内部。常见高穹长厅之内灯火明亮温暖，阅读的人群肃穆安静，一排排一架架的书籍更让人望而生敬，无端体会到一种"书馆深深深几许"的庄严。外表固然好看，灵魂也很有趣，用来形容这么一座图书馆，真是再恰当不过。

自己其实很少在这个图书馆借书看书，但是处于纽约市中心的它总给人一种值得信赖的感受：在实体书店节节败退的网络时代，图书馆的巍然不动就更有其抚慰和安稳人心的价值。当然，要说抚慰和安稳人心，图书馆面前卧着的两只石狮子，就更是这种力量的绝佳象征和代表，常常吸引众多游客驻足细看并拍照留念。

这两只仿佛"镇馆之宝"的石狮子被喻为"纽约最受欢迎的公共雕塑"，也自大有来历。他们于1911年落户于图书馆前，是用田纳西州的粉红大理石雕刻而成；当初付了设计费8000美金，雕刻费也花了5000美金。经历了一个多世纪的风雨侵蚀之后，纽约市政府在2019年还特地给这两只石狮子做了专业的清洗净身和修复工作。

这两只石狮子也曾有过许多昵称和外号，最初是用图书馆创建者等人的人名，比如戏谑为"阿斯特女士"和"莱龙克斯老爷"。在大萧条时期，当时的市长拉瓜迪亚将他们命名为"耐心"（Patience）和"坚韧"（Fortitude），用以鼓舞纽约市民振作起来度过难关。这也是他们如今更广为人知的名字和代号。在近两年疫情肆虐的日子里，图书馆大门南侧的"耐心"和北侧的"坚韧"，想必也曾鼓舞了很多士气低落、信心丧失的普通人吧？

其实，普通人也可以根据自己的理解和喜好给这两只石狮取名，比如我们熟识的台湾作家王渝就撰文讲她以前曾对年幼的儿子胡诌，说这两只石狮子一个叫"东东"一个叫"西西"，因为他们分别站在图书馆的"东边和西边"。当然后来她的儿子知道那是方向感极差的母亲"胡扯"，因为这两只石狮子站立的方位分别是图书馆大门的南边和北边，一直面对太阳升起的东方。

疫情期间，有人给这两只石狮子戴上了口罩，一如从前下雪的日子，有人给他们围上了围巾；圣诞节时候，有人给他们戴上圣诞老人的帽子或者围上圣诞树环；大都会或者洋基棒球队赢球的日子，有人给他们戴上球队的帽子。给我印象最深的是某一期《纽约客》的杂志封面：一只石狮子嘴角有血，空中有羽毛，昭示着他刚刚撕吞了一只常常在他头上作威作福的鸽子。

许多人不知道的是：这两只石狮子其实都是雄狮，虽然"耐心"这个名字似乎暗示着女性。（《红楼梦》一种英译本里，"平儿"便被译成Patience一词。）离此不远的麦迪逊大街上还有一座也颇有名气的摩根图书馆，门口也有两只石狮子，且都是母狮。

另有一项也不广为人知的事实是，这两只石狮子向东凝望着的、位于五大道和公园大道之间的41街，还有一个十分贴切的别名，就叫"图书馆路"。图书馆路的两侧人行道上，嵌置了64个铜匾，或圆或方，每一只匾上都镌刻着某一位世界知名艺术家、哲学家、作家或者诗人的名言警句，尤以诗人的佳句为多。

虽然早知此典，但直到去年夏天回城上班后的一个黄昏，我才得空细细浏览这些铜匾上的诗文。也许是因为疫情期间，城里行人比往常要少的缘故，我可以从容地在41街上走，从麦迪逊大道走到五大道那一端，甚至在中途又从41街的北面转到南面去，只是为了看全这些启人心智的大师言语。

在疫情和各种言论满天飞的岁月里，看到法国作家加缪写作《鼠疫》时的感慨："在疫情期间，我们知道，在人类的身上值得赞美的（品质）远多于应当鄙视的"，自然令人心有戚戚焉。加缪的同胞、立体主义画家和雕塑家乔治·布拉克(George Braque）的名言："真相永远在那里，只有谎言需要被发明出来"，在假消息满天飞的疫情时代，也给我醍醐灌顶的感悟。

诸多大诗人的名句都在这一条路上的铜匾里找到栖息之所，比如叶芝的《当你老了》，美国非裔诗人兰斯顿·休叶思（Langston Hughes）的《'自由'之类的词汇》等等。也还读到一些我之前从不曾知晓的诗人和他们的诗句，比如女诗人慕瑞尔·如凯瑟（Muriel Rukeyser）的短章："宇宙是由一个个故事组成的，而不是一个个原子。"

一路慢慢地走过去，一路细细地看过去，一路也拍了不少铜匾诗文的照片。在"图书馆路"南面接近五大道的那一头，在一辆货车架底下的铜匾上，我惊喜地发现顾城《永别了，墓地》里的句子被镌刻其上："现在我的心页中/再没有描摹/它反潮了/被叶尖上/蓝色的露水所打湿/在展开时/我不能用钢笔/也不能用毛笔/我只能用生命里/最柔软的呼吸/画下一片/值得猜测的痕迹。"这不是顾城最有名的诗，英译也不是特别容易解读，让我感慨的却是有人在某时、费尽心思地选了一位中国名诗人的句子，放在这个可称世界中心的城市中心的街道上，叫我心底油然而生敬意。

后来回家上网，知道有人拍下了所有匾牌的照片，并且在网上留言说，可以寄送给那些喜欢和需要的人。也有些在附近大楼里上班的人说他们养成了中午在这条街上走一走、读一读名言的习惯，认为这是十分"治愈"的一条图书馆路。倒不由让人想起希腊底比斯图书馆大门上镌刻着的名言："灵魂之药"。

对于为什么这座纽约公立图书馆前立着两只石狮子，有人解释说：图书馆是人们获取知识和不断成长的地方；从某种意义上来讲，读者每读一本书，就像狮子一样会更具智慧和力量。我倒想起中文的构字：狮应是我们给予我们勇气和信心的动物界老师；诗则是我们在安静寺庙中的言语。

在五大道和41街的交汇处，在这个辉煌图书馆阶前的雄狮象征着力量和勇气，马路对面铜匾上的诗句则带来沉静和美丽，都是引人沉思的意象。他们守护着的，大约不仅仅是这么一座图书馆，更是这一座城池，和这城池里来来往往着的、八百多万芸芸众生的心灵和思绪。

着力量和勇气，马路对面铜匾上的诗句则带来沉静和美丽，都是引人沉思的意象。他们守护着的，大约不仅仅是这么一座图书馆，更是这一座城池，和这城池里来来往往着的、八百多万芸芸众生的心灵和思绪。

一次奢华而尴尬的面试

决定终止博士学位攻读、拿个硕士学位走人的时候，已经是在康奈尔大学第二年的春天。许多事情接踵而来，比如要准备硕士论文的主题、实验、写作和答辩，比如要用"一颗红心，两种准备"来激励自己：或者另外找一个学校读书，或者找一份工作，无论在美国还是回国。当时甚至在看一些欧洲大学的相关专业，又紧张又兴奋，十分不切实际地痴心妄想自己或许可以做个国际"游"学生。

但最现实的选择还是要在美国找工作。我学的机械工程自动化专业，最合适的去处是化工厂、卫星发射等地方，不幸的是这些职位都只招美国公民。在机械与航天工程系的布告栏里看到纽约某家银行要招工程系硕士毕业生的广告，自然毫不犹豫地把简历投递了出去。不久就收到面试的通知，激动之余，被人提醒要买一套西服，于是跑到伊莎卡的商店里买了一套自己财力能负担的、将近百元的西服。那还是美国朋友邦妮帮我挑选的，她看着平生第一次穿上西服的我说："你看上去真像一个在职人员了！"

当初选择赴美读书，好像一个很大的原因就是害怕工作、害怕找工作，觉得自己这个象牙塔里呆久的人，对社会心怀恐惧，而当时的中国更面临着种种变革，比如大学毕业不再包分配，工作单位不再分配住房等等。然而该来的还是要来，28岁的我终于要面对人生的第一次工作面试。

出乎意料的是，这家银行的面试安排十分"奢华"。先是给我们（还有一个泰国男生也得到同样的面试机会）订了从伊莎卡去纽约、价值近千的机票，又安排专车把我们从拉瓜迪亚机场直接拉到曼哈顿的公司总部。懵懵懂懂到了总部办公室，已经快到中午，有秘书来告诉我们底下几个小时的流程，大约有几位面试者会和我们面谈，中午会安排一顿午餐，下午的最后环节是一场笔试，笔试之后会有专车送我们到机场坐飞机回伊莎卡……我当时想当然地以为这是标准安排，甚至还抱怨这短途飞机实在是太小、一路也颠簸得有点吓人。

当然重头戏是面试本身。我对所面试的职位一头雾水，因为自己从来不晓得学工程的还可以在银行找职位，当然更不知道这些投资银行都是庞然大物，所做的业务更是五花八门，需要的工作人员也远远超出金融、经济和商业等学科毕业生的范畴，工程专业学生的数学和编程基础正成为许多职位需要的技能。我本着初生牛犊不怕虎的精神，提醒自己一定要自信、要保持微笑。

第一位面试者是位年轻的美国白人，对着我的简历聊天之后，问了我一个正儿八经的问题：德国和哪几个国家接壤？这个问题对于学过世界地理、但从未到过欧洲、又没有任何准备的我来说，只能是瞎蒙。我凭借粗略的印象，说了"法国""奥地利""瑞士"几个国家名字，对方倒也频频点头，虽然我完全不能理解这问题跟一个求职者的知识水平和学习能力有什么关系。

正当我惶惶惑惑之际，第二位面试者给了我信心：因为对方是一位亚裔，而且更像一个华裔。对方简略介绍了他自己，说明职位对数理基础要求比较高。我感觉这个比前面的地理知识考察更靠谱，鼓足信心介绍自己，并且自信地告诉人家：我不仅在康奈尔成绩出色，曾经就读的中国科学技术大学也是中国大陆的重点理工科院校，五年本科和三年研究生院更是为我打下了深厚的数学和物理基础。

对方"呵呵"而笑，然后就问：既然如此，那你能给我解释一下微积分的基本原理吗？我忽然像被抓了现行的小偷，支支吾吾，用支离破碎的英语向他解释，不断地在回答中掺入"You know"之类口头语，最后面红耳赤地说自己不是数学专业，微积分也是多年前学的课程，自己也不知道许多数学术语用英文怎么说……

对方神色微妙，又抛出了第二个问题：你能告诉我怎么计算从1到N的平方和吗？我的脑袋轰然炸裂，拼命在记忆的海洋里打捞高中时候曾经学过的那个数学公式，最后也只好满脸尴尬地说："十年前的我，一个高中生，是可以马上告诉你计算公式的。但是对不起，年代久远，我已经忘记这种基础数学知识了。"对方又道："我不是要你死记硬背数学公式。我希望你能把这个求解过程推导给我看。"我又拿笔在纸上写写画画了一番，却最终毫无头绪，如同溺水的人试图抓到一根稻草般挣扎近十分钟之后，只好老实承认："我推导不出来。"华裔面试官抖了抖我的简历，"皮笑肉不笑"地嘲讽道："你还说你的数理基础比较强……"尴尬时候，人常说希望有地洞可钻，我当时算是切身体会了这句话的涵义。

遭此打击，我简直不知道后面的面试是怎么熬过去的。只记得到了笔试环节，人力资源的小姐小心翼翼问我是否还要继续。我问她如果不做笔试题，我有什么选择？她说必须等其他人完成笔试，然后一起安排去机场。我想想自己在这陌生的城池无处可去，也无心无力无时去逛，于是道："那我也做做你们的笔试题吧。"

下午四点多，我和泰国人一起坐车去机场，又一起坐小飞机飞回了伊莎卡。十二个小时之内，我飞到纽约，在一座现代化办公大楼里，希图向完全陌生的人推销自己，并以惨败告终。这是一次终身难忘的面试，让我见识银行招聘流程的"财大气粗"，第一次走进一幢令人畏敬的办公大楼，对成为一个 Office Guy 有了一些具体而微的认识。这是一次惨不忍睹的面试经历，在随后的两三个星期里，让我对找工作几乎信心全无，再度认真考虑回国的可行性。

一个多月后，又有一次去纽约的面试机会，不同之处在于这一次我自己花钱，坐了五个小时的灰狗、又坐了好几站地铁，才风尘仆仆地到达面试公司的大楼。更不同的是，这次的面试都是编程问题，过程也只有大约一小时，而我基本都给出了令对方满意的答案。回到伊莎卡后不久，我就收到了这家公司的书面录用通知，一颗悬着的心也终于可以暂时安放下来。

更为搞笑的是，我在这家公司工作了十多年之后，因为种种原因跳了槽，而跳去的第二家公司正是当初让我体验人生第一次、也是唯一一次奢华又尴尬的面试经历的这家银行。当然，职位不同，时代不一样，我也已经在纽约住了十来年，经过2008年金融危机和利率操控丑闻的这家英伦银行也今不如昔，再没有恢复往日的傲人气派。

多年之后，我慢慢明白，当初面试的职位大概是一个交易员之类的薪水高、压力也大的职位，是以才有那种看似不靠谱的地理知识考察的问答，而这显然不是一个跟我这种"典型理工男"个性相匹配的职位。人生旅途，充满变数，知识学历很重要，但也往往取决于决心、勇气和运气，更有一种叫作命运的东西，在冥冥之中左右着我们的方向和归宿。

初到纽约糗事多

那年到纽约上班之前，先有面试。在伊莎卡那样的小镇生活了两年，之前也只有一次跟着晓浚他们来纽约听崔健演唱会的经历，所以想到要一个人坐车来纽约参加公司的面试，几乎有些恐慌，免不了小心谨慎地向猎头问这问那，诸如怎么坐车、怎么换地铁之类。

猎头是个中年妇人，听了我的问题，在电话那端哈哈大笑，又道："天啦，我是帮你找工作的猎头，不是你妈妈，也不是教你怎么玩转纽约的生活顾问。唉，亲爱的，我还是跟你说一说吧。你坐灰狗到42街长途车站，然后转S线到中央大车站，再坐4或5或6线往上城方向；到59街那一站出来，这家公司就在布鲁明戴尔百货店的斜对面……"

我听得一个头两个大，忙请她细说慢讲，又拿纸拿笔记下来，到最后又被那个女猎头善意地嘲笑一番，却还是感激不尽地拜谢了。

到了面试那天，一早坐车到纽约，和两个面试人谈了一会儿，倒还算顺利。我一向有早起坐车容易晕车的毛病，因此一早什么也没吃，到面试结束的下午，已经是有十几个小时不曾进食，真正是饥肠辘辘。

出了面试房间，看见外面大厅里很多食品架子，就想顺便在这里买点吃了算了。拿了两袋薯片、一两只水果之类，因为看不到价格，也不敢多拿，心想先充一下饥、垫一下肚子也就是了。转了身找收银台，却遍寻不着。食品就在手上，肚子抗议得更加大声，急得我真是快要哭出来。

看到身边有人拿了一小袋坚果就拆开了吃，我硬着头皮问他："请问你知道这里怎么付钱吗？"他一脸吃惊地告诉我："这些都是免费的，随便拿随便吃，不用交钱。这也是公司提供给员工的福利。"我问："我是来面试的，也可以吗？""这个应该没关系吧。你慢用哈！"我空空如也的胃发出欣喜若狂的吼叫，我把一袋薯片拆开，迫不及待地一把一把地往嘴里塞将起来，还做贼似地举目四望，深怕有人突然喝止我，说我是来面试的，不应该吃他们对员工免费的食品。

后来到这家公司上班。参加工作两个多月后，公司就发通知说要举办一年一度的节日舞会，那一年又选在纽约的自然历史博物馆举办。当时销售部的头是个英国人，很会party。据说他有一次party的主题是什么"七宗罪"，听得我们这些老实巴交的程序员们只有面面相觑的份。公司早早发了邀请，还说十分欢迎员工带着自己"重要的另一半"出席。我那时还是"单身狗"，倒犹豫自己要不要去凑热闹。

到了正日子，大家都在讨论晚会事情，我想想还是去吧。临去前，我问小老板："我穿身上这件毛衣可以去吗？"那件毛衣是我的南京大妈在我临来美国前特地在大夏天为我赶织的，颜色和式样中规中矩，自己穿着感觉又得体又舒服。老板是个犹太人，但娶了个日本太太，平常不拘小节。他对我道："我不觉得有什么问题。这是美国的纽约，你想怎么穿就怎么穿。这是一件不错的毛衣呀！"

我也就兴冲冲地去了。到了博物馆门口，跟着长长的队伍蛇游前进，我先是为自己的"单身狗"状态自惭形秽，接着是为自己的穿着尴尬不已。来参加晚会的人们，女士们的穿着自然是秉承"要风度不要温度"的原则，纵然在寒风中瑟瑟，她们依然兴奋难掩，满脸笑容可掬。男士们稍微内敛些，但也都穿着大衣，配上西装、白衬衫和领带。反观自己外面一件黑夹克，里面一件灰不溜秋的毛衣，实在是对比鲜明。排着队，我只看地面，不想和别人目光对接，也幻想能找个地缝钻进去藏一藏。

好在博物馆里灯光影绰，人流如织，作为公司新丁，我又不认识几个人，吃了点免费的Party食品，看了看免费的歌舞秀，回家时候心情倒也是不错。偶然和一个女性朋友说起晚会糗事，她不惊讶于我的着装之囧，却恨我不早告诉她，不然至少可以带她去见识见识"七宗罪"晚会的"犯罪"现场呀。

又过了几天，有以前科大的校友请我一起去参加一个哈佛康奈尔校友会的新年庆祝会。我这次自认吃了一堑长了一智，穿上了自己只在找工作面试时才穿过的那一套西服，打了领带，踌躇满志地去了。到了现场一看，却又傻眼了：眼前的男士们个个都是燕尾服、黑领结，只有我是不合时宜的西服加领带，显得落伍了一个时代。

后来在纽约蜗居下来，也喜欢上看《宋飞正传》。有一集里，乔治假装自己是个外地人，和一位女纽约客调情。那个女士吓唬他说："纽约这个城市会把外来人生吞活剥。"乔治没被吓着，我却多多少少是被吓着了一点。又想起人常说的："如果你爱他，请带他去纽约，因为那里是天堂；如果你恨他，请带他去纽约，因为那里是地狱。"我的经历虽没那么极端，然而从初到纽约频频出糗的单身狗青年，到如今不惑有几、拖儿带女的中年人，不敢说愈糗愈勇或者愈糗愈怕，却多少有些儿愈糗愈憨和愈糗愈坚，倒让我也更常感叹和欣赏美国人说的另一句："I survived（我生存下来了）！"

冬季到纽约来看树

　　新年工作第一周的星期四午饭时间，我冒着严寒跑去42街的布莱恩公园，去看那里的圣诞树。因不久前看到友人转发的一个微信帖子，列举了不容错过的"纽约最美的十五棵圣诞树"。我因缘际会曾看过其中的几棵，却不晓得离公司大楼不远的布莱恩公园里的圣诞树也美名远播，因此忍不住好奇要去一睹真容。

　　那棵树果然十分高大上，全身上下"穿戴"得珠光宝气、五色缤纷，头顶照例闪耀着一颗大星星。这树站立在一群节日商铺和草坪上铺就的一块溜冰场之间，华美夺目，平添出许多节日气氛，也引得很多人驻足、注目，并拍照留念。我也流连忘返一回，拿手机照了好几张照片，才心满意足地回去继续上班。

　　在纽约的冬季节日期间看圣诞树，最不容错过的自然是洛克菲勒中心的那一棵。这棵树每年都号称是全纽约乃至全美国的最高的一棵圣诞树，从选树、运达、竖立、装饰到点灯，都常是电视和报纸里的新闻。说这棵树举国闻名，也毫不为过。

　　洛克菲勒中心作为纽约的一个地标，也曾是帝国大厦之外最有名的、可去楼顶俯瞰城市全景的高层建筑。小小广场上的各式雕塑和应时应景的节日装饰，冬天里溜冰场上翩翩起溜如舞的身影，五大道对面的SAKS中心店墙幕上投射的音乐和灯光秀，四周各具特色的商铺和饭店，常常引来游人如织如潮，在圣诞和新年期间更往往拥堵到水泄不通。这棵圣诞树就站在大楼前面，足有七八层楼高，真是"好大一棵树"，再加上灯饰繁复美丽，闪烁如天上的繁星，亦如人间的笑眼，每每成为拍照留念者趋之若鹜的背景。我常想，说是人看树，说不定这树也在看人，在看滚滚红尘和芸芸众生呢。

每天下班，我都会路过麦迪逊大道上的纽约行宫。这个集住宿和饭店于一体的地标建筑，有一方家居氛围浓厚的院子，每每展出一些雕塑艺术品。在冬天的节日期间，这院子里也会"种"上一棵圣诞树。这棵树置身于彩灯环绕的拱门之后、落地长窗之前，她自身也披金挂银地装扮着。在初降的冬日夜色里，她满身的灯饰闪闪烁烁，却别有一种低调的奢华和安静，宛如一树水晶，总叫人忍不住多看几眼。

那则微信帖子还提到其他一些地方的圣诞树，而这些圣诞树除了因为所处地方而叫人爱屋及"树"之外，往往也以别出心裁的装饰品引人瞩目。比如自然历史博物馆的那一棵圣诞树，每年都不同流俗地以彩色纸鹤来装饰。第一次看到上千只纸鹤欲飞欲翔于碧绿的树枝树叶之间，那种视觉和美感冲击真是前所未有的震撼。

其实也并不是非要到外面、到这些游客中心才能看到漂亮的圣诞树，室内楼中往往也是看树的好地方。节日期间，基本上每家公司和店铺都会在大楼大厅里摆上一棵甚至几棵圣诞树，不仅有自己特色的装饰和点灯仪式，往往还在大厅四周放上许多盆圣诞红陪衬，倒似乎蓄意颠覆了"红花还需绿叶衬"的俗套观念。

看圣诞树，是看那一树蓬蓬的绿意，也是看那一树缤纷的装饰，更是看那一树明亮的闪烁，也可以是闻那一树淡淡的清香。圣诞之前那几周，纽约城里街边往往有临时搭建的、卖树的小摊，几百棵刚从远山老林里采伐来的圣诞树，集中在路边，散发出扑面而来的松脂香味，甚至还带了些想象中泥土的味道和深山的味道。久居钢筋水泥丛林里的城市人，不由得耳目为之一新。

一卡车一卡车运过来的小小圣诞树，就一棵一棵地被纽约客们兴高采烈地扛回公寓去。他们兴高采烈地挂上灯，兴高采烈地围着一棵树包礼物、拆礼物，举杯庆祝，谈笑风生，度过一个祥和的冬天节日。一个朋友说，那一两个月里，每每回家点起圣诞树上的彩灯，就似乎能闻到强烈而迷人的树之芬芳，让寒冬多出一份特别的光亮、色彩和味道，也多出一份特别的生命礼赞和节日回忆。

人们热爱圣诞树，甚至不惜"造假"以求：更多的人和家庭，往往选择买一棵塑胶制品的假树。假树就如假花，形状或许更好看，也更好打理，"生命"周期也可以更长。在很多狭小公寓里或者小公司的门厅，看到的就是这样经济适用的树。它们被妥善储藏，每年拿出来展览一番，既带来了节日气氛，又可打着"环保"和"爱护自然"的口号，倒赚了两全其美的好处。

冬季到纽约来看树，自然也不仅仅只有圣诞树可以看。中央公园号称是纽约的肺，植有许多上百年的大树，到了冬天虽然大多光秃秃的，却像有气质的光头汉，站成酷酷而庄严的自然风景。大雪纷飞之时，中央公园里面的老树新树们棵棵银装素裹，更是最值得一看的、几如明信片的美丽风光。那些长叶开花的街边的树，到冬天也每每被缠上彩灯，到了夜里，则绽放出一处又一处"火树银花不夜天”的盛景来。

冬天的树，点缀在萧索和荒芜之间，以灯光驱逐寒冷和黯淡，让这个季节变得温暖，变得绿意丰盈，变得充满节日气氛。冬天到纽约来看树，更要赶着时节，赶着"有树堪看直须看"呢！因为到了元月中旬，许多圣诞树就要被弃置街头，当作垃圾拖走。彼时看到，就只能徒增伤感之叹了。

我寄居纽约十五年，却不曾看全"纽约最美的十五棵圣诞树"。如今有了单子，倒希望明年冬天可以去大都会博物馆和纽约大学的华盛顿广场，去看看那里的圣诞树如何绿、如何温暖、如何光彩夺目、如何美不胜收呢。

曾在纽约做文青

一

记得三年前的春天，在《侨报》的一场诗歌朗诵会上初遇文友唐简。我们互加了微信之后，又介绍彼此加入各种微信群。唐简说，有一个纽约文青群，你要不要加入？我听了不禁莞尔，只道：就怕我年龄太大，不好意思再冒"文青"的名，入"文青"的群。唐简笑说"没关系"，就把我拉了进去。

后来知道，这个纽约文青群，比我年轻的人固然有，更多却是各种比我老成的、喜爱舞文弄墨的纽约客乃至非纽约客们。后来又老听人说四十五岁以下的人皆可以算"青年"，我也就心安理得地在"纽约文青"群里厮混了三年至今。

不过话说回来，十多年前，我不仅是名副其实的青年，也还真曾在纽约做过一枚名副其实的文青呢。

那时候我还是单身，住在曼哈顿的上东城，处于"一人吃饱，全家不饿"的人生阶段。又是职场新人，没啥心肺。闲来没事，我就寻思着要学点什么、做点什么来充实自己。于是报了网球班、法语班，嗯，还有英文写作班。

纽约到底是纽约，有它的繁华，也有它的孤独，有的是年轻人，也有的是文青。最早感受到纽约的文青气息，是在我楼下街对面的洗衣房里赫然看到有人贴出纸条，说欢迎大家周末晚上去他的公寓一起讨论哲学问题。我自知我的中文水平都不足以讨论哲学问题，遑论英语，虽然兴味十足地记下号码，后来也就不了了之。只是一次又一次在街头的免费报箱里看到英文写作班的招生广告后，我终于下了决心，拿起电话报了名，要上小说写作初级班的课。

二

第一次去上课，自是忐忑。教课的是位女老师，叫凯伦，一头金发，精瘦而干练，说话利落而直接。凯伦首先介绍自己，讲她白天在律师事务所做事情，专攻新型家庭婚姻事务，但她更多精力投入写作，著有长篇小说《裸购者》，也曾在杂志和网站上发表作品，并常在下城的一些文学俱乐部朗读自己的作品。

师生互相介绍完毕，凯伦就给大家布置写作小练习。每人写一段人物对话，再挨个在课堂上念出来，看听众是否能够领会作者要表达的讯息。我第一次参加这种课程，懵懵懂懂跟着大家做，后来才明白这其实就是欧美国家创意写作的教学模式。在用中文书写的这些年头里，我从来没有过这样的体验（当然，过去十多年里很多国内大学也开始开设创意写作课程），自觉十分新奇。

第一次课之后，大家就开始轮流交作业：一个写作班大概十到十五人，每次轮值两到三人交习作。大家课堂上集中讨论，指出作品里的可取之处，也要提出能帮助作者提升作品的可行性建议。课上讨论时，作者本人不允许插嘴、反驳或者辩解。

写作班一个学期持续三到四月，扣去重要节假日，大约可上十二节课左右，每个人可提交两到三篇作品。所以报名之前，一定要确保自己已经有写好的或者差不多写好的作品可提交，以供大家阅读和评论。临时抱佛脚赶出来的篇幅自然不会有最好的反馈，对自己的写作和学习也不会带来最大的帮助。

去上英文写作课，最重要的当然是学习写作技法。关于一些写作的基本知识和要素，老师们也会常常鞭策和提醒，比如人物塑造，场景描写，叙事人称和角度的选择，语言和对话的打磨等等。又比如说短篇小说的结构需要遵循的ABCDE原则：A代表Action（动作、行为），B代表Background（背景），C代表Conflict（冲突、矛盾），D代表Development（发展），E代表Ending（结尾）。当然也有人说是"ABDCE"原则，这里的C则一般指称为Climax（高潮）。此外，自然还有老生常谈的show but not tell（展示而不是说教）原则，但最近和某朋友的讨论倒让我疑惑心理活动描写和这一项原则是兼容呢，还是存在着某种程度上的冲突？

三

上这样的写作课，更有意思的却是遇见那些爱好写作的人，各种各样的美国人。虽然各种写作班里以年轻人居多，女性居多，但是也不乏具有其他各式背景的"文青们"。

记得第一次上课，我们班里就有个有印第安血统的年纪较大的女性，退休后准备以写作来充实生活，而她递交的关于印第安部落的故事，每每都以特殊的人物和情节叫我们眼界大开。

有一位芝加哥来的托尼，大学毕业后要来纽约碰碰运气。他白天在下城一家床上用品厂里做填塞枕套的体力劳动，晚上来上写作课。这种在梦想和现实之间转换、挣扎的壮举叫人几乎要肃然起敬。

还有一位南非来的中年男子亚当，说他过去十年努力工作，帮助太太读完了法学院、通过了律师执照考试，而现在他要追逐自己的写作梦了。他的故事描写曼德拉上台之际南非白人的生活处境，充满异域风情。我至今记得在他的文章里第一次知道apartheid（种族隔离）这个英文单词，也第一次看到yap（猜猜）可用来描写狗叫声。

这些是小说班上认识的同学们。上了几次小说写作班之后，我把自己的诗歌翻译了一堆，又兴致勃勃地参加了诗歌写作班，接触到一些不一样的文学青年，印象深的有两位。

一个是住在城里的丹尼尔，他在自己的诗里大颂特颂自己和男朋友的爱情以及恋爱行为，大胆直白、惠特曼一般的激情澎拜的表达，听得我们都有些不好意思。

还有一位是来自康州的一个亚裔女孩。她大学毕业后没找到工作，就在一家小杂货店里打工，却不忘诗心，每周一次坐火车到城里来参加诗歌写作班。我至今记得她写的小诗题目是《铍》。

四

上英文写作班，让我认识到自己在语言方面的许多不足。凯伦很直白，评价我的小说时就道：你写的故事很吸引人，是个让人想"不停翻页的故事"，但是没办法，你的语言对我而言是个致命伤。刚开始，确实很沮丧，不过心想我反正是交了钱来学习的，也就厚着脸皮坦然面对了。

记得当时我曾经提交过一篇在中文里可算中篇的小说，要给班里同学每人打印一份小说稿。在办公室打印出来的文稿几乎有一尺高，看得自己都觉得深深对不起某些树木了。

当然也闹了不少笑话，记得第一次听说评论要constructive，我并不知道是要大家提建设性的意见。还有一次不小心用了个fisting，本来想表达"举拳"的意思，结果有人提醒我这是很暴力很色情的词。但是也会有因错而对的意外，比如热带风暴（Tropical Depression），被我用来形容夏天的忧伤，就曾引得皮特·赛尔金老师的赞赏。

皮特·赛尔金是我遇到的第二位教小说写作的老师，对我写的东西大加褒扬，并鼓励我说"语言不是个问题，自己可以一改再改，编辑也有责任帮你修改。"他看了我的习作《舟船或者关系》（Somethingship），就说："你的小说理应发表，并且应该在很好的杂志上发表。"得知我曾经在中国出版过中文的长篇小说，他就忙着向大家宣告："我说他不可能是个刚学写作的人吧！"

我一时得意，就把他帮我修改后的小说稿给《纽约客》寄过去了。赛尔金老师跟我说《纽约客》一般不接受自然来稿，需要有代理人帮助接洽才可以。没想到的是，几个月之后我还收到了一封来自《纽约客》编辑部的回信，虽然只是说"尽管小说不错，但是不打算采用"之类的话。寥寥数语，或是他们的套话，也让我莫名兴奋了许久。

五

教授写作的老师之外，更大的收获是在写作班结识了一批志趣相投的人。因为喜欢皮特·赛尔金的教学，我们几个铁杆都先后上了两三期他的课，从小说写作初级班到高级班，并一度形成了自己的课后小组，一直私下聚会交流，而其中我和金伯莉、威廉和詹妮佛三人相处的时间最长。

金伯莉是个韩裔女孩，从小被美国白人父母收养，在威斯康辛长大。大学毕业后，她特地去韩国生活了两年，企图在那里寻找自己的根，最终却不得不承认她骨子里更是一个美国人，而不是一个韩裔或者亚裔。

威廉来自弗吉尼亚，哥伦比亚大学计算机系的高材生，地道的理工男，却跟我一样一直对文学情有独钟。

詹妮佛就是纽约皇后区长大的美国女孩。她大学里读的是英国文学，毕业后在一家小杂志社做编辑。

那一两年里，我们每个月聚会一次，聚会的地点往往是书店或者小吃店，时间则是周中某日下班后。我们延续写作班的传统，聚会之前，就互传彼此最新的文字，聚会时则互相当面评论和指正。

我们不仅交流文字，也交流生活。

金伯莉告诉我们她曾经的忧郁症，还说她和男朋友早就决定了不要小孩，为此她男朋友还早做了男性结扎手术。睡眠不好的她，曾经被公寓楼下大街上汽车的半夜警报叫得无法入眠。男朋友和她拿了冰箱里的鸡蛋盒，下楼去，把鸡蛋一只接一只砸在那辆汽车的挡风玻璃上。

詹妮佛曾经在"心灵鸡汤"系列书里发表过一篇文字，算是我们几个里面正式发表过的人。她跟我们讲起她一直生活在纽约、生活在父母身边的烦恼，甚至提及她和一个已婚男子的一段感情。

威廉是我们小组里最年轻的，后来接受我们的怂恿和鼓励，勇敢地辞职，去亚利桑那大学读了创意写作的硕士学位。

在这些老师、同学的影响和熏陶下，我也开始常去那时尚健在的"边界书店"（Borders）翻看英文的文学杂志，《纽约客》之外，《巴黎评论》《闪亮的火车》《犁头》（Ploughshares）、《格兰塔》（Granta）、《锡房子》（The Tin House）都是我们常常浏览和讨论的杂志。

威廉离开纽约之后，金伯莉也开始在纽约大学攻读法律学位，新婚的我忙着带刚到美国的妻子适应新生活。我们写作小组的聚会也就这样渐渐散了。

记得最后几次大家依依惜别，互赠喜欢的图书，我送给他们的分别是英文版的《红楼梦》《围城》和《活着》。我希望也相信，这三本书可以激发他们对于中国文学的更大的兴趣和欲望。

<h2 style="text-align:center">六</h2>

时光流逝了。这么些年之后，回首那段我有时戏指为"梦患者"（长期患有文学梦的人）的日子，对照今日若嘲若赞的"纽约文青"头衔，我常常要哑然失笑。有人说，"一日文青，终生文青"，想来不无道理。是不是也可以傲娇地说：年轻的时候，不写点诗、不写

点小说，怎么好意思说自己曾经年轻过，曾经也是文青呢？

当然也要小心，比如在这个刚过去的、号称"世界读书日"的四月二十三日，有个微信帖子流传甚广，说文青往往是人际关系、尤其是两性关系里的人渣，比如托尔斯泰、陀斯妥耶夫斯基、海明威、詹姆斯·乔伊斯等等。

我最敬重的皮特·赛尔金老师在年过半百之际，为了谋得一个更稳定的大学教职，不得不去读了个MFA的学位。在陪伴因为照顾病重的岳父而精疲力竭的妻子和完成自己的第一部长篇小说之间，他选择了后者，也因此结束了一段对他来说原本琴瑟和谐的婚姻。

说话直接的凯伦，出现在一则新闻里。新闻说女人四十五岁以后生孩子在纽约正成为一种潮流，凯伦就是一个完美的实践者。她生下女儿之时，虽然不肯透露确切年龄，但是可以告诉大家的是：她早就庆祝了四十七岁的生日。

谷歌时代，很容易就在网上看到凯伦的图片和视频，依稀还是十几年前的金发女郎的模样。我却感慨她这么晚生孩子，很大一个原因是要全力以赴去实现那个作家梦吧。

读了MFA学位的威廉毕业后为了生计还是回到了程序员的岗位，供职在一家专门做外语学习的软件公司，也算是跟文字沾边。他曾经问我最近有没有继续写作，我说自己忙于经营婚姻和抚养三个小孩，已经久不写英文。威廉笑回道："这个藉口，我不得不服。"

像很多人一样，我在文青和"人渣"之间找到了一种妥协和平衡。我也知道，自己从来都是一个不曾治愈的文学"梦患者"。几年下来，一起"冒充"纽约文青的唐简、我、还有许多人都成了好朋友，热心参加大纽约地区的各种文学组织和活动。曾在纽约做文青的日子，总是我生命里最闪亮的岁月。

半个纽约客

　　去年七月初，居家避疫十六个月之后，我又第一次回到曼哈顿的办公室上班。十六个月带来的变化，虽然不至于沧海桑田，但完全可以物是人非：纽约似乎不再是纽约，纽约似乎还是纽约。记得自己慢慢重新适应每天往返通勤几达四个小时的辛苦之后，心底又每每有那么一丝欣慰慢慢升起来，仿佛有一个小小细细的声音在对我说：纽约回来了；我这半个纽约客，也回来了。

　　算起来，自从世纪之交的秋天来纽约上班，前后已经达到整整廿一年。在疫情之前，除了偶尔回国要休两三个星期的长假，其余日子我是几乎每个工作日都要进纽约城的。自己十八岁离开故乡淮安到合肥读书，在合肥读完五年本科又读了三年研究生，一共呆了八年。来美后先在纽约上州伊色佳求学两年，之后就一直寄居于纽约。以前我总爱跟人说自己有三个故乡，而老家江苏淮安自然是第一故乡。现如今如果按照生活的时间长短来算，纽约，已经成为我名副其实的第一故乡。

　　居住某地，成为某地人，似乎约定俗成，但也似乎有些微妙的"潜"规则。我回到老家、逢人必得自称"应庄人"；在江苏其他地方，向外人介绍自己是淮安人；在合肥，要和江苏人认老乡。虽然在合肥呆了八年，但似乎不敢自称"合肥人"，甚至不敢说自己曾经是合肥人。这固然跟自己对合肥的了解不那么深入有关，但是也大约是中国人的习惯使然，比如我们在美国生活多年，要自称"美国人"还是有些不习惯，但"美籍华裔"这样冠冕堂皇的说法倒是可以接受的。

国际惯例也许有所不同，伦敦人、巴黎人和东京人未必就是指出生在那些城市的原住民。美国人性好迁徙，到了哪里就是哪里人，连词汇也方便，多数是加尾缀ian，偶或也是加尾缀er或者ite，如三藩人叫San Franciscan，波士顿人叫Bostonian，芝加哥人叫Chicagoian，连我读书的康奈尔大学也有自己专门的称谓康奈尔人（Cornellian），而纽约人是较少以er做尾缀的例外，叫The New Yorker。去外地玩，跟人说自己来自纽约，偶尔也会激发一点涟漪，"你是一个纽约人呀！"

在中文和华人的习惯里，"纽约人"又有另一层例外：大家更喜欢用"纽约客"而不是"纽约人"。一来因为发音，"客"更加贴近英文尾缀"ker"的发音；更重要的原因却是言下之意，可解作"纽约为客""纽约过客"或者"纽约之客"，凭空多出一些无奈、漂泊和包容的精神。大名鼎鼎的The New Yorker杂志，翻译成中文的《纽约客》，也是平添了风情无限。

疫情初期，纽约前州长库莫先生一度成为全美闻名的抗疫明星，当时连特朗普都嫉妒他每天的电视简报，他的电视简报还曾经获得艾美奖（当然后来又因为性丑闻被召回）。这位前州长的作秀能力确实非凡，我也曾一度每天要看看他的电视讲话。他一边苦口告诫"用数据和事实说话"，另一边婆心呼唤"我们纽约人很坚强"。那一声"我们纽约人"，让我这样当时身处疫情中心的观众听了，也是禁不住心头发热、眼眶发红呢。

但是，前州长的这个"纽约人"却并不是所有人都能接受的。因为理论上来讲，只有住在纽约市的人才有资格自称"纽约人"或者"纽约客"。但在现实生活中，居住在大纽约地区的人都喜欢跟美国之外的人乃至美国其他地方的人称自己住在纽约，这其中甚至可以包括属于近邻的新泽西州和康州。如果只接受纽约州的定义，纽约近郊的长岛和韦斯特彻斯特大约可以算上。稍微严格一些来说，纽约市所属的五大区的居民，才可以被称为"纽约客"。

地理位置之外，还有时间上的要求。曾经看到一种精确量化的说法：要成为纽约客，必须在纽约市的五大区住满十年以上。曾经风靡全球、最近又拍出续集的电视剧《欲望都市》里面人物的说法更偏激：只有出生在曼哈顿、并一直居住在曼哈顿城里的人才有资格自称"纽约客"，甚至严苛到经常开车出城的都不能算。最近《纽约时报》书评里有一篇文章，特别引用住在纽约的华裔女作家王苇柯新书《琼没事》（Joan is Okay）里关于定义"纽约客"的新说法：如果你没去洋基球场看过棒球比赛或者你没看过九十年代末风靡全美的情景喜剧《宋飞正传》，那么你绝对不能算是一个真正的纽约客。这两件事我倒是都干过，虽然看棒球的时候几乎睡着，但是《宋飞正传》倒是看过不少集的，疫情期间还特地从头到尾复习了一遍这部长达九季的电视剧。我倒觉得，如果真如此严格计较，住在曼哈顿的人应该用自己的专有称谓：曼哈顿人，英文叫Manhattanite的就是，而不必再和纽约客搅和在一起了。

我是2000年9月从上州搬来纽约的。最早住在曼哈顿公园大道边上97街的一个三居室公寓里。这三居室是一位访问学者从他所在的西奈山教学医院申请到的优惠住房。他们一家三口住着觉得太奢侈，就把另外两间分租给我和另一位房客。这住处离中央公园只有两个街区，到我最早上班的地方只要坐四站地铁，房租四百美刀；对于初到纽约、地铁都不知道怎么坐的、我这样的"小镇留学生"和"外国人"来说，确实再理想不过的栖身之所。

然而住了四五个月之后，我实在无法忍受一早上三四个人（或许还有一两个中年便秘患者）要轮着等待上一个洗手间的无奈和尴尬，搬家去了号称纽约第四个中国城的艾姆赫斯特。因为英文名叫Elmhurst，我在自传体小说里把它翻译成"榆树堡"（后来有朋友跟我说似乎"榆树岗"是更适合的译名）。榆树堡虽然号称是华人集中地，其实就像皇后区本身一样，是一个多族裔的聚集地。记得那时候出了地铁站，站在人流熙攘的香港超市的门口，面对夕阳，可以观听对面公园里鼎沸的人声和人生：各种族裔、各种年龄的各种男女，从事着各种各样的人类活动，打球的，下棋的，遛狗的，看娃的，闲聊的，吵架的……这也许是纽约生活一种，却又多少跟我的预期有所差别。

疫情初起的2020年三月，榆树堡医疗中心一度成为纽约疫情爆发的中心，所谓"中心的中心"；医院门口冷冻卡车等待运走患病者遗体的照片流传世界，至今仍有叫人不寒而栗的诡异和恐怖。

在榆树堡住了一年多之后，我又雇了搬家公司，把自己搬回了曼哈顿。这次是定居在三大道和94街交口的一处老公寓楼，楼主是一位从广州到香港再来纽约的司徒先生。签订租房合同之前，司徒先生非要到我上班的地方看看以证明我是一个合格的租客，几乎叫我哭笑不得。老式公寓楼五层高，没有电梯，但是对还没三十而立的我来说，真不是个问题。公寓楼一层是一家意大利饭馆，隔壁是俄罗斯人开的理发店；街对面有一个墨西哥男子卖蔬果的小超市，旁边是韩国人开的洗衣笼。此处往西走四个街区是中央公园，往南有林立的高级公寓、邮局、健身馆、繁华热闹的86街以及更严格意义上的上东城，往东可以一直走到哈伦河与东河的交界处，从那里向南一点就到市长官邸……在这个坐标，纽约把她的繁华杂乱展现在我面前，融进我每天的生活里。

在曼哈顿住了近五年之后，太太来美与我团聚。稍稍存了点钱的我们寻摸着买房子，最终选择了皇后区的雷哥公园。雷哥公园曾是俄罗斯来的犹太人聚居之地，新世纪里也逐渐看到更多亚裔身影。住在雷哥公园的日子里，我们买了车子，换了工作，最重要的是迎来了三个孩子的出生，而最终也因为孩子的上学问题而搬到纽约长岛。人世间最为俗气的各种变化，却也总流露着最为实在的烟火气息。

更重要的、更让人介意的或许是，流年之后留在记忆里的浮光和掠影，并在这光和影里对纽约这个如今晋级为"第一故乡"的城池生发出来的种种情感吧。对于过去二十年生活在纽约的人来说，也有更大更广更深阔的背景和变迁成为平凡生活里不平凡的注脚：我们经历了"911"，经历了大停电，经历了飓风桑迪，经历了去年开始如今还在继续的疫情，以及今年初因此而起的亚裔歧视等现象。我曾在这个城池里三十而立，也曾在这个城池里四十不惑，如今快要在这里经历五十而知天命；算起来，都是个人编年史中最重要的年纪和年份。

疫情初起之时，很多人逃离纽约：不仅纽约的公共交通让人思而生畏，密集的公寓居住方式也令许多人惴惴不安。到了今年，大家又渐渐回来，包括更多年轻人率先返城。也因此有人批评那些离开又回来的人士，说他们不是真正的"纽约客"，在关键时刻背叛和逃离了纽约。两派人士，甚至因此在自媒体上展开论战，倒也是令人深思的现象。

由此想起有一年香港歌手邓紫棋到美国演出，闹出的一场不大不小的新闻。演唱会有一场是在新泽西州的纽瓦克举行，而邓紫棋在演出过程中不停高喊："New York！New York！谢谢纽约！我爱纽约！"有好事的网友表示新泽西的歌迷很受伤，因为明明是在新泽西唱歌，却偏偏要向纽约表心迹。这新闻读来叫人哑然失笑，也有读者很快指出：纽瓦克离纽约市不远，属于大纽约地区，而那边很多人通勤到纽约上班，因此邓紫棋爱纽约、爱纽约客是无可厚非，也是政治正确、地理正确乃至情感正确的一件事情。

就我本人来说，自从搬到长岛的西奥赛特，给别人介绍自己居住地时总会有些许的踌躇，因为再继续号称自己是"纽约客"，似乎有些儿勉强。据实相告的话，对美国地理稍有了解的人，大约还能知道长岛在纽约市的东边、包含拿骚和萨福克二郡，而对地理知识缺乏的人而言，很可能就大有丈二和尚摸不着头脑的感觉。

如今重回曼哈顿上班，每天又走过熟悉的车站和街道，又渐渐时不时在回家路上看一看图书馆路上镶嵌着的64块铜匾里镌刻着的中外名人的诗句和警言，又渐渐适应在陌生的人群里寻找到自己的舒适感，又渐渐习惯在火车上看一会儿最爱的《纽约客》杂志来冒充一个有文化的纽约人。这是一种失而复得的宝贵体验，如水平淡，又如水珍贵。

因为疫情还没完全过去，我们现时遵行一周在家上班、一周进城上班的"一半一半"模式。疫情之前，我白天在纽约上班，晚上回到郊区的家，也可以算是"一半一半"。而曾经在纽约市住了15年、包括在曼哈顿住了近五年的经历，似乎也完全可以量化转换成广义或狭义"纽约客"定义所需的年头限制。如此算来，自称"半个纽约客"，对我而言，确是可以自圆其说的一种精神安慰和肯定呢。